Beck'sche Reihe
BsR 495

Unter Kindern, die schon frühzeitig mit der Justiz in Berührung kommen, stellt man sich in erster Linie Opfer strafbarer Handlungen oder aber jugendliche Täter vor. Tatsächlich ist vor allem die Zahl der Opfer von Sexualdelikten erschreckend hoch. Darüber wird leicht übersehen, daß Jahr für Jahr sehr viele Kinder von der Trennung und Scheidung ihrer Eltern betroffen sind und als Zeugen gehört werden, daß Tausende von Kindern und Jugendlichen unter Vormundschaft und gesetzlicher Amtspflegschaft stehen.

Der Autor behandelt die in solchen Fällen auftretenden Probleme und bietet Lösungsmöglichkeiten bei Konflikten an. Er wendet sich damit ebenso an Eltern wie an Fachleute – Sozialarbeiter, Erzieher, Rechtsanwälte, Richter –, die beruflich mit Kindern im Rahmen von Gerichtsverfahren zu tun haben.

Rainer Balloff (geb. 1944) studierte Rechtswissenschaft und Psychologie an der Freien Universität Berlin. Er arbeitet als Psychologe und leitet seit 1974 das studentische Ausbildungs- und Forschungsprojekt „Heimerziehung, Kinder- und Jugendpsychiatrie" am Psychologischen Institut der Freien Universität Berlin.

RAINER BALLOFF

Kinder vor Gericht

Opfer, Täter, Zeugen

VERLAG C.H. BECK MÜNCHEN

Die Deutsche Bibliothek – CIP-Einheitsaufnahme

Balloff, Rainer:
Kinder vor Gericht: Opfer, Täter, Zeugen/Rainer
Balloff. – Orig.-Ausg.-München: Beck, 1992
  (Beck'sche Reihe; 495)
  ISBN 3 406 34087 3

NE: GT

Originalausgabe
ISBN 3 406 34087 3

Umschlagentwurf: Uwe Göbel, München,
unter Verwendung einer Zeichnung von Erich Dittmann, Frankfurt/Main
© C. H. Beck'sche Verlagsbuchhandlung (Oscar Beck), München 1992
Satz: Texterfassung mit Mikrosoft in Word 5.0
Druck und Bindung: Appl, Wemding
Printed in Germany

Inhalt

Das Kind vor dem Vormundschaftsgericht

Das Kind und das Strafverfahren

Einführung

Was ist besonderes an der Thematik „Kinder vor Gericht"? Warum sollten sich Erwachsene für diese schwierige Materie interessieren?

Jedes Jahr stehen in der Bundesrepublik wahrscheinlich mehr als 200 000 Kinder vor Gericht, weil sich die Eltern getrennt haben oder scheiden lassen oder weil sie in der Kindererziehung versagt haben.

Dem Gericht wird normalerweise auch heute noch eine hohe gesellschaftliche Autorität beigemessen. Das Gericht, der Richter, der Gerichtssaal und die damit in Verbindung stehende Staatsgewalt gebieten Respekt. Ein Gerichtsverfahren ist auch für Erwachsene furchteinflößend. Dort geht es um Schaden und Wiedergutmachung, um Streit und Strafe, um Täter und Opfer, um Antragsteller und Antragsgegner, um Beschuldigte und Angeklagte. Auch Erwachsene verbinden damit ungewohnte und beklemmende Situationen, die sie nicht mehr recht kontrollieren können.

Selbst wenn Kinder die Bedeutung und Tragweite einer Gerichtsverhandlung aufgrund ihres Alters noch nicht erfassen können, wird ihnen doch über das tatsächliche Geschehen und das besondere Verhalten, über die Stimmungen und Gefühle der Eltern und der anderen Erwachsenen eine bedrohliche und ängstigende Sachlage vermittelt.

Wie muß es dann Kindern ergehen, wenn ihre Eltern vor Gericht unerbittlich um das Sorgerecht oder das Umgangsrecht streiten? Wenn der Staat, vertreten durch den Richter, meint, das Kind müsse aus der Familie entfernt und in einer Pflegefamilie oder in einem Kinderheim untergebracht werden? Oder wenn im Strafverfahren Polizisten, der Staatsanwalt und der Richter im Namen der Wahrheitsfindung das Kind verhören, damit der Strafanspruch des Staates durchgesetzt werden kann?

Weitaus mehr als Erwachsene, die sich beispielsweise zu ihrem Schutz einen Rechtsanwalt nehmen können und die auch sonst im Vergleich zu Kindern den besseren Überblick und die größere Sicherheit haben, laufen Kinder im Rechtsstreit der Erwachsenen und vor Gericht im Kampf um Recht und Gerechtigkeit Gefahr, zu Instrumenten und Objekten fremder Interessen zu werden.

Gleichwohl ist das Kind gerade in diesen Situationen auf das Verständnis, die Hilfe und Einfühlung der Erwachsenen angewiesen.

Vor allem an diese Erwachsenen, die Eltern sind und/oder die beruflich als Erzieher, Lehrer, Pädagogen, Sozialarbeiter, Psychologen, Rechtsanwälte oder Richter mit Kindern in der besonderen Situation vor Gericht zu tun haben, wendet sich das Buch.

Das Kind vor dem Familiengericht

Wenn junge Menschen unter 14 Jahren vor Gericht stehen, denkt man normalerweise an Kinder, die als Opfer oder möglicherweise auch als Täter strafbarer Handlungen in die Mühlen der Justiz geraten sind. Oft wird nicht daran gedacht, daß Kinder nicht nur als Täter oder Opfer Zeugen bei strafrechtlichen Ermittlungen werden, sondern daß allein in den alten Bundesländern jährlich etwa 90 000 Kinder von der Trennung und Scheidung ihrer Eltern betroffen sind (in den neuen Bundesländern jährlich etwa 50 000 Kinder)[1] und häufig im Rahmen der gerichtlichen Regelung der elterlichen Sorge oder des persönlichen Umgangs mit dem nichtsorgeberechtigten Elternteil vor dem Familiengericht angehört werden.

Gerade Kinder unter 14 Jahren sind durch die Trennung der Eltern vielfältigen Belastungen ausgesetzt, und ihre Anhörung vor Gericht mag in diesem Zusammenhang als überflüssige und zusätzliche Belastung erscheinen. Von einigen Scheidungsexperten wird sie sogar als schädlich und mit dem Wohl des Kindes für unvereinbar angesehen. Dieser Ansicht sind gelegentlich auch Eltern.

Ich möchte zu bedenken geben, daß auch Kinder vor Gericht möglichst nicht zum Objekt der Interessen von Erwachsenen werden sollten. Vielmehr gilt es, auch und gerade bei einer Trennung und Scheidung, die Individualität und Einmaligkeit eines Kindes als Träger von Grund- und Menschenrechten und damit als Subjekt zu beachten. Dies ist nur möglich, wenn sich die Erwachsenen – Eltern wie die am Scheidungsverfahren Beteiligten – einfühlsam der Bedürfnisse, Wünsche und Vorstellungen der Kinder annehmen, ihren Willen beachten und für und mit ihnen eine am Wohl des Kindes orientierte Lösung suchen.

Diese schwierige Aufgabe wird nur gelingen, wenn sich Eltern, Anwälte, Mitarbeiter im Jugendamt, gegebenenfalls auch der psychiatrische oder psychologische Sachverständige und der Richter bemühen, *mit* dem Kind eine Klärung aller schwierigen Fragen herbeizuführen; so sollten sie beispielsweise den Aufenthalt und damit den Wohnsitz des Kindes besprechen und festlegen oder die Kontakte zu dem Elternteil stabilisieren, bei dem sich das Kind nicht überwiegend aufhält, und die Besuche bei ihm regeln.

Trennung und Scheidung

Die Zahl der Ehescheidungen in den westlichen Bundesländern hat sich seit 1970 bei in den letzten drei Jahren leicht sinkender Zahl jährlich zwischen 120000 und 130000 eingependelt, wobei ungefähr die Hälfte der geschiedenen Ehepaare gemeinsame Kinder haben. Jedes Jahr waren in den alten Bundesländern durchschnittlich zwischen 90000 und 100000 Kinder von der Ehescheidung ihrer Eltern betroffen.[2] Auf dem Gebiet der ehemaligen DDR hat sich vor der Wiedervereinigung beider deutschen Staaten eine Scheidungsquote mit durchschnittlich 50000 Scheidungen und etwa 50000 Kindern pro Jahr ergeben. Es ist also damit zu rechnen, daß in Gesamtdeutschland jährlich 140000 bis 150000 Kinder die Scheidung ihrer Eltern erleben.

In der gesamten Bundesrepublik Deutschland erfährt somit derzeit knapp jedes fünfte Kind vor der Volljährigkeit den Zusammenbruch der Ehe seiner Eltern und die Auflösung der Familie, in die es hineingeboren wurde.[3]

Zahlen aus den USA, nach denen dort zu Beginn der achtziger Jahre bereits jedes dritte Kind von der Scheidung seiner Eltern betroffen war und für jetzt geborene Kinder ein Verhältnis von nahezu 1:2 prognostiziert wird,[4] lassen befürchten, daß auch bei uns mittel- und langfristig wieder mit einem weiteren Anstieg der Scheidungsraten und der von der Scheidung betroffenen Kinder zu rechnen ist.

Aus Gründen, die mit diesem Zahlenmaterial im Zusammenhang stehen, und der Tatsache, daß Kinder häufig nach einer Trennung und Scheidung der Eltern den Kontakt zu einem Elternteil verloren, wurde für die Scheidungskinder der Begriff „Scheidungswaisen" geprägt, der allerdings mit der impliziten Annahme einer Abtrennung oder „Wegscheidung" eines Elternteils vom Kind nur die eine Seite der Scheidung betont.

Derzeit wird im Rahmen der wissenschaftlichen Diskussion in

Abkehr von dieser Sichtweise die Vorstellung favorisiert, daß mit der Trennung und Scheidung die Beziehungen zwischen Eltern und Kind nicht beendet sind und damit in der Regel auch kein Abbruch der Kontakte der ehemals in einer Familie zusammenlebenden Personen einhergehen muß. Vielmehr bleibt nach dieser neueren Sicht nach einer Trennung und/oder Scheidung der Eltern zwischen allen Beteiligten ein psychosozialer Verband mit vielfältigen – aber neu zu bildenden – Beziehungen bestehen.

Aufgabe der Eltern und Scheidungsberater sei es nunmehr, die Beziehungen der Erwachsenen und vor allem die Beziehungen der Kinder zu beiden Elternteilen zufriedenstellend zu organisieren, um so die elterliche Verantwortungsgemeinschaft nach einer Trennung und Scheidung zum Wohle der Kinder aufrechtzuerhalten.

Diese Grundannahme führte vor allem bei einigen Anhängern dieser neuen Sichtweise in den letzten Jahren zu der noch weitergehenden Vorstellung, daß sich mit der Trennung und Scheidung der Eltern die Familie zwar verändere, nicht aber auflöse.[5]

Basierend auf dieser Grundannahme wurde das sogenannte *Reorganisationsmodell* entwickelt. Nach diesem Modell wird davon ausgegangen, daß nach einer Trennung oder Scheidung weiterhin nur *ein* Familiensystem existiert. Dessen Mitglieder sind wie vor der Trennung oder Scheidung auch weiterhin durch Kontakte und Beziehungen aller Art miteinander verbunden. Entscheidend ist jedoch, daß sich diese Kontakte und Beziehungen durch trennungs- und/oder scheidungsbedingte Veränderungen grundlegend wandeln.[6]

Von anderen Wissenschaftlern wird dagegen die trennungs- und scheidungsbedingte Auflösung der Familie durchaus anerkannt.[7]

Einige sprechen auch von einer Auflösung des Familiensystems, wenn die den Mitgliedern der ehemaligen Familie ursprünglich zugedachten und zugeordneten subjektiven Bedeutungen wie Nähe, Kooperation und Zusammenhalt stark auseinanderklaffen oder verlorengegangen sind.[8]

Das Reorganisationsmodell dagegen, das auf den ersten Blick einleuchtend, logisch und stringent erscheint, entpuppt sich jedoch bei näherem Hinsehen als ein außerordentlich konservatives Modell, das weder wissenschaftlich haltbar noch praxisnah ist und längst nicht mehr den kulturellen und gesellschaftlichen Entwicklungen der Familie in den Industrienationen Rechnung trägt.

Das ideologische Leitbild für eine derartige Vorstellung von Reorganisation (auch Wiederherstellung oder Reinstitutionalisierung genannt) der Familie ist leicht an der traditionellen Orientierung an der Kleinfamilie auszumachen. Das heißt, daß das Reorganisationsmodell entgegen der kulturellen und gesellschaftlichen Entwicklung den überlieferten bürgerlichen Familienbegriff fortschreibt. Mit Hilfe dieser – Exklusivität beanspruchenden – Ideologie wird unter Familie weiterhin nur das (biologische) Elternpaar mit unselbständigen Kindern verstanden,[9] auch wenn die Eltern nach einer Trennung oder Scheidung nunmehr in zwei getrennten Haushalten leben.

Im übrigen knüpft die Vorstellung der Reorganisation der Scheidungsfamilie – historisch gesehen – an das christliche Dogma von der Unauflösbarkeit der Ehe und Familie an. Damit wird die sich in der gesamten mitteleuropäischen Kultur und auch in der bundesrepublikanischen Gesellschaft schon längst abzeichnende gleichberechtigte Entwicklung alternativer und der Erst-Ehe folgender familiärer Lebensformen geleugnet. Diese neuen Familienformen dokumentieren sich seit einigen Jahrzehnten durch die Zunahme von sogenannten Fortsetzungsfamilien,[10] Familien also die durch Wiederverheiratungen oder durch Begründen nichtehelicher Lebensgemeinschaften mit Kind entstehen. Auch nichteheliche Lebensgemeinschaften ohne Kinder,[11] alleinerziehende Eltern[12] und Stieffamilien anderer Art[13] weisen auf die Vielfältigkeit familiärer Lebensformen der Neuzeit.

Will man unter Beachtung der vielfältigen familialen Lebenswirklichkeiten „Familie" definieren, wird man leicht feststellen, daß sich eine eindeutige Begriffsklärung weder aus dem Alltagswissen noch aus der Wissenschaft ergibt.

Neuerdings wird Familie nach dem *Prinzip des gemeinschaftlichen Lebensvollzugs* diskutiert und definiert, wobei Elemente von Abgrenzung, Privatheit, Nähe und Dauerhaftigkeit wichtige Merkmale sind.[14]

Gleichgültig ob man Familie als eine auf Emotionalität und Intimität spezialisierte Lebensgemeinschaft ansieht oder als gesellschaftliche Institution, die grundlegende Bedürfnisse befriedigt, das Zusammenleben regelt und soziale Identität verleiht,[15] ist die Familie für jedes Mitglied eine fundamentale Erfahrung.

Aufgrund ihrer biologisch-sozialen Doppelnatur und der nach wie vor vorherrschenden weiblichen und männlichen Rollenmuster werden normalerweise in der Familie – kulturell durchaus veränderbar – unterschiedliche Aufgaben von Frauen und Männern wahrgenommen (beispielsweise in bezug auf Beruf, Haushalt, Kindererziehung). Dabei besteht zwischen den Mitgliedern normalerweise ein spezielles Kooperationsabkommen und ein Solidaritätsverhältnis, das auch durch die Differenzierung der Generationen (Großeltern, Eltern, Kinder) und Geschlechter gekennzeichnet ist.

In den meisten Fällen wird in unserem Kulturkreis die Familie noch durch Eheschließung begründet oder ergänzt,[16] obwohl, wie bereits erwähnt, eine beachtliche Zunahme alternativer und fortgesetzter Lebensformen auch ohne Eheschließung nicht zu übersehen ist.

Die traditionelle durch Ehe verbundene Familie wird im mitteleuropäischen Kulturkreis auch als Zweigenerationen-, Kern- oder Kleinfamilie – im hier gemeinten Sinne vor einer Trennung und Scheidung der Eltern – definiert. Die erwachsenen Personen leben normalerweise in einer Einheit gewollter und „vertraglich" geregelter Beziehungen miteinander. Der gesamte Verband ist in aller Regel in einer Lebens- und Hausgemeinschaft zusammengeschlossen.

Dabei tragen insbesondere die biologischen oder faktischen Eltern, die mindestens ein Kind betreuen und versorgen, für ihr Leben und das Leben der anderen Mitglieder gemeinsam die Verantwortung.

Nach dieser Definition löst sich die Familie im Sinne einer interpersonalen Personengebundenheit nach der Trennung und Scheidung auf, wenn beispielsweise die gemeinsame Lebens- und

Wohnform, die im Haushalt übliche, gemeinsame Kindererziehung, die von den Eltern gemeinsam erlebte Sexualität, die gegenseitigen Beziehungen oder die gemeinsamen Verantwortlichkeiten und gefühlsmäßigen Bindungen von den Erwachsenen aufgekündigt werden.

Selbst wenn alle ehemaligen Mitglieder der früheren Familie weiterhin miteinander in Kontakt stehen und somit auch untereinander *interagieren und kommunizieren*, sind andere, oben schon erwähnte Gemeinsamkeiten und die Bewältigung tagtäglicher, gemeinsamer, kooperativer Erziehungs-, Betreuungs- und Versorgungsaufgaben beendet.

Durch Unterhaltszahlungen bleiben ökonomische Verbindungen bestehen und in veränderter Form auch die emotionalen und psychosozialen Beziehungen und Bindungen der Erwachsenen und Kinder untereinander.[17] Gelingen positive und qualitativ neue Formen des Miteinander, wird nach der Trennung oder Scheidung durchaus ein stabiler psychosozialer Verband entstehen, in dem jedes Mitglied der ehemaligen Familie einen bedeutsamen Stellenwert einnehmen wird. In diesem Fall werden sich auch für die Kinder neue familiäre Lebensformen beim Vater und bei der Mutter entwickeln.

Wichtiger als der meist ideologisch gefärbte Streit um den Bestand oder die Auflösung der Familie nach Trennung und Scheidung der Eltern ist jedoch, daß der Erhalt einer positiven Kind-Eltern-Beziehung zu beiden Elternteilen in aller Regel dem Wohlergehen der Kinder dient. Das setzt voraus, daß die Eltern in der Lage sind, ihre Konflikte beizulegen, miteinander zu kooperieren und gemeinsam getragene Lösungen mit dem und für das Kind zu vereinbaren.

Hat das Kind zu beiden Elternteilen regelmäßige und vielfältige Kontakte, bewegt es sich, wie oben schon erwähnt, in einem neuartigen psychosozialen Verband, der zwei neue „Kernfamilien" umfaßt, die „Vaterfamilie" und die „Mutterfamilie". Für das Kind und auch für die Erwachsenen existieren demnach nach der Trennung und Scheidung der Eltern zwei Familien, die sich je nach Lebensplanung der Eltern durchaus auch zur Stieffamilie im Sinne einer unehelichen Lebensgemeinschaft oder durch Wiederverheiratung zur ehelichen Lebensgemeinschaft erweitern können. Diese Fortsetzungsfamilien können aus dem leiblichen Elternteil mit Kind(ern), neuem Partner, neuer Partnerin und möglicherweise deren Kind(ern) zusammengesetzt sein, wobei durchaus auch weitere, gemeinsame Kinder hinzukommen können.

Diese Aussagen und Differenzierungen können auf den ersten Blick verwirrend sein. Letztlich belegen sie nur die sich verändernden Familienformen im Sinne der Pluralität und Verschiedenheit familiärer Lebensformen in neuerer Zeit.

Im Zusammenhang mit der vom Bundesverfassungsgericht am 3.11.1982 zugelassenen Möglichkeit, die gemeinsame elterliche Sorge auch nach Trennung und Scheidung auszuüben,[18] kam es zwischen radikalen Befürwortern, vorsichtigen Befürwortern und Gegnern zu lebhaften und kontroversen Diskussionen. Heute, nach mehr als neun Jahren, kann festgehalten werden, daß die gemeinsame elterliche Sorge weder eine gute noch eine schlechte Lösung ist, sondern ein juristisches Arrangement, das unter bestimmten Bedingungen gut funktionieren kann. Entscheidend ist, daß die Eltern auch über Krisen hinweg verbindlich an der Sorgerechtsform festhalten, eine Unterstützung des anderen Elternteils in seiner Beziehung zum Kind gewährleistet ist, eine flexible Teilung der Verantwortung erfolgt und eine grundsätzliche Übereinstimmung bei unausgesprochenen oder ausgehandelten Regeln vorliegt.

Mit diesen mittlerweile von der Scheidungsforschung herausgestellten Grundannahmen haben sich auch in der Praxis die vom Bundesverfassungsgericht aufgestellten Richtlinien bestätigt, nach denen die Eltern bei der Zusprechung der gemeinsamen elterlichen Sorge erziehungsfähig sein müssen, gewillt und in der Lage sein müssen, gemeinsame Verantwortung zu tragen, und keine Gründe vorliegen dürfen, die im Interesse des Kindeswohls die Übertragung des Sorgerechts auf einen Elternteil angezeigt erscheinen lassen.

Einschränkend muß allerdings festgehalten werden, daß nach den neueren Ergebnissen der Scheidungsforschung die Ausübung der gemeinsamen elterlichen Sorge bei nur geringem

Konfliktpotential der Eltern Kummer und Belastungen der Kinder nicht in jedem Fall verhindern kann.[19]

Darüber hinaus ist schon lange als Ergebnis der gesamten nationalen und internationalen Scheidungsforschung bekannt,[20] daß anhaltende Konflikte der Eltern vor, während und nach der Trennung und Scheidung, die ihnen keine gemeinsam getragenen Kompromisse oder Lösungen mehr ermöglichen, die Kinder äußerst beunruhigen und verunsichern und deren Entwicklung insbesondere im Leistungs- und Gefühlsbereich negativ beeinflussen. Die Folgen können sich in Konzentrationsstörungen und Leistungsverweigerungen, insbesondere bei älteren Kindern durch Schulversagen, in psychosomatischen Störungen, in aggressiven und aufsässigen Verhaltensweisen und Trauer-, Schuld- und Angstgefühlen zeigen. Ebenso wird das Urvertrauen der Kinder und ihre Bindungs- und Beziehungsfähigkeit gestört.

Aus dieser Erkenntnis heraus wurden in den letzten Jahren speziell auf die Trennungs- und Scheidungsfamilie zugeschnittene Beratungs- und Interventionsmodelle entwickelt.

Eine psychologische Beratung oder eine Therapie ist in erster Linie bei besonders konfliktträchtigen Elternkonstellationen angezeigt, während die in den USA entwickelten Vermittlungs- oder Mediationskonzepte[21] grundsätzlich für alle von Trennung und Scheidung betroffenen Familien gedacht sind. Inzwischen hat sich allerdings gezeigt, daß eine auf Freiwilligkeit beruhende Mediation nur bei weniger strittigen Familienkonstellationen greift (die Systemtheoretiker sprechen bei hoch strittigen Familien meist von dysfunktionalen Familien) und für Personen mit starken seelischen Auffälligkeiten oder bei Gewalt, Mißbrauch oder Sucht nicht geeignet ist.[22] Mediation ersetzt auch keine anderweitigen Beratungs- und Unterstützungsangebote.[23]

Mediation bedeutet seinem ursprünglichen konzeptionellen Grundsatz nach, Eltern in einem interdisziplinär zusammengesetzten Team (zum Beispiel Rechtsanwalt, Familientherapeut und Sozialarbeiter) Hilfe und Unterstützung anzubieten. Dieser Personenkreis soll im Trennungskonflikt *„vermitteln"*, nicht beraten. Mediation oder Vermittlung in diesem Sinn ist somit ein konkret auf die Trennung, Scheidung und Trennungs- und Scheidungsfolgen bezogener strukturierter und zielorientierter Interventions- und Entscheidungsprozeß, der zur einvernehmlichen und eigenverantwortlichen Konfliktminderung, zur Konfliktregelung beziehungsweise Konfliktlösung zwischen den Konfliktparteien führt.[24]

Mediation ist nach überwiegender Auffassung dem Schiedsgerichtsverfahren nicht vergleichbar. Denn in dem Mediationsprozeß sind die Personen, die die Mediation durchführen, von den Eltern nicht autorisiert, Entscheidungen für sie zu treffen.

Mediation ist auch keine Behandlung im psychologisch-therapeutischen Sinne. Im Mediationsprozeß werden zum Beispiel keine Diagnosen gestellt. Den Eltern wird auch nicht aufgegeben, ihr zurückliegendes Verhalten zu analysieren. Ziel der Mediation ist es, durch umfassende Informationen und verbindliche Absprachen der Eltern gegenwartsbezogene und in die Zukunft reichende Vereinbarungen zu treffen. Das setzt eine zukunftsbezogene Herstellung oder Wiederherstellung der durch den Streit unterbrochenen Kooperation und Kommunikation im gemeinsamen Interesse der Eltern und Kinder voraus.

Ausgangspunkt einer Mediation oder Vermittlung im oben genannten Sinne ist die umfassende Information des Paares über die Trennungsfolgen und die Auswirkungen auf das Paar und deren Kinder. Hierzu gehört auch, den Eltern aufzuzeigen, welche negativen Folgen anhaltender Streit auf der Paarebene in Hinblick auf die Elternebene und damit dem Wohlergehen der Kinder haben kann.

Der Vermittler tritt im Rahmen einer Mediation nicht als Schlichter, psychologischer Berater oder Therapeut auf. Er versucht nicht, seine Vorstellungen durchzusetzen oder den Eltern aufzuzwingen. Deshalb muß auch diese Intervention bereits von der gesamten Planung und Durchführung her auf Freiwilligkeit beruhen.

Mediation erfaßt und behandelt alle Streitthemen der Eltern, die auch Unterhaltsfragen, Fragen des Versorgungsausgleichs, der Hausratsaufteilung, des Sorgerechts und des Umgangsrechts umfassen können.

Die methodischen Grundlagen der Mediation, insbesondere im Sinne der Gesprächsführung, findet man in unterschiedlichen psychologischen Schulen (zum Beispiel Systemtheorie, Psychoanalyse, Gruppendynamik, Kommunikationstheorie), wobei die Mediation selbst, um es noch einmal zu betonen, keine genuin psychologische, beratende oder therapeutische Methode ist.

Aus Gründen der Praktikabilität und Interdisziplinarität kann die Mediation unter Einbeziehung verschiedener Berufsgruppen (Rechtsanwalt, Richter, Psychologe, Sozialarbeiter) durchgeführt werden.[25] Nach diesem Modell wird zum Beispiel schon seit einigen Jahren in Berlin in der Trennungs- und Scheidungsberatungsstelle „Zusammenwirken im Familienkonflikt" und in einigen anderen Beratungsstellen in München, Hamburg, Heidelberg und Frankfurt am Main gearbeitet. Mediation kann aber auch von einer Person oder einem Fachteam im Jugendamt (zum Beispiel Sozialarbeiter und Psychologe) in Angriff genommen werden, sofern eine ausreichende interdisziplinäre Sachkompetenz durch Fort- und Weiterbildungen erworben worden ist.

Kritisch muß nach der derzeitigen Entwicklung festgehalten werden, daß die Arbeitsweise der Mediatoren nicht einheitlich und deren Qualifikation weitgehend unkontrollierbar ist. Jeder, der sich berufen fühlt, kann somit als Mediator fungieren und auch herumexperimentieren. Mittlerweile kommt es wohl auch immer häufiger vor, daß einige Mediatoren mit Paaren arbeiten, die nicht anwaltlich vertreten sind.[26] Des weiteren wird in der feministischen Literatur betont, daß die Frau als in der Regel sozial und wirtschaftlich Schwächere in einem auf Ausgleich, Anerkennung und Akzeptanz angelegten Mediationsverfahren benachteiligt werden könne. Denn gerade der Mediator dürfe nicht Partei ergreifen und eine Seite stärken. Ebenso sei es nicht unproblematisch, wenn eine Scheidungsvermittlung nur dann als gelungen gewertet werde, wenn sich das ehemalige Paar auf ein gemeinsames Sorgerecht für Kinder einige. Dabei könne gerade das gemeinsame Sorgerecht zum Tauschobjekt für Unterhalt werden.[27]

Einzelne Stufen oder Phasen des Ablaufs einer Mediation können wie folgt aussehen:

1. Einführung und Orientierung
2. Herausarbeiten der Fakten und der Streitfragen
3. Definition der Streitfragen
4. Herausarbeiten und Verhandeln von Alternativen
5. Herstellen eines Kompromisses im Sinne eines außergerichtlichen Vertrages oder eines außergerichtlichen Übereinkommens
6. Überprüfen der erreichten Ergebnisse und fortlaufende Vermittlung
7. Abschluß und Durchführen der Vereinbarungen im Rahmen eines Sorgerechtsplanes
8. Vorschlag der Eltern beziehungsweise Mitteilen des Vorschlags im Namen der Eltern durch das Jugendamt oder den psychologischen Sachverständigen an das Familiengericht.[28]

Eine in letzter Konsequenz dem Wohl des Kindes dienende Intervention oder Beratung sollte allerdings nicht erst zum Zeitpunkt der Trennung oder Scheidung der Eltern ansetzen, sondern auch den Zeitraum der häufig viele Jahre zurückliegenden Zerwürfnisse der Eltern erfassen. Dabei kann zwischen primärer, sekundärer und tertiärer Prävention unterschieden werden.

Primäre Prävention würde beispielsweise die Vermittlung interpersonaler Fertigkeiten und die Bewältigung potentiell krisenhafter Situationen umfassen. Eine sekundäre Prävention dient der Erörterung vorbeugender Maßnahmen für Familien, bei denen das Risiko des Auftretens konfliktträchtiger und somit dysfunktionaler Abläufe besonders groß ist. Eine tertiäre Prävention schließt die Rückfallprophylaxe ein, nachdem bereits durch anhaltenden Streit oder sonstige Gegebenheiten das Funktionsniveau der Familie beeinträchtigt war. Dabei soll mit dieser Präventionsart durch Stabilisierung der Familie ein Wiederaufleben des ursprünglichen Problemverhaltens verhindert werden.[29]

Will man dem Anspruch primärer und sekundärer Prävention hinreichend gerecht werden, reicht es nicht, nur die speziellen Trennungs- oder Scheidungsberatungsstellen weiter auszubauen. Vielmehr muß gleichzeitig das Angebot an fachlich fundierter Familienberatung in quantitativer und qualitativer Hinsicht verbessert werden. Hier sind auch die Erziehungsberatungsstellen freier und öffentlicher Träger herausgefordert, die insbesondere seit Inkrafttreten des Kinder- und Jugendhilfegesetzes (KJHG) am 1.1.1991 ihren Beratungsverpflichtungen nachzukommen haben.[30]

Im Rahmen einer präventiven Beratung sollte nicht unbedingt der Erhalt der Familie im Vordergrund stehen, sondern vor allem das Einüben zwischenmenschlich akzeptabler und zufriedenstellender Umgangsformen in Krisenzeiten vor, während und nach einer Trennung und Scheidung der Eltern.

Im übrigen könnte durch eine der Trennung vorgeschaltete Beratung im Fall einer späteren Trennung oder Scheidung ein wichtiger präventiver Beitrag zur Minderung negativer Trennungs- und Scheidungsfolgen für Kinder und Erwachsene geleistet werden. Eine erst zum oder nach dem Zeitpunkt der Trennung oder Scheidung ansetzende Beratung im Sinne einer Krisenintervention, so nützlich sie im Einzelfall sein mag, kann diese oben bereits herausgestellten primär und sekundär *präventiven* Aufgaben kaum erfüllen.

Dem Gedanken, eine Partnerschaftsberatung bereits vor einer Trennung oder Scheidung durchzuführen oder eine Beratung während der akuten Trennungskrise im Rahmen einer Trennungs- und Scheidungsberatung anzubieten, ist inzwischen das erwähnte und am 3.10.1990 in den neuen Bundesländern und am 1.1.1991 in den alten Bundesländern[31] in Kraft getretene Gesetz zur Neuordnung des Kinder- und Jugendhilferechts (Kinder- und Jugendhilfegesetz – KJHG) nachgekommen.

Beispielsweise soll nach § 17 KJHG die Beratung helfen, ein partnerschaftliches Zusammenleben in der Familie aufzubauen, Konflikte und Krisen in der Familie zu bewältigen und im Fall der Trennung oder Scheidung die Bedingungen für eine dem Wohl des Kindes oder des Jugendlichen förderliche Wahrnehmung der Elternverantwortung zu schaffen. Im Fall der Trennung oder Scheidung sollen Eltern bei der Entwicklung eines einvernehmlichen Konzepts für die Wahrnehmung der elterlichen Sorge unterstützt werden, das als Grundlage für die richterliche Entscheidung über das Sorgerecht dienen kann.

Das Scheidungskind

Eine Trennung und Scheidung der Eltern, die für die Erwachsenen schwerwiegende, häufig krankmachende und zum Teil lebensbedrohliche Konflikte bedeuten, sind für nahezu alle Kinder eine schmerzliche Erfahrung, die fast immer zu Trennungs- und Verlustängsten, Protest, Trennungsschmerz und Verzweiflung, Anklammern oder Gleichgültigkeit führen. Erst nach Durchlaufen dieser gefühlsmäßig „normalen" Phasen der Beunruhigung kommt es bei wiedergewonnener Kooperationsbereitschaft und Kooperationsfähigkeit der Eltern und deren Einstellung auf die Scheidungsrealität zu einer stabilen Wiederannäherung der Kinder an beide Eltern.

Vor allem anhaltender Streit der Eltern vor, während und nach der Trennung verursachen meist vielfältige Beeinträchtigungen der Kinder im Leistungs- und Gefühlsbereich.[32]

Dabei ist das Trennungs- und Scheidungsgeschehen keinesfalls ein zeitlich klar eingrenzbares Ereignis, sondern oft ein für alle Beteiligten schmerzvolles Kontinuum, das nicht mit der Trennung, dem Scheidungsantrag oder der Scheidung der Eltern durch Richterspruch abgeschlossen ist. Die belastenden Lebensereignisse reichen oft Jahre zurück und wirken sich häufig lange Zeit nach der Scheidung aus.

Auch die Eltern durchlaufen verschiedene Phasen des Trennungsgeschehens, die im Rahmen eines prozeßhaften Verlaufs in eine Ambivalenzphase, Trennungsphase, Scheidungsphase, Nachscheidungsphase und eine Phase des Eingehens einer neuen Partnerschaft unterteilt werden kann. Zu diesen Phasen können, ähnlich wie Kinder sie erleben, gefühlsmäßig bedeutsame „Beunruhigungsphasen" kommen, wie etwa die Trennungsangst und der Protest in der Ambivalenzphase. Auch in der Trennungsphase können Angst und Protest, aber auch Trennungsschmerz, Depression und Trauer auftreten. In der späteren Scheidungsphase können weiterhin Protest, Trennungsschmerz sowie Verzweiflung, Depression und Trauer bedeutsame und belastende gefühlsmäßige Erlebnisreaktionen sein. Erst in der Nachscheidungsphase wird bei einem „normalen" Ablauf dieser Phasen die Trauer um den verlorenen Partner durch eine Anpassung an die Realität des Alleinseins abgelöst. Dabei kann das Eingehen einer neuen Partnerschaft diese Anpassungsleistung beschleunigen.

Wichtig ist zu wissen, daß die Intensität der seelischen Erschütterungen der Eltern immer auch Auswirkungen auf die Befindlichkeit des Kindes haben. Ist ein Elternteil verzweifelt, depressiv oder voller Trauer, wird unter Umständen das Kind diesen Elternteil schützen wollen, indem es sich anklammert und so seine Loyalität und Verbundenheit dokumentiert.

Obwohl selbst das sehr junge Kind schon lange, bevor sich die Eltern trennen, zumindest die Spannungen *spürt*, hat es sich doch an beide Elternteile gewöhnt. Es fühlt sich an beide gebunden, gleichgültig ob es in einer harmonischen oder disharmonische Familie lebt und aufwächst. Deshalb zieht eine Trennung der Erwachsenen immer auch eine dramatische Veränderung für das Kind und die Mobilisierung von Ängsten, selbst verlassen zu werden, nach sich, auch wenn es im schlimmsten Fall während des Zusammenlebens der Eltern vernachlässigt, geschlagen, mißhandelt oder sexuell mißbraucht worden sein sollte.

Je jünger ein Kind ist, desto hilfloser, verwirrter, beunruhigter und ängstlicher fühlt es sich.[33]

Insbesondere bei Kindern im Alter bis zu drei Jahren, also bei Säuglingen und Kleinkindern, steigert sich die Angst nach einer Trennung der Eltern, die immer mit Verlustängsten einhergeht, oft ins Unermeßliche. Ein Kind dieser Altersgruppe kann die Trennung seiner Eltern mit dem Verstand nicht erfassen und verarbeiten. Diese Kinder reagieren deshalb gefühlsmäßig besonders heftig und häufig mit Unruhezuständen, Rückzug, Konzentrationsstörungen, Anklammern, Weinerlichkeit und Ängsten. Sind sie älter als zwei Jahre, häufen sich Aggressionen und Trotzreaktionen.

Kinder im Alter von etwa drei Jahren bis zum Vorschulalter

von fünf Jahren können zwar mit dem Verstand die „Welt" schon besser begreifen, dennoch signalisieren auch bei ihnen häufig Gefühle von Trauer, Schmerz und Wut, daß sie mit der Trennung der Eltern nicht einverstanden sind. Dabei sind auftretende psychosomatische Reaktionen wie Appetitlosigkeit, Bauchschmerzen, Kopfschmerzen, Einnässen, Einkoten typische körperliche Reaktionen eines seelischen Schmerzes. Hinzu kommen in dieser Altersstufe Schuldgefühle, die zum Ausdruck bringen, daß sich das Kind schuldig oder zumindest mitschuldig an der Trennung der Eltern fühlt.

Die Selbstanklagen der Kinder und die Wut auf die Eltern stehen nach tiefenpsychologischer Sicht mit den aus ihrer egozentrischen Weltsicht entspringenden Schuldgefühlen in Zusammenhang: Gerade das jüngere Kind erlebt sich in seinem Denken und Fühlen als Mittelpunkt des Weltgeschehens und glaubt, daß es der wichtigste Liebespartner der Eltern ist. Sind Kinder dieser Vorstellung noch stark verhaftet, interpretieren sie die Trennung und Scheidung der Eltern als Scheitern ihrer Beziehung zum verlassenden Elternteil. Sie glauben, als Liebespartner versagt zu haben.[34]

Kinder dieser Altersgruppe, die einerseits ohne Eltern noch völlig hilflos sind, weil sie auf deren Pflege, Betreuung und Versorgung existentiell angewiesen sind, glauben aufgrund ihrer noch ausgeprägten und weitgehend ungebrochenen intensiven Gefühle von Wut andererseits allmächtig zu sein. Allmachtsgefühle bei Kindern dieser Altersgruppe sind entwicklungspsychologisch normal und bedeuten somit zunächst keine Störung des Kindes. Gemäß ihren altersbedingten, allmächtigen Gefühlen, Phantasien und Vorstellungen glauben sie, Macht und Einfluß auf die Erwachsenen und somit auch auf die Eltern zu haben. Diese phantasierte grenzenlose Macht stellt für das Kind nicht nur einen Gewinn zur Stabilisierung des Selbstwertgefühls dar, sie bereitet ihm wegen der Unkontrollierbarkeit auch Angst und insbesondere im Fall einer Trennung der Eltern Schuldgefühle: Das Kind kann zum Beispiel die Trennung seiner Eltern *auch* mit seinem Ungehorsam in Verbindung bringen. Oder der kleine Junge/das kleine Mädchen verknüpfen in ihren Vorstellungen den Auszug des Vaters/der Mutter mit ihren ursprünglichen Wünschen, die Mutter/den Vater nunmehr für sich allein zu haben.

Da das Kind noch nicht eindeutig zwischen Wunsch und tatsächlichem Geschehen unterscheiden kann, fühlt es sich für das Trennungsgeschehen der Eltern verantwortlich und schuldig.

Kinder der Altersgruppe von fünf bis neun Jahren glauben meist nicht mehr, daß die Trennung der Eltern durch sie verursacht wurde, obwohl auch bei ihnen Schuldgefühle durchaus eine Rolle spielen können. Treten bei Kindern dieser Altersgruppe noch Schuldgefühle auf, können die Ursachen möglicherweise mit einem tief verwurzelten, trennungsbedingten Haß auf beide Eltern erklärt werden, denn die Eltern selbst waren es, die die Kinder aufgrund ihrer destruktiven Gefühle und ihrer gefühlsmäßigen Entgleisungen aufs tiefste verunsichert haben. Obwohl die Eltern die Kinder durch Entfesselung eigener Gefühle ängstigen, verlangen sie von den Kindern Mitleid, Verständnis, Anteilnahme und Hilfsbereitschaft. Dieser Konflikt zwischen Haß und Mitleid begünstigt das Entstehen von Schuldgefühlen.[35]

Normalerweise entwickeln Kinder dieser Altersgruppe, obwohl sie die Trennung der Eltern besser verstehen als jüngere, häufig ausgeprägt ängstliche, traurige und zornige Gefühle und Gefühle von Hilflosigkeit. Einige schämen sich ihrer Eltern, wobei vor allem diese Schamgefühle vor Lehrern, Klassenkameraden, Freunden und Nachbarn gezeigt werden.

Des weiteren kann es bei diesen Kindern insbesondere im Vorschul- und Schulbereich zu Konzentrationsstörungen und Leistungsabfall kommen.

Aus den oben bereits erwähnten doppelten Schuldgefühlen entwickeln sich häufig die vielbeschriebenen schuldbeladenen Loyalitätskonflikte. Das Kind versucht, es beiden Eltern recht zu machen, und wünscht, um zu einer eigenen inneren Harmonie zurückzufinden, daß der abwesende Elternteil wieder zurückkehrt und sich mit dem anderen Elternteil versöhnt. Triebfeder dieser Wiederversöhnungswünsche und Wiedervereinigungswünsche ist somit nicht ein angeborener Familientrieb des Kindes, sondern ein urwüchsiger Wunsch des Kindes nach Ausgleich und eigenem innerem Frieden. Diese meist unerfüllbaren Wünsche der Kinder nach Wiederversöhnung und Wiedervereinigung der Eltern können bei ihnen zu innerem Rückzug, Gleichgültigkeit und Hoffnungslosigkeit führen.[36]

Wünsche nach Wiederversöhnung und Wiedervereinigung der Eltern können allerdings auch bei liebevollen und den Kindern zugewandten Eltern entstehen, vor allem wenn sie nach ihrer Trennung und Scheidung zusammen mit den Kindern etwas unternehmen und die Kinder zu beiden Elternteilen umfangreiche und intensive Kontakte haben.[37]

Kinder der Altersgruppe von zehn Jahren bis zu Beginn der Pubertät mit zwölf Jahren übernehmen oft bereitwillig Verantwortung für die Eltern, insbesondere für den aus ihrer Sicht hilflosen oder an der Trennung unschuldigen Elternteil. Sie kümmern sich oft in auffallend rührender Weise um das Wohlbefinden des Elternteils, bei dem sie geblieben sind, um den Haushalt oder die jüngeren Geschwister.

Die Loyalität und Solidarität einem Elternteil gegenüber geht oft mit einer Ablehnung des anderen Elternteils einher: Der Elternteil, der das Kind verlassen hat, wird mit Wut und Zurückweisung „bestraft". Diese Entwicklung kann wiederum beim Kind zu erneuten und psychodynamisch anders gelagerten Schuldgefühlen gegenüber dem abgelehnten Elternteil führen.

Aus psychoanalytischer Sicht seien in diesem Zusammenhang nochmals die durch das Trennungsdrama der Eltern inszenierten zerstörerischen Kräfte erwähnt, die auch Kinder grundlegend verunsichern und aus dem Gleichgewicht bringen. Dabei steht die selbstbezichtigende Schuld der Kinder auch hier mit ihrem verdrängten Haß, der eigentlich gegen beide Elternteile gerichtet sein müßte, in einem engen Zusammenhang.[38]

Kinder und Jugendliche im Alter von etwa 13 bis 18 Jahren reagieren auf die Trennung der Eltern oft mit widersprüchlichen Reaktionen, Botschaften und Handlungen. Obwohl gerade Jugendliche dieser Altersgruppe mit zunehmendem Alter recht gut in der Lage sind, die Probleme ihrer Eltern zu verstehen, nachzuvollziehen und sich in sie einzufühlen, reagieren sie aus Enttäuschung über den Zusammenbruch und die Auflösung der Familie oft mit überraschend heftigen Gefühlsausbrüchen.

Darüber hinaus zieht die Trennung der Eltern gelegentlich bei älteren Jugendlichen eine verfrühte Ablösung und Trennung vom Elternhaus nach sich.

Anderen Jugendlichen gelingt dagegen die entwicklungspsychologisch bedeutsame Ablösung vom Elternhaus nicht. Eine weitere Gruppe Jugendlicher droht aufgrund der durch die Trennung und die durch Trennungsfolgen erlittenen Liebesverluste, insbesondere nach einer langen und konfliktreichen Beziehung der Eltern, oder aufgrund schwerwiegender Vernachlässigungen zu verwahrlosen, süchtig oder kriminell zu werden.

Geschlechtsspezifische Unterschiede bei Jungen und Mädchen zeigen sich darin, daß Jungen der Altersgruppen über drei Jahre aggressiver reagieren als Mädchen, wobei vor allem ältere Knaben die Ängste aggressiv ausagieren, während Mädchen sich eher zurückziehen oder sich übermäßig anpassen.

Die zum Teil erheblichen trennungsbedingten Belastungen der Kinder werfen wiederum für viele schuldbewußte Eltern die Frage auf, ob eine Trennung für ein Kind überhaupt zu verantworten sei, oder ob es nicht besser gewesen wäre, zugunsten der Kinder eine Trennung zu vermeiden.

Von professioneller und politischer Seite wird deshalb auch immer wieder und gerade in letzter Zeit erneut darüber nachgedacht, ob nach einer langen Phase der Liberalisierung und Vereinfachung des Scheidungsverfahrens Trennungen und Scheidungen nunmehr durch gesetzliche Regelungen oder Veränderungen der Beratungskonzepte wieder erschwert werden sollten.[39]

Tatsächlich kann ein Kind, dessen Eltern anhaltend miteinander streiten und dessen gesamtes Zuhause von diesem anhaltenden Streit geprägt ist, kein sicheres Vertrauen zu den erwachsenen Bezugspersonen und zu sich selbst aufbauen. Es kann auch nicht lernen, wie Menschen im Rahmen einer längerfristigen Partnerschaft, Lebensgemeinschaft und Lebensperspektive miteinander auskommen, füreinander Verantwortung tragen, sich achten und lieben und trotz gelegentlicher Streitereien Kompromisse und Lösungen finden.

Aber selbst bei erheblichen Unvereinbarkeiten und häufigem Streit der Eltern sollte immer bedacht werden, daß Kinder das Zerbrechen der Familie immer als existentielle Bedrohung erleben.

Durch eine Trennung der Eltern werden darüber hinaus das Selbstwertgefühl des Kindes, die Identitätsentwicklung und der Wunsch nach Sicherheit und Geborgenheit beeinträchtigt.

Dennoch sollten diese beunruhigenden Feststellungen nicht dazu führen, Trennungen und Scheidungen zu verdammen oder zu erschweren.[40] Alle inzwischen vorliegenden Ergebnisse der Scheidungsforschung deuten darauf hin, daß Kinder, deren Eltern sich terrorisieren oder sogar gewalttätig sind, weitaus schwerere Schäden davontragen als durch den Akt der Scheidung.[41]

Wünschenswert ist allerdings, daß eine Trennung und Scheidung rücksichtsvoll durchgeführt wird und von den Eltern die Interessen des Kindes beachtet werden.

Erforderlich ist im Rahmen dieser präventiven Überlegungen auch ein Umdenken der Eltern und anderer – nicht zuletzt auch politischer – Verantwortungsträger und damit eine Änderung kultureller, gesetzlicher und sozialpolitischer Konzepte.

Diese gesellschaftliche und kulturelle Umorientierung sollte zur Entlastung der Eltern mehr als bisher dazu führen, daß entgegen weitverbreiteter und allgemeiner Auffassung und trotz gewichtiger erzieherischer Mithilfe und Beteiligung der Pädagogen im Kindergarten, im Hort und in der Schule, Kindererziehung nicht mehr als *ausschließliche* Aufgabe der Eltern angesehen wird. Ob wir es wahrhaben wollen oder nicht, der Staat, die Kirche, Wohlfahrtsverbände und private Träger haben schon längst durch ihre institutionellen Angebote wichtige und wesentliche Sozialisationsaufgaben gegenüber den Kindern übernommen.

Das Sorgerecht

Ist die Trennung erfolgt und sind die Scheidung und die Sorgerechtsregelung beim Familiengericht durch Scheidungsantrag
oder Sorgerechtsantrag in die Wege geleitet, konzentrieren sich
die staatlichen Eingriffe im Rahmen der Ausübung des sogenannten staatlichen Wächteramtes zunächst nicht mehr in erster
Linie auf eine gerichtliche Sorgerechtsentscheidung.

Selbst bei Vorliegen von Gefährdungen des Kindes nach
§ 1666 BGB[42] werden neben den gesetzlichen Vorgaben, nach
denen zum Beispiel eine Trennung des Kindes von den Eltern nur
möglich ist, wenn der Gefahr nicht auf andere Weise begegnet
werden kann, zunehmend mehr beratende und außergerichtliche
Interventionen favorisiert (vergleiche etwa § 1666a BGB), bevor
eine gerichtliche Entscheidung im Rahmen der Ausübung des
staatlichen Wächteramtes mit Entzug der gesamten Personensorge getroffen wird.

Vor allem nach der Neufassung des Kinder- und Jugendhilfegesetzes (KJHG) ist der Staat auch im Sorgerechtsverfahren und
umgangsrechtlichen Verfahren – zunächst vertreten durch das
Jugendamt – gehalten, den Eltern im Rahmen der im Gesetz vorgesehenen Beratungsofferten und Unterstützungsangebote Hilfen anzubieten, die der Entwicklung eines einvernehmlichen
Sorgerechtskonzepts (§§ 17 Abs. 1 Nr. 3, Abs. 2 u. 28 S. 1 KJHG)
dienen sollen, um so eine dem Wohl des Kindes dienende Neuordnung der Kind-Eltern-Beziehungen in die Wege zu leiten.

Im Gegensatz zum alten Recht vor Inkrafttreten des KJHG
sollte erst nach einem Angebot konkreter Beratung und Unterstützung, die allerdings von den Eltern nur auf freiwilliger
Grundlage wahrgenommen zu werden brauchten, an eine gerichtliche Sorgerechtszuteilung nach §§ 1671, 1672 BGB gedacht
werden, die bedauerlicherweise nach geltendem Recht immer
noch von Amts wegen erfolgt und nicht etwa nur auf Antrag
eines Elternteils, beider Eltern oder des Kindes.

Machen die Eltern allerdings von dem Beratungsangebot der
Jugendämter oder freier Träger keinen Gebrauch, hat das

Jugendamt im Rahmen der bisher üblichen Familiengerichtshilfe eine Entscheidung für das Familiengericht zur Regelung der elterlichen Sorge vorzubereiten.[43]

Damit hat sich der sozialrechtliche, hilfeleistende Interventionsansatz nach dem KJHG vor den bisher üblichen und tradierten bürgerlich-rechtlichen Interventionsansatz einer Sorgerechtsentscheidung geschoben. Erst wenn die nach dem KJHG vorgesehenen Beratungs- und Unterstützungsmaßnahmen, die eine dem Wohl des Kindes förderliche Wahrnehmung der Elternverantwortung zum Ziel haben, angeboten, versucht oder abgeschlossen sind, sollte über die Regelung der elterlichen Sorge entschieden werden,[44] sofern keine akute Kindeswohlgefährdung vorliegt.

Ob allerdings mit der im § 17 KJHG gewählten Formulierung, „im Falle der Trennung oder Scheidung sollen die Bedingungen für eine dem Wohl des Kindes oder des Jugendlichen förderliche Wahrnehmung der elterlichen Verantwortung geschaffen werden", in letzter Konsequenz, so wie es noch in der Begründung im Entwurf zum KJHG formuliert war, tatsächlich die Rechtsform der gemeinsamen elterlichen Sorge geschiedener Eltern als Regelfall anzustreben ist, bleibt entgegen der Auffassung einiger Juristen[45] und Psychologen[46] fraglich.

Allein die Praxis der nächsten Jahre wird zeigen, ob diese Sorgerechtsvariante tatsächlich den anzustrebenden Idealfall einer kindgerechten Lösung darstellt.

Inzwischen wird beispielsweise in den USA von einigen Scheidungsforschern das juristische Modell der gemeinsamen elterlichen Sorge nicht mehr als besonders günstige Sorgerechtsvariante im Vergleich zur alleinigen elterlichen Sorge angesehen: Aufgrund anhaltender Konflikte der Eltern, die bei allen Sorgerechtsmodellen vorkommen, wird dort die bisher bei uns noch weitgehend unbekannte Sorgerechtsform, die „Parallele Elternschaft", diskutiert. Nach anfänglicher Euphorie und Überbewertung konfliktarmer Sorgerechtsmodelle stellte sich bald heraus, daß selbst die Fortführung der gemeinsamen elterlichen Sorge nach Trennung und Scheidung Streit der Eltern nicht verhindert. Die gemeinsame elterliche Sorge hält somit Belastungen in einem weitaus geringeren Maß, als bisher angenommen, von den Kindern fern.[47]

Eine der inzwischen favorisierten Alternativen ist das eben genannte Modell der „Parallelen Elternschaft", was nichts anderes bedeutet, als daß beide Eltern in klarer und eindeutiger Abgrenzung voneinander in eigener Verantwortung Zugang zu den Kindern haben, ohne daß jedoch zu allen Fragen der Erziehung und Betreuung der Kinder Absprachen, Kompromisse oder sogar gemeinschaftlich getragene Vereinbarungen vorliegen müssen.

Doch wieder zurück zum ursprünglichen Thema, der anstehenden Sorgerechtsentscheidung: Kommt es nach den beratenden Interventionen im Jugendamt oder durch die bloße familiengerichtshelfende Inanspruchnahme des Jugendamtes im Rahmen der richterlichen Entscheidungsfindung im Familiengericht zu einer Zusprechung der elterlichen Sorge auf beide Elternteile oder einen Elternteil, ist der im Gesetz (§ 1671 BGB) verankerte Kindeswohlbegriff für das Familiengericht die herausragende Handlungsmaxime.

Allein der Kindeswohlbegriff legitimiert den Staat im Rahmen seines „Wächteramtes" in die von Trennung und Scheidung betroffene Familie einzugreifen, die Autonomie der Familie einzuschränken und die elterliche Sorge, notfalls unter Sorgerechtsausschluß eines Elternteils, zu regeln.

Der Kindeswohlbegriff fungiert darüber hinaus im Rahmen der künftig zu treffenden Maßnahmen auch als Entscheidungsmaßstab; gleichzeitig dient er als Verfahrensrichtlinie. Der Kindeswohlbegriff determiniert somit auch den Ablauf und die Prozedur des Familiengerichtsverfahrens. Zugleich umfaßt der Kindeswohlbegriff einen rechtspolitischen Gestaltungsauftrag.[48]

Beim Kindeswohlbegriff, der teils als Generalklausel[49] oder als unbestimmter und wertausfüllungsbedürftiger Rechtsbegriff bezeichnet wird, handelt es sich um einen Zentralbegriff,[50] der somit für das Familiengericht der leitende Maßstab im nach wie vor amtswegigen Sorgerechtsverfahren ist. Dabei dürfen die dem Kindeswohlbegriff zugrundeliegenden Anforderungen nicht generell-abstrakt auf eine handliche Formel gebracht werden, vielmehr müssen sie für jeden Einzelfall konkret-individuell erarbeitet werden. Dabei sind auch die rechtlich umrissenen beziehungsweise vorgegebenen elterlichen Erziehungsziele und -methoden, die Wünsche, die Bindungen und der Wille des Kindes wesentliche Faktoren bei der Konkretisierung des Kindeswohls.

Die Verwirklichung des Kindeswohls wird allerdings nur gelingen, wenn diejenigen politischen, kulturellen, gesellschaftlichen, rechtlichen und unterstützenden Rahmenbedingungen geschaffen werden, die es den Eltern – zumindest aber einem Elternteil – ermöglichen, den Bedürfnissen und Interessen der Kinder bei der Bewältigung alltäglicher Lebensaufgaben gerecht zu werden. Mit dieser Aussage soll verdeutlicht werden, daß die rechtlichen Vorgaben allein den Bereich dessen, was „Kindeswohl" ausmacht, nicht hinreichend abdecken können. „Kindeswohl" erstreckt sich demnach auch auf gesellschaftliche Grundwerte, die auf konsensfähigen, geübten und mehrheitsfähigen Überzeugungen beruhen.[51]

Folglich läßt sich der Kindeswohlbegriff auch dem Gesetz nach nicht zweifelsfrei definieren, obwohl im Gesetz (§ 1671 BGB) und von der Rechtsprechung seit langem, über die oben erwähnten Essentials hinausgehend, Kriterien vorgegeben werden beziehungsweise entwickelt wurden.

Im Gesetz werden beispielsweise neben den schon genannten Bindungen des Kindes, insbesondere den Bindungen des Kindes an die Eltern und Geschwister, der übereinstimmende Vorschlag der Eltern und der abweichende Vorschlag des Kindes erwähnt, welches das vierzehnte Lebensjahr vollendet hat.

Von der Rechtsprechung und Wissenschaft werden auch die Erziehungsfähigkeit der Eltern, die elterliche Eignung, der Fördergrundsatz, das Kontinuitäts- und Stabilitätsprinzip oder neuerdings auch die Kooperationsbereitschaft der Eltern betont.

Kindeswohl kann aber auch, so wie es mittlerweile vor allem von psychologischer und systemtheoretischer Seite hervorgehoben wird, „als ein Kontinuum beschrieben werden, das sich auf der Basis gemeinsamer Elternschaft in Abhängigkeit von den Fähigkeiten der Eltern zu einer umfassenden Bedürfnisbefriedi-

gung des Kindes in unterschiedliche Niveaus (oder Verwirklich-
keitsgrade) aufteilen läßt".[52]

Dennoch bleibt auch diese Definition für die Fälle nur ein
idealistisches Konzept und damit Utopie, bei denen anhaltende
Unvereinbarkeiten der Eltern eine *gemeinsame* Elternschaft
verhindern oder bei denen Eltern das Wohl der Kinder im Sinne
der Vorschrift des § 1666 BGB gefährden.

Die inzwischen auch bei uns weit verbreitete und möglicherweise weitaus praktikablere Formulierung der „am wenigsten
schädlichen Alternative", die Anfang der siebziger Jahre aus den
USA kam, wurde auch bei uns aufgegriffen und in die Schei-
dungsdiskussion eingeführt, ohne jedoch den Kindeswohlbegriff abzulösen. Grundgedanke dieser neueren Formel ist, daß
die Trennung und auch die Trennungs- und Scheidungsfolgen in
der Regel nicht dem Wohl des Kindes dienen können. Da
grundsätzlich durch die Trennung und Scheidung der Eltern ein
Schaden beziehungsweise ein Verlust für die Kinder eingetreten
ist, könne allenfalls bei einer Regelung der elterlichen Sorge nur
die am wenigsten schädliche Alternative gefunden werden.

Unabhängig vom Streit um die definitorische Fassung des
Kindeswohlbegriffs scheint mir das Herausarbeiten tragfähiger
Modelle, die sich dem Wohlergehen der Kinder annähern, weit-
aus bedeutsamer zu sein.

Entgegen dem vor allem von systemtheoretischer Seite in letzter Konsequenz vertretenen einphasigen Reorganisationsmodell
(die Familie löst sich durch Trennung und Scheidung nicht auf,
deshalb Reorganisierung der elterlichen Verantwortungsgemeinschaft nach Trennung und Scheidung) scheint mir ein nach
drei unterschiedlichen Voraussetzungen angelegtes Modell der
Scheidungsfolgenrealität näher zu kommen:

1. Das Konzept des Beibehalts der gemeinsamen elterlichen Verantwortung nach Trennung und Scheidung
   a) Psychologische Voraussetzungen:
   – Einvernehmen der Eltern,
   – bei zunächst fehlendem Einvernehmen der Eltern und bei
     vorhandener Beratungswilligkeit Stärkung beziehungswei-
     se Wiederherstellen der elterlichen Verantwortungsgemein-

schaft mit Hilfe einer psychologischen Beratung, Therapie oderMediation,

- – Wiedererlangung der Kooperationsbereitschaft und Kooperationsfähigkeit der Eltern,
- – Fähigkeit der Eltern, die Bedürfnisse und Belastungsfähigkeit des Kindes bezüglich künftiger Kontakte zu beiden getrennt lebenden Elternteilen zu erkennen.

b) Denkbare Rechtsformen:
- – gemeinsame elterliche Sorge,
- – alleinige elterliche Sorge.

2. Konzept des Beibehalts der elterlichen Verantwortung nach Trennung und Scheidung – Konzept der Parallelen Elternschaft

a) Psychologische Voraussetzungen:
- – anhaltende Unvereinbarkeiten der Eltern trotz angebotener beziehungsweise erfolgter Beratung, Therapie oder Mediation,
- – Fähigkeit der Eltern zur eindeutigen Abgrenzung voneinander,
- – jeder Elternteil trägt im Rahmen der Kontakte mit dem Kind die volle erzieherische Verantwortung in der Rolle des Vaters und der Mutter.

b) Denkbare Rechtsform:
- – alleinige elterliche Sorge,
- – Regelung des Umgangsrechts.

3. Konzept zur Regelung der elterlichen Sorge bei anhaltenden Unvereinbarkeiten der Eltern und mangelnder Abgrenzung voneinander und/oder bei Gefährdungen des Kindes

a) Psychologische Voraussetzungen:
- – anhaltende Unvereinbarkeiten der Eltern trotz angebotener beziehungsweise erfolgter Beratung und fehlender Abgrenzung voneinander,
- – anhaltende Gefährdungen des Kindes gemäß § 1666 BGB trotz angebotener bzw. erfolgter Beratung.

b) Denkbare Rechtsformen:
- – alleinige elterliche Sorge,

– Pflegschaft oder Vormundschaft,
– Herausnahme des Kindes und Fremdunterbringung,
– Regelung des Umgangsrechts.

Familie und Scheidung

Der Kampf um das Sorgerecht und damit der Kampf um das Kind führt neben den bereits vorhandenen Trennungskrisen bei allen Beteiligten oft zu weiteren Anforderungen und Zuspitzungen, die häufig und vor allem bei Kindern jedes vertretbare Maß an seelischen, körperlichen und ökonomischen Belastungen überschreiten. Wenn auch nur 10% bis 20% aller Familiensachen bis zur richterlichen Entscheidung hoch strittig verlaufen, kann davon ausgegangen werden, daß auch bei den übrigen 80% bis 90% aller Familiensachen Streit vorkommt. Selbst wenn der Streit geschlichtet erscheint und schließlich bei Gericht in einen übereinstimmenden Vorschlag der Eltern einmündet, kann dieser Vorschlag durchaus nur einen, häufig von dritter Seite unbemerkten, „faulen" Kompromiß darstellen. Möglich sind zum Beispiel „Tauschgeschäfte" zwischen den Eltern, nach denen das Sorgerecht unter Verzicht auf Unterhalt ausgehandelt wird.

Welche unterschwelligen Konflikte auf der Beziehungsebene in juristisch unstrittigen Fällen weiter anhalten, weiß trotz der sich in der letzten Zeit auch in Deutschland quantitativ ausweitenden Scheidungsforschung heute noch niemand genau.[53]

Für die Annahme weiterer Konflikte spricht, daß nach einer rechtskräftigen Scheidung beispielsweise in den alten Bundesländern der Bundesrepublik Deutschland mehr als 40% aller Väter den Kontakt zum Kind abbrechen,[54] während aus den USA Kontaktabbrüche in der Größenordnung von 50% genannt werden.[55]

Nach wie vor und wahrscheinlich zunehmend mehr werden Beziehungen in Partnerschaften, Ehe und Familie weniger vom Verstand, im Sinne eines differenzierten und kalkulierten Abwägens der Vor- und Nachteile oder einer Planung auf ökonomischer Grundlage bestimmt, als von Gefühlen und Affekten, mit der Folge, daß Trennungen und Scheidungen in der Regel als ungewöhnlich schmerzhaft, kränkend und verletzend erlebt werden.

Bekanntermaßen leben wir im mitteleuropäischen Kulturkreis – etwa seit der Jahrhundertwende – zunehmend in der sogenannten Zweigenerationenfamilie, die sich in den letzten Jahrzehnten immer mehr zu einer Kernfamilie mit einem Kind oder zwei Kindern entwickelt hat. Selbst wenn man seit einigen Jahrzehnten auch konstatieren muß, daß diese Familienform keinesfalls mehr die allein vorherrschende ist, haben jedoch in allen Varianten familialer Lebensformen sowohl bei deren Beginn wie auch bei ihrer Auflösung Gefühle eine ausschlaggebende Bedeutung.

Diese gefühlsmäßige Nähe zueinander und die Abhängigkeit jeweils nur weniger Menschen voneinander hat es in der Menschheitsgeschichte vermutlich zuvor noch nie gegeben.

Die Folge dieser emotionalen Nähe sind extrem enge Bindungen und Beziehungen, aber auch Abhängigkeiten und gefühlsmäßige Verstrickungen. Im psychoanalytischen Sprachgebrauch können wir von symbioseähnlichen Partnerschafts- und Eltern-Kind-Beziehungen sprechen.

Die inzwischen im mitteleuropäischen Kulturkreis sich mehr und mehr herausbildende zwei- bis vierköpfige Zweigenerationenfamilie, die auch als Fortsetzungsfamilie weitgehend in dieser Gestalt erscheint, ist das Ergebnis und der Preis der Industrialisierung, in deren Verlauf die tradierten bäuerlichen und handwerklichen großfamilialen Strukturen weitgehend zerstört wurden.

Die mit der Industrialisierung einhergehende familiale Veränderung mußte zwangsläufig bei allen betroffenen Menschen Ängste mobilisieren, da die bis dahin vorgegebene Großfamilie und Großfamilienstruktur mit den dort vorzufindenden emotionalen und psychosozialen Ausgleichsmöglichkeiten aller dort Lebenden immer schneller zerbrach, ohne daß sogleich ein neues kulturelles, religiöses und gesellschaftliches Wertekonzept und damit ein Familienkonzept in Sicht war, das genügend Orientierung, Sicherheit und Geborgenheit geben konnte.

Verlustängste, Angst vor dem Neuen und mangelnde emotionale Entlastung durch den kulturell und gesellschaftlich bedingten Verlust der Kontakte mit einer Vielzahl wichtiger Bezugsper-

sonen führten zu einem noch nie dagewesenen Anklammerungs-
bedürfnis der Partner aneinander und auch der Kinder an die Eltern und der Eltern an die Kinder. Diesen Anklammerungs-
bedürfnissen förderlich sind die sich häufenden kumulativen
Trennungserfahrungen der Kinder bereits vom Säuglingsalter an,
wenn einerseits seitens der Erwachsenen aufgrund ihrer narzistischen Bedürfnisse den Kindern gegenüber eine tiefe Ambivalenz
zwischen überbehütender Nähe und kritischer Distanz besteht[56]
und andererseits viele Kinder bereits von Geburt an von wechselnden professionellen Erziehungspersonen betreut werden.

Hinzu kommen andere Ängste, die uns plagen: Angst vor
ökologischen Katastrophen, zum Beispiel durch Kernkraft und
Luftverschmutzung, wie der Reaktorunfall in Tschernobyl, das
Ozonloch und das Waldsterben, die Angst vor Kriegen, wie etwa
der Golfkrieg oder Bürgerkriege, oder Angst vor Arbeitslosigkeit und Armut und nicht zuletzt bei uns in Deutschland eine
Zukunftsangst, die aus der „Wende" und der Vereinigung beider
deutscher Staaten resultiert.

Auch Anonymität und Desinteresse der Mitmenschen, Über-
lastung im Arbeitsleben und erhöhte Leistungsanforderungen
haben Ängste, Belastungen und Verunsicherungen zur Folge. Im
übrigen führt die mit voranschreitender Industrialisierung geforderte Mobilität am Arbeitsplatz zu vermehrten Wohnungs-
wechseln, die das Aufgeben gewohnter und kontinuierlicher Lebensumstände mit sich bringen.

Alle diese Belastungen, die immer noch und immer wieder
dazu führen, das Leben und die Umwelt als bedrohlich und ge-
fährlich zu erleben, müssen Auswirkungen auf die Bedürfnisse
der Menschen nach Nähe, Sicherheit und Geborgenheit haben.

So gesehen, ist es nicht verwunderlich, daß Liebesbedürfnisse,
die Sehnsucht nach einer heilen Welt in der Zweierbeziehung und
die Anklammerungsbedürfnisse in der Partnerschaft gefördert
werden. Nur so scheint das eigene Leben emotional erträglich zu
sein und als weniger bedrohlich oder beängstigend erlebt zu werden. Die Partner haben dementsprechend wechselseitig die teils
sehr bewußte, aber auch die mehr oder weniger unbewußte Aufgabe, die kulturell und gesellschaftlich vorgegebenen rasanten

Veränderungen und Defizite, die sich bei beiden in grundlegenden gefühlsmäßigen Verunsicherungen zeigen und auswirken, durch engste Liebesbande auszugleichen. Die aus dieser kulturellen, gesellschaftlichen und individuellen Dynamik resultierenden hochgespannten gegenseitigen Erwartungen an den Partner verstärken das Eingehen und Zustandekommen engster Beziehungen und Bindungen bei gleichzeitig gefühlsmäßig überaus anspruchsvollen und überfrachteten gegenseitigen Erwartungen.[57]

Diese symbioseähnlichen oder narzistischen Bedürfnisse nach Liebe und Geborgenheit im Sinne exklusiver Nähe, Ausschließlichkeit und Glück bringender Zweisamkeit und die aus diesem Absolutheitsanspruch resultierende überstrapazierte Partnerschaft stellen *einen* Erklärungsansatz dafür dar, daß immer mehr Partnerschaften zerbrechen und Ehen scheitern und häufig explosionsartig dekompensieren: Je enger und grenzenloser die Beziehung und die partnerschaftliche Bindung war, desto kränkender, verletzender, schmerzvoller und destruktiver muß eine Trennung erlebt werden.

Da in unserem Kulturkreis tendenziell jeder Mensch in Beziehungen geraten kann, in der diese überfrachteten Wünsche nach Nähe und Ausschließlichkeit produziert werden, befindet sich tendenziell auch jeder in der Gefahr, aus übermächtiger Angst, Wut und Trauer auf Trennungen, die regelmäßig auch schwere narzistische Krisen bedeuten,[58] mit den Mechanismen gegenseitiger Kampfrituale und rigorosen Abgrenzens zu reagieren.

Erschwerend kommt hinzu, daß gerade die bei Trennung und Scheidung bedeutsamen Gefühlsqualitäten wie Angst, Wut und Trauer, die im übrigen phylogenetisch angelegt sind, bei vielen Menschen schon längst ihre integrativen und ausgleichenden Kräfte zur Stabilisierung des emotionalen Gleichgewichts verloren haben. Bekannt ist zum Beispiel seit langem, daß Männer auf Trennungen eher mit Aggressionen reagieren, ohne ausreichend zu trauern, und Frauen eher mit intensiver Trauer antworten, ohne genügend wütend zu sein.

Folgt man diesem theoretischen Ansatz, wird man nicht umhin können, den vieldiskutierten Gemeinsamkeiten nach einer Partnerschaft und Ehe eher skeptisch gegenüberzustehen.

Ob es dann durch eine Beratung, Therapie oder Mediation gelingen kann, die Elternebene von der zerstrittenen Paarebene zu trennen, um so den Eltern zum Wohle der Kinder einen kooperativen Umgang zu ermöglichen, liegt meinen Erfahrungen nach nicht in erster Linie an der Qualität und Methode der Intervention, sondern an der Intensität der erlebten Kränkungen, die wiederum in enger Verbindung mit den elterlichen Unvereinbarkeiten stehen.

Sollten einmal Trennungen und Scheidungen weniger bedeutsame Ereignisse darstellen, könnten die Scheidungskrisen durchaus milder verlaufen. Das setzt aber voraus, daß sich die Qualität zwischenmenschlicher Beziehungen nicht nur in Partnerschaften verändert. Für die Partner müßten Liebesbeziehungen emotional weniger bedeutsam werden als heute.

Es fehlte bisher nicht an Versuchen, unterschiedliche Partnerschafts- und Ehemodelle systematisiert darzustellen, wobei jedem dieser Ehemodelle eine bestimmte Art von Scheidung entsprechen soll.[59] So wird beispielsweise die Partnerschaft und Ehe gemäß der Rollenzuweisung und Qualität der Beziehungen im Sinne einer „Ehe als Institution", „Ehe als Bündnis", „Ehe als Verschmelzungs- oder Liebesehe" und im Sinne einer „Partnerschafts- oder Vernunftehe" klassifiziert.

Während das erste Ehemodell aufgrund seiner Zielsetzung, das Überleben der Familienmitglieder und die Zeugung des Nachwuchses zu sichern, durch eine starre Hierarchie und die Unauflösbarkeit gekennzeichnet ist, zeichnet sich das zweite Modell durch die Idee des Glücks aus, bei dem die Scheidung mit Sanktionen gegenüber dem Treulosen verbunden ist. Beim dritten Ehemodell spielt die Tiefe und Intimität der gefühlsmäßigen Bindung die ausschlaggebende Rolle. Das Schwinden der Liebe zieht eine Trennung nach sich. Anstelle des Gefühls der Schande – wie bei der Auflösung der Bündnisehe – tritt hier bei einer Scheidung eher das Gefühl des Versagens, das mit Gefühlen der Verletzung und Kränkung einhergeht und oft dem gesamten Trennungsgeschehen unter Einbeziehung des Kindes einen dramatischen Verlauf garantiert. Das vierte Ehemodell kennzeichnet nicht mehr die voneinander abhängig machende Verschmelzung, sondern die harmonische, solidarische und funktionierende Paarbeziehung. Mit dem Ende der befriedigenden gemeinsamen Erfahrungen trennen sich die Partner wie zwei Geschäftspartner. Damit verliert die Scheidung an Dramatik und traumatisierenden Erlebnisinhalten, wobei auch für das Kind die Trennung der Eltern mangels nachhaltiger Konflikte unbelasteter verläuft.

Die Partnerschaftsehe nach dem oben genannten Modell kommt somit am ehesten dem Gedanken der „Beziehungen geringerer Bedeutung"[60] nahe, denen ein in ihrer Konfliktträchtigkeit milderer Scheidungsverlauf und damit eine geringere Belastung der Kinder folgt.

Andere sprechen im Zusammenhang erhaltener oder wiedergewonnener Kooperationsfähigkeit der Eltern nach einer Trennung vom Modell der konstruktiven Scheidung.[61]

Allerdings würde eine Beziehungsaufnahme mit geringerer emotionaler Intensität und Bedeutung eine Veränderung der normativen Konzepte intimer Beziehungen zur Voraussetzung haben.

Da, wie schon angedeutet, gesellschaftliche und kulturelle Vorgaben, Gegebenheiten und Entwicklungen auch die Ehe- und Partnerschaftsformen kennzeichnen und private Lebensformen auch Reaktionen auf entfremdete und verdinglichte zwischenmenschliche Beziehungen außerhalb der Familie sind, ist zu erwarten, daß innige Gefühle – im Sinne der Verschmelzungs- oder Liebespartnerschaft – noch lange in der Zweierbeziehung einen zentralen Stellenwert einnehmen werden und derzeit die Bedeutung enger zwischenmenschlicher Gefühle und Bindungen immer noch eher zu- als abnimmt.[62]

Zugleich wird die Paarbeziehung, weil geschlechtsspezifisch festgefügte Rollen mehr und mehr im Sinne einer Angleichung in Frage gestellt werden,[63] durch die gleichzeitigen Ansprüche, Liebesbeziehung zu sein und die individuelle Freiheit möglichst wenig zu begrenzen, strukturell krisenanfälliger.[64]

Ob hierin auf längere Sicht und in letzter Konsequenz ein sukzessiver Wandel zu emotional weniger überfrachteten Partnerschaftsbeziehungen gesehen werden kann, muß derzeit als Frage noch offenbleiben. Für eine Tendenz in diese Richtung spricht zum Beispiel das derzeitige Streben vieler Menschen, trotz engster Bindungen in der Partnerschaft Individualität und Autonomie zu bewahren, wobei nunmehr offensichtlich das Kind oder zumindest der Kinderwunsch in dieser Paarkonstellation die weiter anhaltenden symbioseähnlichen Bedürfnisse der Erwachsenen erfüllen muß.

Derzeit und wahrscheinlich noch auf längere Sicht müssen wir meiner Einschätzung und Prognose nach davon ausgehen, daß es aufgrund der durch die Trennung erlebten seelischen Kränkungen und Verletzungen bei einer Vielzahl von Eltern nach einer Trennung zunächst an einer nachpartnerschaftlichen, auf Gemeinsamkeiten beruhenden Kooperationsbereitschaft und Kooperationsfähigkeit zum Wohle der Kinder mangeln wird.

Selbst wenn das juristische Streit- und Sorgerechtsverfahren künftig durch das Antragsverfahren entschärft werden sollte und den Eltern qualitativ immer bessere und flächendeckende Beratungsmöglichkeiten offeriert werden, ist weiterhin damit zu rechnen, daß ein nicht geringer Teil der Eltern eine Trennung als seelische Katastrophe erleben wird.

Hinzu kommen nach einer Trennung vielfältige ökonomische und psychosoziale Belastungen, die wahrscheinlich aufgrund mangelhafter gesetzlicher, kultureller und gesellschaftlicher Vorgaben und Ressourcen noch schwieriger in den Griff zu bekommen sind, als seelische Beunruhigung und Irritationen. Ich denke zum Beispiel an die ökonomischen Einschränkungen alleinerziehender Eltern, insbesondere der Mütter, an Isolation, Vereinsamung und Überforderung.

Entgegen anderslautenden Hoffnungen und Wünschen einiger Scheidungsexperten muß festgehalten werden, daß die meisten geschiedenen Personen – von Ausnahmen natürlich abgesehen – so wenig wie möglich Kontakt mit dem früheren Partner haben. Schon aus diesem Grunde ist die eher idealisierende Vorstellung von Gemeinsamkeiten der Eltern nach Trennung und Scheidung wenig realitätsangemessen, zumal sie häufig genug schon während des Zusammenlebens Mühe haben, bei der Erziehung ihrer Kinder miteinander zu kooperieren.[65]

Das Kind im Rechtsstreit der Erwachsenen

Bei Trennungen der Eltern erwachsen für das Kind neben dem Trennungsverlust und dem Trennungsschmerz vielfältige Belastungen und Gefahren, insbesondere solange die Eltern ihre Stabilität nicht wiedergewonnen haben oder – schlimmer noch – in anhaltende Streitereien und Unvereinbarkeiten verstrickt bleiben. Häufig werden die Kinder in die Rolle eines Ersatzpartners ihrer Eltern gedrängt, was unweigerlich die üblicherweise bestehenden Loyalitätskonflikte der Kinder verstärkt.

Wenn Kinder unmittelbar nach einer Trennung bei einem Elternteil bleiben, wie es bei uns durchweg üblich ist, besteht für den alleinbetreuenden Elternteil die große Versuchung, die Kinder an sich zu binden, um den eigenen Trennungsverlust und Trennungsschmerz zu kompensieren.

Reagiert der andere Elternteil, bei dem die Kinder nicht wohnen und leben, in ähnlicher Weise, was bei dieser Konstellation fast zwangsläufig zu erwarten ist, weil gerade dieser Elternteil durch die Trennung vom Partner und von den Kindern einen doppelten Trennungsverlust erlitten hat, werden die Kinder gefühlsmäßig in für sie unerträglicher Weise hin- und hergerissen, ohne von sich aus in der Lage zu sein, diesen anklammernden Bestrebungen der Eltern entgegenzuwirken.

Werden Kinder gar im elterlichen Machtkampf um das Sorgerecht und um Unterhalt instrumentalisiert und zum Objekt und Faustpfand elterlicher Interessen degradiert, werden selbst vitale Kinder, die normalerweise als besonders anpassungsfähig gelten, seelische Schäden davontragen, die sich nicht nur in vorübergehenden typischen oder kaum erkennbaren, larvierten Scheidungsreaktionen, sondern in manifesten Verhaltensänderungen zeigen. In diesen Fällen werden für die Kinder aus Loyalitätskonflikten das Selbstwertgefühl schwer erschütternde Identitätskonflikte, die bei anhaltendem Streit der Eltern später einmal in dissoziale Verhaltensweisen, Kontaktarmut, Lern- und Leistungsstörungen und in psychosomatische Symptome einmünden können.[66]

Am 23. 10. 1982 wurden Jens H. und am 11. 11. 1984 Janine H. als Wunschkinder beider Eltern in Hamburg geboren.

Die Eltern, Herr und Frau H., heirateten Anfang 1981, nachdem sie fünf Jahre befreundet waren und fast ein Jahr vor der Eheschließung eine geräumige 3 1/2-Zimmereigentumswohnung in Braunschweig beziehen konnten. Der Umzug wurde 1980 aus beruflichen Gründen erforderlich.

Eigentümer der Wohnung war Herr H. Die Eigentumsverhältnisse an der Wohnung wurden auch nach der Eheschließung nicht geändert, obwohl Frau H. ihren Mann gelegentlich darauf ansprach und den Wunsch äußerte, Miteigentümerin zu werden.

Der bei der Eheschließung 35 Jahre alte Ehemann war in leitender Position bei einer national und international engagierten Speditionsfirma beschäftigt. Seine Berufsausbildung zum Diplom-Volkswirt hatte er nach dem Abitur und dem Studium mit 24 Jahren abgeschlossen. Seit dieser Zeit arbeitete Herr H. bei der Speditionsfirma, und zwar bis zur Geburt des ersten Kindes im Schichtdienst, wobei dank seiner verantwortungsvollen Tätigkeit seine beruflichen Einsatzorte über den gesamten norddeutschen Raum verteilt waren.

Mehr oder weniger führten beide Eheleute mit Ausnahme der Urlaubszeiten bis zur Geburt des ersten Kindes im gegenseitigen Einvernehmen eine Wochenendehe.

Frau H. war zum Zeitpunkt der Eheschließung 29 Jahre alt; sie übte seit 13 Jahren den Beruf der Zahnarzthelferin aus, den sie nach Ende ihrer Schulausbildung auf einer Realschule mit 16 Jahren erlernt hatte.

Finanziell ging es beiden ausgesprochen gut. Sie verfügten bereits 1981 über ein monatliches Gesamtnettoeinkommen von mehr als DM 7000.-. Darüber hinaus wurden beide von ihren Eltern finanziell recht großzügig unterstützt, wenn Anschaffungen, wie der Wohnungskauf oder der Urlaub, anstanden.

1976, als sich beide kennenlernten, hatte Herr H. gerade eine langjährige und aus seiner Sicht unglücklich verlaufene Beziehung hinter sich. Seine Freundin sei oft während seiner berufsbedingten Abwesenheit fremdgegangen und habe immer häufiger dem Alkohol zugesprochen.

Frau H. hatte, bis sie ihren späteren Ehemann kennenlernte noch nie in einer festen Beziehung mit einem Mann zusammengelebt, obwohl sie durchaus Freundschaften gehabt hatte. Ein Jugendfreund, den sie bereits mit 15 Jahren in der Schule kennengelernt hatte, hatte sie nach acht Jahren wegen einer anderen Frau verlassen. Von diesem Schock hatte sich Frau H. seelisch nur schwer erholen können. Selbst als sie ihren Freund und späteren Ehemann kennenlernte, den sie überaus schätzte, dachte sie oft mit Wehmut an ihren Jugendfreund zurück. Über diese Gefühle sprach sie offen mit ihrem Ehemann, der zunächst auf sie eingehen konnte und sie tröstete.

Nicht zuletzt aus diesem Grund hatte Frau H. auch jahrelang keinen Mut, mit einem anderen Mann oder ihrem neuen Freund zusammenzuziehen.

Im Laufe der Jahre lernte Frau H. die Anständigkeit, Korrektheit und Zuverlässigkeit ihres Freundes mehr und mehr schätzen, so daß Frau H. schließlich dem Drängen ihres Freundes, wenigstens eine Zeitlang eine Ehe auf Probe und ohne Trauschein zu wagen, nachgab.

Herr H. war von Anbeginn der Bekanntschaft an von der Lebendigkeit, Offenheit und Spontaneität seiner Freundin begeistert. Diesmal war er sich sicher, die richtige Frau gefunden zu haben, die er dauerhaft lieben konnte und mit der er Kinder haben und sein weiteres Leben verbringen wollte.

Auf ihr anfängliches Zögern, eine feste Lebensgemeinschaft einzugehen, reagierte Herr H. zwar irritiert und mit Ärger, diese Gefühle konnte er allerdings erfolgreich unterdrücken und vor seiner Freundin verbergen. Wenig Sorgen bereiteten ihm dagegen die Gefühle seiner Freundin, die sie noch immer dem Jugendfreund gegenüber aufbrachte.

Glücklicherweise hatte Frau H., so ihre Einschätzung, ihren Jugendfreund, der bereits vor vielen Jahren nach Berlin verzogen war, ganz aus den Augen verloren.

Herr H. war sich sicher, daß er im Vergleich mit dem anderen

Mann, der seiner Einschätzung nach eher ein Halunke gewesen sein mußte, besser abschnitt.

Schließlich zogen beide in die von beiden Elternseiten mitfinanzierte geräumige Neubauwohnung. Im übrigen verstanden sich die Schwiegereltern in spe ausgesprochen gut und mochten auch die Schwiegertochter und den Schwiegersohn ausgesprochen gern. Beide Schwiegerelternseiten waren sehr darauf bedacht, bald Großeltern zu werden. Nur die beiden älteren Schwestern der Frau H. hielten den Ehemann für einen Spießer, während der ältere Bruder des Herrn H. Frau H. als recht leichtfertig und oberflächlich einschätzte. Dennoch hatten alle miteinander regen Kontakt.

Nach der Geburt ihres Sohnes gab Frau H. ihre Arbeit auf. Dieser Schritt fiel ihr nicht leicht, zumal zwei Kolleginnen in der Arztpraxis ihre besten Freundinnen waren. Mit diesen beiden Kolleginnen hatte Frau H. auch ihre Kindheit und Schulzeit verbracht.

Letztlich fügte sich Frau H. dem Willen ihres Mannes, der nach der Geburt des Kindes plötzlich darauf bedacht war, allein für die finanziellen Belange zuständig zu sein. Zudem wollte er eine Frau zu Hause zu haben, damit sie Zeit genug hatte, ihn und den Haushalt zu versorgen und das Kind zu betreuen. Im übrigen kam für beide eine Krippen- oder Kindergartenerziehung nicht in Frage.

Herr H. hatte es nach der Geburt des Kindes geschafft, seinen Schichtdienst aufzugeben. Er mußte allerdings für längere Zeit die Woche über in Hannover arbeiten. Es gelang ihm aber immer, Freitagabend zu Hause zu sein, und er brauchte auch erst Montag früh zur Arbeit zu fahren.

Jens wuchs ohne nennenswerte Erkrankungen auf und entwickelte sich zu einem gesunden, außerordentlich sprachgewandten, selbstbewußten kleinen Kerl.

Während die Mutter rund um die Uhr für den Jungen sorgte, gab sich der Vater alle Mühe, für den Jungen an den Wochenenden präsent und ihm ein wichtiger Freizeitpartner zu sein. Herr H. baute zum Beispiel für den Jungen auf dem zur Wohnung gehörenden kleinen Grundstück einen großen Buddelkasten, ein

Klettergerüst und eine Schaukel. Darüber hinaus wurde das geräumige Kinderzimmer vom Vater in eigener Arbeit ausgebaut. Zudem unternahm Herr H. mit dem Jungen in seiner knapp bemessenen Freizeit viel: Er besuchte den Zoo, machte Ausflüge in die nähere Umgebung und arrangierte Picknicks. Dabei legte Herr H. auch großen Wert auf Kontakte mit anderen Kindern aus der Nachbarschaft, die er gern in die Freizeitaktivitäten mit seinem Kind einbezog. An der Alltagsversorgung seines Sohnes konnte und wollte sich Herr H. nicht beteiligen. Er vertrat entsprechend dem auch heute noch häufig anzutreffenden Rollenklischee die Auffassung, daß hierfür seine Frau zuständig sei, die schließlich den ganzen Tag zu Hause sei.

Erst nach der Geburt der Schwester Janine am 11. 11. 1984 erlebte Jens die erste von den Eltern bemerkte erhebliche seelische Verunsicherung. Bisher war der Junge es gewöhnt, im Mittelpunkt zu stehen und alle Aufmerksamkeit und Liebe von der Mutter und dem Vater allein zu bekommen. Nun mußte er die Liebe der Erwachsenen mit Janine teilen. In den ersten Monaten nach der Geburt der Schwester reagierte er mit häufigem Weinen, Trotz und Protest.

Bald legten sich jedoch diese Beunruhigungen und Irritationen des Jungen. Bereits einige Monate später war der nunmehr knapp dreijährige Junge außerordentlich stolz auf seine Schwester. Nach weiteren zwei Jahren war allen klar, daß beide Geschwister eine besonders innige Beziehung verband.

Der Alltag und die gesamte Lebenssituation der Erwachsenen hatte in dieser Zeit keine Veränderungen erfahren. Die Familie lebte harmonisch zusammen, obwohl Frau H. gelegentlich äußerte, daß sie nunmehr gern wieder in ihrem Beruf arbeiten würde. Über diese Äußerungen seiner Frau machte sich Herr H. immer ein wenig lustig. Nach seinem Dafürhalten entbehrte seine Frau nichts.

Deutlich wurde im Laufe der Zeit, daß der Vater auf seinen nunmehr fünf Jahre alten Sohn besonders stolz war, während die Tochter für ihn nicht ganz so bedeutsam war. Dennoch bezog der Vater auch die Tochter gern in die dem Jungen angebotenen Aktivitäten mit ein.

Nach der Einschulung des Jungen in die Vorschule äußerte sich die Schwester in Protesten, weil sie nunmehr vormittags allein war. Deshalb erwog die Mutter, die Tochter in einen nahegelegenen Kindergarten zu geben. Diese Idee rief beim Vater großen Unmut hervor. Er hielt nichts von Fremdbetreuungen seiner Kinder, obwohl Frau H. wiederholt darauf hinwies, daß doch auch der Junge im Rahmen der schulischen Ausbildung „fremdbetreut" werde.

Weihnachten 1988 wollte die Familie H., wie es in all den zurückliegenden Jahren üblich war, die Eltern und Schwiegereltern besuchen. Diesmal konnte jedoch Herr H. aus beruflichen Gründen nicht am Besuch seiner Schwiegereltern teilnehmen. Deshalb wurde vereinbart, daß Frau H. mit beiden Kindern unter der Woche einige Tage allein zu ihren Eltern in einen nahegelegenen Nachbarort fahren solle.

Frau H. fuhr am 26.12.1988 mit den Kindern zu ihren Eltern. Zu ihrer Überraschung und Bestürzung traf sie dort ihren Jugendfreund an, der anläßlich des Besuchs bei seinen Eltern auch gelegentlich die Eltern seiner Jugendfreundin aufsuchte und begrüßte.

Nach wenigen Minuten verabschiedete sich der Jugendfreund, dem offensichtlich das unerwartete Zusammentreffen mit Frau H. peinlich und unangenehm war.

Am 29.12.1988 kehrte Frau H. in die eheliche Wohnung zurück. Es war Freitagnachmittag, und wie üblich erwarteten Frau H. und die Kinder den Vater. Zur Überraschung von Frau H. war mittlerweile ein Brief von ihrem Jugendfreund angekommen, den sie schnell öffnete und las, ohne daß es die Kinder bemerkten. Vom Inhalt des Schreibens war sie hin- und hergerissen: Ihr Jugendfreund teilte ihr neben vielen Komplimenten mit, er habe zu seiner Überraschung bemerkt, daß er sie immer noch liebe. Falls Frau H. es wolle, solle sie ihn in den nächsten Tagen in Berlin anrufen. Verwirrt versteckte Frau H. den Brief, als ihr Mann nach Hause kam.

In den darauffolgenden Tagen konnte Frau H. den Brief nicht vergessen. Schließlich rief Frau H. einige Tage später ihren Jugendfreund in Berlin an. Das Gespräch stürzte Frau H. in tiefe

Gewissenskonflikte, weil auch sie feststellen mußte, ihren Jugendfreund noch immer zu lieben.

Beide vereinbarten, keine weiteren Kontakte aufzunehmen. Ostern 1989 rief jedoch der Jugendfreund Frau H. erneut an. Er teilte ihr mit, daß er sie nicht vergessen könne und über die Osterfeiertage zu seinen Eltern fahre. Er wünsche, Frau H. in dieser Zeit zu treffen und in Ruhe zu sprechen. Frau H. willigte ein und arrangierte mit ihm ohne Wissen ihres Mannes ein Treffen, bei dem die Kinder nicht anwesend waren.

Herr H. war zwar überrascht, daß seine Frau zum erstenmal seit ihrem Zusammenleben etwas allein unternehmen wollte. Dennoch war er nicht im geringsten mißtrauisch oder argwöhnisch, als seine Frau ihm mitteilte, sie wolle nach Ostern einige Tage am Wohnort ihrer Eltern eine Freundin besuchen. Die Betreuung und Versorgung der Kinder wollte die Mutter der Kindesmutter übernehmen.

Frau H. traf sich mit ihrem Jugendfreund in einem im Nachbarort der Eltern gelegenen Hotel, wo sie auch mit ihm einige Tage in einem Zimmer übernachtete. Es war das erste Mal, daß Frau H. fremdging. Ihre nie aufgegebene Liebe zu ihrem Freund entbrannte regelrecht zu einer ihr bis dahin nicht bekannten Leidenschaft.

Völlig aufgewühlt kam Frau H. vier Tage später, an einem Freitag, nach Hause, wo zu ihrer Überraschung, früher als sonst, ihr Mann bereits wartete.

Nachdem die Kinder im Bett waren, faßte Frau H. sich ein Herz und offenbarte ihrem Mann den wahren Hintergrund ihrer Reise.

Herr H. reagierte zunächst betont ruhig und gefaßt. Er öffnete eine Flasche Wein, um zu dokumentieren, daß er zur Versöhnung und zum Vergeben bereit sei. Frau H. lehnte das alkoholische Getränk ab, während ihr Mann entgegen seinen sonstigen Gewohnheiten die Flasche Wein in kurzer Zeit leerte. Als er eine zweite Flasche Wein öffnen wollte, bat ihn seine Frau, nicht so viel zu trinken, zumal er auf sie bereits einen angeheiterten Eindruck machte. Dennoch öffnete Herr H. die zweite Flasche Wein und trank weiter. Immer wieder fragte Herr H., entgegen seinen sonstigen Gewohnheiten nach und nach aggressiver werdend und nun auch deutlich angetrunken, wie es weitergehen solle. Frau H. reagierte unsicher und ängstlich, weinte und erklärte wiederholt, das wisse sie nicht.

Plötzlich sprang Herr H. auf, riß eine Lampenkordel ab und versuchte, seine Frau damit zu würgen. Frau H. wehrte sich gegen den an Körperkräften weitaus überlegenen Mann. Im allgemeinen Handgemenge fielen beide mehrfach zu Boden, wobei auch eine große Bodenvase zerbrach. Beide verletzten sich durch Splitter an den Händen und im Gesicht. Plötzlich kam der Junge, der vom Lärm aufgewacht war, die Treppe heruntergelaufen. Er fragte schon unterwegs, warum die Eltern so laut seien. Als er das Wohnzimmer betrat, entdeckte er die beiden blutüberströmten Eltern.

Frau H. rief ihren Sohn zu, er möge Hilfe holen, der Vater wolle sie umbringen. Nur mit seinem Schlafanzug bekleidet, rannte der Junge zu Nachbarn, die sofort die Polizei verständigten. Nach wenigen Minuten trafen Streifenbeamte ein, die die gefährliche Situation sogleich erkannten. Die Polizisten nahm Frau H. mit den Kindern mit, während ein weiterer Einsatzwagen den Ehemann auf die Polizeiwache brachte. Frau H. wollte von der Polizeiwache aus zu ihren Eltern fahren, um dort vorübergehend Unterschlupf zu finden. Nachdem Frau H. im Krankenhaus ärztlich versorgt worden war – sie hatte tiefe Schnittwunden an den Händen und im Gesicht davongetragen, rief sie noch in derselben Nacht ihren Freund in Berlin an, der ihr sofort anbot, sie mit den Kindern aufzunehmen. Bereits am frühen Morgen holte der Freund Frau H. und die Kinder mit dem Auto ab.

Bereits am nächsten Tag meldete sich Frau H. mit den Kindern polizeilich in Berlin an und stellte kurze Zeit später einen Sorgerechtsantrag bei der Rechtsantragsstelle beim Berliner Familiengericht. Dabei legte sie das tags zuvor ausgestellte ärztliche Attest vor.

Ohne Anhörung der Parteien wurde Frau H. am selben Tag vom Tagesrichter im einstweiligen Anordnungsverfahren vorläufig die elterliche Sorge zugesprochen.

In den folgenden Monaten fanden keine persönlichen Kontakte zwischen Herrn H. und Frau H. statt. Die Kinder bekamen ihren Vater nicht zu Gesicht, zumal der Junge jeden Umgang mit dem Vater ablehnte und Frau H. aus Angst vor ihrem Mann nichts unternahm, um eine Verbindung zwischen Vater und Kindern herzustellen.

Inzwischen hatten sich beide Eltern Rechtsanwälte genommen, die in den Schriftsätzen schwere Beschuldigungen gegen den jeweils anderen Elternteil richteten. Nach diesen Einlassungen war die Mutter eine leichtfertige und verantwortungslose Frau, die die Ehe und Familie durch ein ehebrecherisches Verhältnis zerstört habe, während der Vater als aggressiv, unberechenbar, gewalttätig und vom Alkohol abhängig geschildert wurde.

Trotz dieser anwaltlichen Schreiben, versuchte Herr H. durch unzählige Briefe und Telefonanrufe seine Frau zur Rückkehr zu bewegen. Frau H. schloß jedoch definitiv eine Rückkehr aus.

Es bestätigte sich in den folgenden Monaten, daß sich zwischen Frau H. und ihrem Jugendfreund eine enge, intensive und tragfähige Liebesbeziehung entwickelte, so daß beide beschlossen, zusammen zu bleiben.

Auch die Kinder waren mit der veränderten Lebenssituation einverstanden, zumal sie bereits nach kurzer Zeit den Freund der Mutter gern mochten und begeistert waren, daß er viel mehr Zeit als der Vater aufbringen konnte und als aktiver Radsportler die Kinder häufig als Zuschauer mit zu Wettfahrten nahm.

In der Zwischenzeit waren auch die Jugendämter in Berlin-Reinickendorf und Braunschweig vom Familiengericht eingeschaltet und zur Amtshilfe aufgefordert worden. Das Berliner Jugendamt schlug nach mehreren Gesprächen mit der Mutter und ihrem Freund, nach Hausbesuchen und nach Gesprächen mit den Kindern eine Sorgerechtsregelung zugunsten der Mutter vor, während das Jugendamt in Braunschweig nach Gesprächen mit dem Vater und einem Hausbesuch bei ihm eine Sorgerechtsregelung zugunsten des Vaters nicht ausschloß, zumindest aber umfangreiche Kontakte zwischen Vater und Kindern befürwortete.

Der Junge besuchte in Berlin mit gutem Erfolg die Schule,

während das Mädchen gern in einen Kindergarten ging. Endlich konnte Frau H. auch wieder in ihrem Beruf als Zahnarzthelferin arbeiten. Sie nahm eine Halbtagsstelle in einer ambulanten zahnärztlichen Kieferklinik an der Freien Universität Berlin an.

Inzwischen hatte Herr H. mehrfach bei seiner Frau, auch im Hinblick auf künftige Kontakte mit den Kindern, eine Aussprache angemahnt, der Frau H. schließlich Ende 1989 zustimmte. Insbesondere das Argument, es sei notwendig, daß über künftige Kontakte mit den Kindern gesprochen werde, bewog Frau H., in eine Zusammenkunft mit ihrem Mann einzuwilligen. Ein Treffen beider Eheleuten sollte Ende November 1989 in einem Restaurant in Berlin stattfinden. Einige Minuten vor dem verabredeten Zeitpunkt kam Frau H. mit der Taxe zum vereinbarten Treffpunkt. Um ihren Mann nicht unnötig zu provozieren, hatte sie sich nicht mit dem Wagen ihres Freundes dorthin bringen lassen wollen.

Ihr Mann, der bereits im Restaurant saß, wirkte dem ersten Eindruck nach aufgeräumt und zugänglich. Er begrüßte sie mit den Worten: „Guten Tag Claudia, nun sind genug Dummheiten geschehen. Ich erwarte, daß Du zum Weihnachtsfest mit den Kindern wieder da bist, wo Du hingehörst – in unserem Zuhause in Braunschweig."

Den Einwand von Frau H., daß ihr ein Gespräch in dieser Richtung nicht erwünscht und die Entscheidung zur Trennung und Scheidung gefallen sei, ignorierte Herr H. Als Frau H. mehrfach betonte, daß sie nur gekommen sei, um die Folgen der Trennung zu besprechen und die künftigen Kontakte der Kinder mit dem Vater zu regeln, brauste Herr H. auf und fing an, sie lautstark als „Hure" und „Rabenmutter" zu beschimpfen. Als Frau H. aufstand, um zu gehen, sprang ihr Mann auf und versetzte ihr zwei Faustschläge ins Gesicht. Schreiend und um Hilfe suchend lief Frau H. auf einen Kellner zu, der sich zwischen beide Kontrahenten stellte, während ein anderer Kellner die Polizei rief. Wiederum wurde Herr H. von Polizisten mit auf die Polizeiwache genommen, während Frau H. nach einiger Zeit mit einer Taxe ins Krankenhaus fuhr, um sich behandeln zu lassen. Von dort wurde sie von ihrem inzwischen benachrichtigten Freund abgeholt.

Mit weiteren anwaltlichen Schriftsätzen wurde das Familiengericht von dem neuerlichen Vorfall informiert.

Diesmal zeigte Frau H. ihren Mann wegen Körperverletzung an.

Noch im Dezember 1989 kam es zu einer Anhörung bei Gericht. Auch die Kinder waren geladen. Die Anhörung ergab, daß beide Elternteile mit ihren Anwälten auf das erbittertste um das Sorgerecht, um Unterhalt und Hausrat stritten, während die Kinder eindeutig und beharrlich äußerten, sie wollten bei der Mutter wohnen und leben. Im übrigen erklärten beide Kinder, daß sie mit ihrem Vater keinen Kontakt mehr haben wollten. Der Vater habe versucht, die Mutter umzubringen, und später habe er sie noch einmal geschlagen.

Nach zwei weiteren Anhörungen beim Familiengericht Anfang 1990 wurde die letzte Anhörung zum Scheidungstermin und zur endgültigen Regelung der elterlichen Sorge für Anfang Juni 1990 terminiert. Nach wie vor hatten beide Kinder mit ihrem Vater keinen Kontakt.

Inzwischen wurden die mehrfach vorgetragenen Anregungen beider Jugendämter, die Eltern sollten zur Beilegung ihrer Konflikte eine Scheidungsberatung in Anspruch nehmen, von beiden Seiten abgelehnt.

Am besagten Gerichtstermin wurde – nach einem weiteren heftigen Streit der Eltern und der Anwälte im Gerichtssaal – die Scheidung ausgesprochen und die elterliche Sorge im Scheidungsverbund zugunsten der Mutter geregelt. Dem Vater wurde ein Umgangsrecht zugesprochen. Nach dem richterlichen Beschluß hatte er das Recht, alle vier Wochen die Kinder über das verlängerte Wochenende zu sich zu nehmen. Darüber hinaus wurde dem Vater zugestanden, in den großen Schulferien die ersten drei Wochen mit den Kindern zu verreisen und jeweils drei Tage zu Ostern und Weihnachten die Kinder bei sich zu haben.

Als der Vater die Kinder zu Beginn der großen Schulferien bei der Mutter abholen wollte, war Frau H. nicht zu Hause. Ihr Freund teilte Herrn H. durch das geöffnete Fenster mit, daß sich beide Kinder geweigert hätten, den Vater zu sehen. Daraufhin sei

Frau H. für einige Tage mit den Kindern zu ihren Eltern gefahren.

Herr H. erwirkte beim Familiengericht umgehend einen Herausgabebeschluß, der einige Tage später mit Hilfe eines Gerichtsvollziehers bei den Großeltern vollstreckt wurde.

Schreiend wurden die Kinder vom Vater zum Auto getragen, der sogleich mit ihnen nach Braunschweig fuhr.

Nach Aussagen des Vaters haben sich beide Kinder bereits nach einigen Stunden beruhigt und am nächsten Tag mit ihm das Grundstück und die nähere Umgebung erkundet. Herr H. untersagte den Kindern allerdings, ihre Mutter anzurufen. Wiederholte Anrufe der Mutter leitete er nicht an die Kinder weiter.

Um dem richterlichen Beschluß Genüge zu tun, brachte der Vater drei Wochen nach Schulferienbeginn die Kinder nach Berlin zurück, obwohl er die Kinder entgegen der ursprünglichen Regelung nur neun Tage bei sich gehabt hatte.

Frau H. berichtete später, daß sie nach der Übergabe ihre Kinder anfangs nicht wiedererkannt habe. Beide seien verängstigt, apathisch und weinerlich gewesen. Ohne Begleitung hätten sie die Wohnung nicht verlassen. Auch während der noch verbleibenden Urlaubstage an der Nordsee hätten beide wie Kletten an ihr und ihrem Freund gehangen.

Mit Beginn des neuen Schuljahres sollte Janine eingeschult werden. Am Wochenende davor wurde sie krank, so daß sie nicht an der für den Wochenanfang vorgesehenen Einschulungsfeier teilnehmen konnte.

Zur Bestürzung der Mutter verweigerte plötzlich auch Jens den Schulbesuch. Auf keinen Fall wolle er in die Schule gehen, sein Vater würde ihn dort abholen und wieder mitnehmen.

Nach einigen Tagen hatte sich für die Kinder die Situation beruhigt, und Jens und Janine waren bereit beziehungsweise in der Lage, in die Schule zu gehen. Bereits zwei Wochen später wurde die Mutter vom Lehrpersonal zu einer Unterredung gebeten, Jens verhalte sich unkonzentriert und störe den Unterricht, Janine dagegen wirke apathisch und gesundheitlich angegriffen.

Nach der Unterredung mit den Lehrern und nach mehrfachen Rücksprachen im Jugendamt und mit den Kindern stellte

Frau H. beim Familiengericht einen Antrag auf Ausschluß des Umgangsrechts. Der amtierende Richter beschloß nach einer weiteren Anhörung der Eltern und Kinder im September 1990, einen psychologischen Sachverständigen zu beauftragen, der eine Klärung der gesamten Familiensituation durchführen und dem Gericht Vorschläge für die künftige Regelung eines Umgangsrechts unterbreiten sollte. Das Gericht fragte weiterhin an, ob unter den gegebenen Umständen anhaltender Konflikte der Eltern die Kinder den Vater besuchen sollten und ob eine derartige Regelung mit dem Wohl der Kinder vereinbar sei.

Rechtliche Grundlagen der Scheidung

Bevor auf Einzelheiten der gerichtlichen Sorgerechtsregelung nach nationalem Recht eingegangen wird, soll an dieser Stelle die UN-Kinderrechtskonvention vom 20.11.1989 erwähnt werden.[67] Verfolgt man beispielsweise die ungewöhnlich kontroverse Diskussion zur Übernahme dieser Konvention in bundesrepublikanisches Recht, fällt auf, daß sie immer dann zitiert und hervorgehoben wird, wenn es um die Forderung nach einem gemeinsamen elterlichen Sorgerecht nach Trennung und Scheidung geht, während die Forderung nach einer unabhängigen Interessenvertretung für Kinder bei Interessenkonflikten zwischen Eltern und Kindern, die bekanntermaßen nicht nur nach einer Trennung und Scheidung auftreten, bisher kaum erhoben wurde.[68] Dieser Trend mag damit zusammenhängen, daß man in der Bundesrepublik offensichtlich wenig bereit ist, für eigenständige Rechte von Kindern mindestens ebenso engagiert einzutreten wie für die Absicherung von Elternrechten. So gesehen, droht die UN-Kinderrechtskonvention in der Bundesrepublik wie zumindest der Tendenz nach auch das neue Kinder- und Jugendhilfegesetz eher zu einem Garant von Elternrechten mit Reflexwirkung auf die Kinder mißdeutet zu werden.

Auch wenn es sich bei dem elterlichen Sorgerecht unbestritten um ein pflichtgebundenes Recht zum Schutze und im Interesse des Kindes handelt, darf nicht verkannt werden, daß die Pflichtbindung des Elternrechts nicht immer eine hinreichende Gewähr für eine Harmonisierung von Elterninteressen und Kinderbedürfnissen bietet.[69]

Nach Artikel 18 Abs. 1 der Konvention über die Rechte der Kinder[70] haben sich die Vertragsstaaten nach besten Kräften zu bemühen, die Anerkennung des Grundsatzes sicherzustellen, daß beide Elternteile gemeinsam für die Erziehung und Entwicklung des Kindes verantwortlich sind. Dabei richtet sich die UN-Kinderrechtskonvention unter Betonung der gemeinsamen Verantwortung beider Eltern gegen traditionelle, weltweit noch vorhandene, patriarchalische Rechtsordnungen, nach denen das Personensorgerecht ganz oder überwiegend dem Vater vorbehalten ist.[71]

In Deutschland wird aus Artikel 18 Abs. 1 Satz 1 der Kinderrechtskonvention von einigen Experten der Schluß gezogen, künftig müsse die elterliche Sorge auch bei geschiedenen Ehen, bei dauernd getrennt lebenden Eheleuten und bei nichtehelichen Kindern grundsätzlich stets beiden Elternteilen zustehen. Eine derart weitreichende Folgerung ist bei den Vertragsverhandlungen ausweislich der einsehbaren Unterlagen nicht diskutiert worden. Im übrigen deuten auch andere Vorschriften des Vertragswerks an, daß der Grundsatz gemeinsamer elterlicher Sorge beider Eltern in der Regel nur bei intakter Ehe und Partnerschaft vorgesehen ist. So soll zum Beispiel nach Artikel 9 Abs. 1 Satz 2 der UN-Kinderrechtskonvention bei getrennt lebenden Eltern unter Umständen durchaus eine Entscheidung über den Aufenthaltsort herbeigeführt werden. Darüber hinaus sind bei dauernd getrennt lebenden Eltern, bei Scheidung oder bei Regelung der elterlichen Sorge für nichteheliche Kinder differenzierte Regelungen nach Maßgabe des Artikels 3 Abs. 1 UN-Kinderrechtskonvention geboten, wonach das Wohl des Kindes vorrangig zu berücksichtigen ist. Dabei haben die nationale Gesetzgebung und die Gerichte der Vertragsstaaten – wie bei der Übernahme internationalen Rechts durchaus üblich – ein eigenständiges Beurteilungsermessen, das Wohl des Kindes auszulegen und dabei auch das Recht, Regelungen zu treffen, wie die elterliche Sorge außerhalb einer intakten Ehe oder nichtehelichen Lebensgemeinschaft ausgestaltet werden soll.[72]

Nach diesem Exkurs wieder zurück zum nationalen Recht: Wird die Ehe geschieden, ist eine gerichtliche Regelung der elterlichen Sorge zwingend vorgeschrieben (§ 1671 BGB iVm § 37 Abs. 1 EheG),[73] selbst wenn die Eltern dem Gericht einen übereinstimmenden Vorschlag zur Sorgerechtsregelung unterbreiten (§ 1671 Abs. 3 S. 1 BGB) und sogar dann, wenn ihr Vorschlag darauf abzielt, ihnen die gemeinsame elterliche Sorge nach der Scheidung zu belassen. Diese zwingend vorgeschriebene Regelung wird mit der spezifischen Aufgabenstellung des Staates bei Trennungen und Scheidungen – dem oben schon erwähnten sogenannten Wächteramt – begründet.

Regelmäßig auftretende Spannungen und Streitigkeiten der Eltern, die sich ändernden Lebensumstände und Lebensverhältnisse und die unterschiedlichen Interessenlagen legitimieren nach dieser Auffassung den Staat und damit das Familiengericht, zur Abwehr einer potentiellen Kindesgefährdung durch richterlichen Beschluß einzugreifen.[74] Das Zerbrechen der Familiengemeinschaft erschüttert nach herrschender Rechtsauffassung auch das Fundament von Familie und Staat gemäß Art. 6 GG.[75]

Die Wächterfunktion des Staates wird dabei nicht nur als staatliche Minimalkontrolle festgelegt, sondern als spezifisch ausgestalteter, situationsbedingter Kinderschutz im Sinne einer formal definierten Ordnungsfunktion.[76] Hierbei ist das Kindeswohl die Legitimationsgrundlage der staatlichen Intervention. Dabei eröffnet das Wohl des Kindes dem Staat nicht nur die Möglichkeit, in die Autonomie der Familie und der Elternrechte einzugreifen; vielmehr wird mit dem Kindeswohl auch der Grad der Intensität einer Einmischung vorgegeben.

Damit muß die Familie eine richterliche Überprüfung ihrer Möglichkeiten und Kompetenzen als Konsequenz ihrer Auflösung hinnehmen, um der kindeswohlorientierten Einzelfallgerechtigkeit Genüge zu tun.[77]

Sobald dem Familiengericht kein übereinstimmender Vorschlag der Eltern zur Sorgerechtsregelung vorliegt oder der übereinstimmende Vorschlag nicht gebilligt wird (§ 1671 Abs. 3

S.1 BGB) oder das mindestens vierzehnjährige Kind einen von den Eltern abweichenden Vorschlag unterbreitet (§ 1671 Abs.3 S.2 BGB), hat das Familiengericht diejenige Sorgerechtsregelung zu treffen, die dem Wohl des Kindes am besten dient (§ 1671 Abs.2 BGB).

Um eine kindeswohlgerechte Entscheidung treffen zu können, ist der Familienrichter an die dem Kindeswohl zugeordneten Sorgerechtskriterien gebunden, die teils im Gesetz benannt und teils von der Rechtsprechung entwickelt worden sind.[78]

Im Gesetz sind, wie oben schon erwähnt, als einzelne Sorgerechtskriterien die Bindungen des Kindes angeführt, insbesondere die Bindungen des Kindes an die Eltern und Geschwister (§ 1671 Abs.2 2. Halbsatz BGB), der übereinstimmende Vorschlag der Eltern und der abweichende Vorschlag des Kindes, welches das vierzehnte Lebensjahr vollendet hat (§ 1671 Abs.3 BGB).

Von der Rechtsprechung wurden das „Förderprinzip",[79] der „Kontinuitätsgrundsatz",[80] die „Erziehungsfähigkeit"[81] und der „Kindeswille"[82] als sorgerechtsrelevante Kriterien aufgenommen und anerkannt, neben anderen je nach Einzelfall relevanten Gesichtspunkten, wie beispielsweise die konkreten Lebensumstände, die Betreuungs- und Unterbringungsmöglichkeiten des Kindes, die Lebensperspektiven der Eltern für sich und die Kinder und die innere Bereitschaft der Eltern zur Erziehung.

Entscheidend sind dabei allein die Belange des Kindes, nicht etwa moralische Anrechte eines Elternteils auf das Kind. Alter und Geschlecht des Kindes begründen kein Vorrecht des einen oder anderen Elternteils, wie auch bei der Sorgerechtsverteilung Vater und Mutter gleiche Rechte haben.

Kind und Institutionen

Im Laufe des Familiengerichtsverfahrens kommt das von der Trennung und Scheidung seiner Eltern betroffene Kind mit mehreren Institutionen in Berührung und meist mit den Mitarbeitern in persönlichen Kontakt. Hierbei handelt es sich in erster Linie um Mitarbeiter der Jugendämter, den Familienrichter und die Rechtsanwälte. In den prozentual seltenen Fällen einer Beauftragung durch das Gericht kommt das Kind auch mit dem psychologischen oder psychiatrischen Sachverständigen in persönlichen Kontakt.

Das Kind im Jugendamt

Auch nach der Neufassung des Kinder- und Jugendhilferechts (KJHG) und Änderungen der relevanten Vorschriften im Gesetz über die Angelegenheiten der freiwilligen Gerichtsbarkeit (FGG) ist der Familienrichter nach dem Scheidungsantrag der Eltern mit Ausnahme einstweiliger Anordnungen (§ 49 Abs. 4 iVm § 49a Abs. 2 FGG) gehalten, das Jugendamt anzuhören (§§ 49a FGG, 50 KJHG),[83] bevor er eine Entscheidung fällt.

Mit der Verpflichtung des Familiengerichts, das Jugendamt anzuhören, korrespondiert die Pflicht des Jugendamtes, an dem Familiengerichtsverfahren mitzuwirken.

Trotz der Mitwirkungspflichten dem Familiengericht gegenüber ist das Jugendamt eine eigenständige, an fachliche Weisungen nicht gebundene und dem Gericht nicht untergeordnete Behörde. Die Mitwirkungspflicht entspricht der Amtshilfe durch eine sachverständige Behörde, die über die übliche Amtshilfe bei Behörden erheblich hinausgeht.[84]

Das Jugendamt hat beispielsweise im Gegensatz zum Sachverständigen, der weisungsgebunden ist, dem Familiengericht gegenüber ein eigenständiges Beschwerderecht, was nochmals die Eigenständigkeit und Unabhängigkeit des Jugendamtes herausstreicht. Das heißt, daß das Jugendamt die Entscheidung des Familiengerichts anfechten kann.[85]

Örtlich zuständig ist das Jugendamt bei getrennt lebenden Eltern, in dessen Einzugsbereich der Elternteil, bei dem das Kind sich in den letzten drei Monaten vor Beginn einer jugendamtlichen Maßnahme aufgehalten hat, seinen gewöhnlichen Aufenthalt hat (§ 85 KJHG). Mit dieser Regelung ist nunmehr klargestellt, daß grundsätzlich nur ein Jugendamt tätig wird.

Allgemeine Grundlagen der Arbeit im Jugendamt bei Trennungs- und Scheidungsfragen

Die Aufgaben der Jugendhilfe sind im § 2 KJHG abschließend aufgezählt. Bedeutsam im Rahmen der Familiengerichtshilfe ist § 2 Abs. 3 Nr. 6 KJHG. In dieser Vorschrift ist die Mitwirkung des Jugendamtes unter Verweis auf § 50 KJHG[86] in Verfahren vor den Vormundschafts- und Familiengerichten geregelt.

Bevor das Jugendamt überhaupt eine Stellungnahme erarbeitet und bei Gericht mündlich vorträgt oder schriftlich vorlegt, hat es mit den Eltern zunächst zu klären, welche Art der Unterstützung diese im Jugendamt in Anspruch nehmen wollen.

Denkbar sind folgende Modalitäten:

– Die Eltern wenden sich nach Anschreiben und auf Einladung an das Jugendamt und wollen nur die Familiengerichtshilfe nach § 50 Abs. 2 KJHG in Anspruch nehmen. In diesem Fall ist eine vollständige Informationsweitergabe an das Familiengericht erlaubt.

– Die Eltern nehmen nur die Trennungsberatung nach § 17 KJHG in Anspruch. Hier ist die Informationsweitergabe nach § 50 Abs. 2 KJHG und nach dem Zweckbindungsgrundsatz (§ 64 KJHG) nur eingeschränkt möglich.

– Die Eltern nehmen nur Hilfe zur Erziehung im Rahmen einer Beratung (zum Beispiel in einer Erziehungsberatungsstelle) nach § 28 KJHG in Anspruch, ohne daß eine Gefährdung des Kindes vorliegt. Die Informationsweitergabe ist ohne ausdrückliche Einwilligung der Eltern und des einsichtsfähigen Minderjährigen nach § 65 KJHG verboten.

– Das Jugendamt prüft von Amts wegen, ob nach § 1666 BGB eine Gefährdung des Kindeswohls vorliegt. Liegt eine Gefährdung des Kindeswohls nach §§ 1666 BGB, 50 Abs. 3 KJHG vor, ist das Jugendamt berechtigt auch ohne Einwilligung der Eltern und Kinder (§ 65 Abs. 1 und 2 KJHG) alle Informationen an das Gericht weiterzugeben, sofern ohne diese Mitteilung eine für die Gewährung von Leistungen notwendige gerichtliche Entscheidung nicht ermöglicht werden könnte.[87]

– Die Eltern verweigern eine Kontaktaufnahme mit dem Jugendamt, ohne daß dort Anhaltspunkte für eine Kindeswohlgefährdung vorliegen. Das Jugendamt verfügt in diesem Fall über keine Informationen und kann demnach keine Stellungnahme abgeben.[88] Auch im Rahmen zurückliegender Kontakte der Eltern und Kinder mit dem Jugendamt dürfen die damals gewonnenen Informationen an das Familiengericht nicht weitergegeben werde.

Nehmen die Eltern eine Trennungsberatung nach § 17 KJHG in Anspruch, sollen im Rahmen der Beratung die Bedingungen für eine dem Wohl des Kindes oder des Jugendlichen förderliche Wahrnehmung der Elternverantwortung geschaffen werden (siehe Kapitel „Trennung und Scheidung").

Gleichgültig, ob die Beratung im Sinne der im Gesetz genannten Vorgaben erfolgreich verläuft oder nicht, darf das Jugendamt im Rahmen der familiengerichtlichen Mitwirkungspflichten nach § 50 Abs. 2 KJHG dem Gericht

1. nur „insbesondere über angebotene und erbrachte Leistungen" berichten, wobei es

2. erzieherische Leistungen und soziale Gesichtspunkte zur Entwicklung des Kindes oder des Jugendlichen einbringen kann und

3. auf weitere Möglichkeiten der Hilfe hinweist.

Das Wort „insbesondere" deutet an, daß die Inhalte der Mitwirkungspflichten nicht abschließend aufgezählt sind. Mögliche weitere Mitteilungen werden sich jedoch, um den datenschutzrechtlichen Regelungen nach §§ 64, 65 KJHG Genüge zu tun, ohne entsprechende Einwilligung der Eltern und des einsichtsfähigen Minderjährigen auf die obengenannten drei Gesichtspunkte konzentrieren müssen.

Bei den Mitwirkungspflichten sind immer auch, um es noch einmal hervorzuheben, die datenschutzrechtlichen Regelungen nach dem Zweckbindungsgrundsatz zu beachten, die nunmehr in den Vorschriften der §§ 64, 65 KJHG neben den allgemeinen datenschutzrechtlichen Regelungen im Sozialgesetzbuch §§ 67–85 SGB X aufgeführt sind. Danach dürfen personenbezogene Daten nur zu dem Zweck verwendet werden, zu dem sie erhoben sind. Suchen demnach die Eltern das Jugendamt zum

Zweck der Beratung auf, werden die Daten nicht für eine künftige Familiengerichtshilfe erhoben, sondern zum Zweck der Beratung. Eine Weitergabe dieser Daten ist somit nach dem vorrangigen Zweck der Beratung nach § 50 Abs. 2 KJHG ohne Einwilligung der Eltern nur eingeschränkt möglich.

Haben beide Elternteile der Informationsweitergabe zugestimmt (§ 65 KJHG), können alle relevanten Gesichtspunkte dem Gericht mitgeteilt werden. Zu bedenken gebe ich jedoch, daß diese sehr weitgehende Möglichkeit des Jugendamtes zur Informationsweitergabe das Vertrauensverhältnis zwischen Eltern und Kindern einerseits und dem Jugendamt andererseits nachhaltig stören kann, vor allem wenn Eltern wie Kinder die Tragweite der Offenbarung nicht ermessen können.

Sollten allerdings die Eltern ausdrücklich eine Weitergabe der aus der Beratung gewonnenen Informationen untersagen, darf unter Hinweis auf §§ 64 Abs. 1 und Abs. 2, 65 KJHG dem Gericht nichts Inhaltliches mitgeteilt werden. Den Eltern ist bereits vor einer Beratung diese Möglichkeit bekanntzugeben. Die Eltern sind im übrigen nicht verpflichtet, einer Datenübermittlung zuzustimmen.[89]

Haben die Eltern keine Erklärung zur Informationsweitergabe abgegeben, muß das Jugendamt das Risiko einer Leistungsgefährdung im Sinne einer Fortführung oder eines Abbruchs der Beratungskontakte im Rahmen einer etwaigen Informationsweitergabe in eigener Verantwortung abwägen. Würde beispielsweise der Erfolg der Leistung (der Beratung) gefährdet sein, hat das Jugendamt zu schweigen. Der Grund ist dem Gericht mitzuteilen.

Infolge der oben beschriebenen unterschiedlichen Aufgabenstellungen können allerdings die im Jugendamt arbeitenden Mitarbeiter bei nicht vorhandenen oder nicht hinreichenden organisatorischen Ressorttrennungen und Aufgabenteilungen in unauflösbare Rollenkonflikte geraten: Einerseits unterliegen sie, wenn sie die von Trennung und Scheidung betroffene Familie beraten, den datenschutzrechtlichen und strafrechtlich relevanten Verschwiegenheitpflichten, andererseits sind sie im Rahmen der Amtshilfe und der Mitwirkungspflichten bei Gericht auch auskunftspflichtig.

Sollte im Jugendamt eine klare Trennung und Abgrenzung der unterschiedlichen Aufgabenstellungen erfolgen, besteht bei einem nicht praktizierten oder nicht funktionierenden Rotationsverfahren die Gefahr, daß sich ein Teil der Mitarbeiter im Jugendamt den attraktiveren sozialpädagogischen und beraterischen Aufgaben widmen kann, während der andere Teil – wie nach altem Recht – unbeliebte Ordnungs- und Kontrollaufgaben im Rahmen der Gerichtshilfe wahrzunehmen hat.

Ein Ausweg aus diesem Dilemma kann ein sorgfältig durchdachtes Rotationsverfahren bieten, das jedem Mitarbeiter im Jugendamt in wechselnden Rollen beide unterschiedlichen Aufgabenstellungen ermöglicht. Ein gut durchdachtes und funktionierendes Rotationsverfahren stellt ohne Zweifel hohe organisatorische Anforderungen an die Institution. Allerdings kann meines Erachtens nur so ein reibungsloser Ablauf der neuen anstehenden Aufgaben nach dem im KJHG konzipierten zeitgemäßen Leistungsangebot des Jugendamtes sichergestellt werden. Im übrigen könnte sich das Jugendamt im Ansehen der Bürger und Klienten mit dieser Praxis leichter von dem ihm immer noch anhaftendem Urteil befreien, in erster Linie eine die Schwellenangst erhöhende Eingriffs- und Kontrollinstanz zu sein.

Eine weitere, derzeit aber nicht diskutierte Möglichkeit bestünde darin, die sozialpädagogische Familiengerichtshilfe aus dem Jugendamt auszugliedern und als eigenständige Behörde den Gerichten zuzuordnen. Nach diesem Modell hätten die Jugendämter in der Regel bei Trennungen und Scheidungen der Eltern, bei Sorgerechtsregelungen und bei Regelungen den Umgang betreffend nur noch beratende Aufgaben nach §§ 17, 18, 28 KJHG wahrzunehmen.

Das Jugendamt und die Arbeit mit dem Kind

Nach § 8 KJHG sind Kinder und Jugendliche entsprechend ihrem Entwicklungsstand an allen sie betreffenden Entscheidungen der Jugendhilfe zu beteiligen. Mit dieser Vorschrift wird der Erkenntnis Rechnung getragen, daß Minderjährige nicht nur

Objekte elterlichen oder administrativen Handelns sein dürfen, sondern daß sie als unmittelbar betroffene Persönlichkeiten in die sie betreffenden Entscheidungen miteinbezogen werden müssen.

Im Falle einer Beratung der Eltern nach § 17 KJHG sind somit auch Kinder und Jugendliche gemäß ihrem Entwicklungsstand zu beteiligen, obwohl sie in dieser Vorschrift nicht ausdrücklich erwähnt werden.

Demnach sollte es für die Berater im Jugendamt und die Eltern eine Selbstverständlichkeit sein, Kinder und Jugendliche an den Gesprächen teilnehmen zu lassen, wobei es aus psychologischen Gründen nicht erforderlich ist, daß Minderjährige an allen Beratungen beziehungsweise Beratungssequenzen beteiligt sind. Im Rahmen der Beteiligung von Kindern sollten, auf den konkreten Fall bezogen, immer auch deren Entwicklungsstand, Belastungsfähigkeit und Konzentrationsvermögen bedacht werden.

Im Rahmen der Beratung kann es für die Berater als neutrale Dritte und damit auch für die Eltern hilfreich sein, daß sich die Berater mit den Wünschen und Vorstellungen der Kinder und Jugendlichen vertraut machen. Hierfür können gesonderte Gespräche mit Minderjährigen in Abwesenheit der Eltern durchaus Aufschluß geben. Denn den Eltern die Sicht des Kindes oder des Jugendlichen zu vermitteln, heißt immer auch, deren Bedürfnisse und Vorstellungen zu kennen.

Auch wenn die Eltern *beratende* Gespräche nach § 17 KJHG ablehnen, sollten im Rahmen der dann traditionell ablaufenden Familiengerichtshilfe die Mitarbeiter in den Jugendämtern auch *lösungsorientierte* Gespräche mit den Eltern und den Kindern und Jugendlichen führen, wobei in Abwesenheit der Eltern die Minderjährigen ermutigt werden sollten, eigene Interessen, Wünsche und Vorstellungen zu artikulieren.

Um die Qualität der Beziehungen, Interaktionen und Kommunikationen zwischen Eltern und Minderjährigen zu beobachten, sollten mit Einwilligung der Eltern Hausbesuche bei beiden Eltern in Anwesenheit der Kinder und Jugendlichen durchgeführt werden.

Des weiteren sind auch im Rahmen der traditionellen Familiengerichtshilfe gemeinsame Gespräche mit den Eltern und gegebenenfalls mit den Minderjährigen erforderlich, um auch bei diesen Fallkonstellationen zu versuchen, gemeinsam erarbeitete und gemeinsam getragene Konzepte zu entwickeln.

Das Kind beim Sachverständigen

Exakte und empirisch gesicherte Zahlen in bezug auf richterliche Beschlüsse, die eine Begutachtung zur Folge haben, liegen nicht vor. Meinen Erfahrungen und Schätzungen im Familiengericht Berlin nach wird nur relativ selten, also in etwa 5 % bis höchstens 10 % aller im Familiengericht verhandelten Familiensachen ein psychologischer oder psychiatrischer Sachverständiger vom Gericht ernannt.

Obwohl, prozentual gesehen, demnach nur eine geringe Zahl der von Trennung und Scheidung betroffenen Familien begutachtet wird, werden in den alten Bundesländern jährlich bei 5 % bis 10 % aller Fälle bei einer Gesamtzahl von jährlich etwa 65 000 Scheidungsfamilien mit Kindern, also etwa 3250 bis 6500 Familien begutachtet.

Im folgenden wird wegen anhaltender Kontroversen in der Wissenschaft über Nutzen, Sinnlosigkeit oder gar Schädlichkeit psychologischer Sachverständigentätigkeit[90] ausführlich auf die im Einzelfall notwendige gutachterliche Tätigkeit eingegangen. Im übrigen können und sollen gerade die folgenden Ausführungen einen Beitrag leisten, den Rechtsanwälten, Sozialarbeitern, Richtern, den Eltern und Kindern aufzuzeigen, daß auch und sogar im Rahmen einer Begutachtung, die oft am Ende eines zermürbenden Kampfes um das Kind steht, bei einem konfliktmildernden Vorgehen des Gutachters einvernehmliche Lösungen denkbar und möglich sind. Dazu gehört allerdings, daß sich der Sachverständige vom überkommenen Denken befreit, nach dem noch bis vor wenigen Jahren mehr oder weniger ausschließlich im Rahmen einer Persönlichkeits- und Zustandsdiagnostik der Status quo der einzelnen Familienmitglieder mit Hilfe eines diagnostischen Instrumentariums erhoben und aus dieser Erkenntnis eine Prognose abgeleitet wurde.

Neben der diagnostischen Bestandsaufnahme sollten nach neuerem wissenschaftlichen Verständnis immer auch konflikt-mildernde und lösungsorientierte Strategien und Interventionen für den Begutachtungsprozeß angewendet und nutzbar gemacht werden.

Allgemeine Grundlagen der Sachverständigentätigkeit

Für die Ernennung eines Gutachters durch den Richter reicht die fehlende Einigung der Eltern allein nicht aus.[91] Neben der feh-lenden Einigung gebieten eher anhaltende Unvereinbarkeiten der Eltern oder gravierende Erziehungsmängel und daraus resul-tierende Gefährdungen des Kindes eine Begutachtung.

Mir sind allerdings aus eigener Gutachterpraxis auch zuneh-mend mehr Fälle bekannt, die zur Begutachtung führten, bei de-nen bei anhaltendem Streit der Eltern um das Sorgerecht und Gleichartigkeit tragfähiger Beziehungen und Bindungen des Kindes zu beiden Elternteilen bei vergleichbarer erzieherischer Fähigkeiten und Kompetenzen und dem Vorliegen ähnlich gün-stiger Lebensumstände bei beiden Eltern für das Gericht nicht erkennbar ist, bei wem das Kind leben sollte beziehungsweise leben möchte.

Ein psychologischer Gutachter wird vom Familiengericht in aller Regel zu Fragen künftiger Regelungen der elterlichen Sorge und des Umgangsrechts ernannt.

Als Gutachter oder Sachverständige werden Personen be-zeichnet, die aufgrund besonderer Sachkunde in der Lage sind, dem Gericht Erkenntnisse zu vermitteln, die im Rahmen einer sachgerechten gerichtlichen Entscheidungsfindung erforderlich sind.

Die Ernennung eines psychologischen Sachverständigen im Familiengerichtsverfahren hat seine Grundlage in dem in § 12 FGG (Gesetz über die Angelegenheiten der freiwilligen Ge-richtsbarkeit) vorgeschriebenen Amtsermittlungsprinzip, nach dem „das Gericht von Amts wegen die zur Feststellung der Tat-sachen erforderlichen Ermittlungen zu veranstalten und die ge-eignet erscheinenden Beweise aufzunehmen" hat.[92]

Dabei findet der bei der Ernennung eines Sachverständigen für das Gericht bestehende Ermessensspielraum dort seine Grenze, wo es sich nicht mehr für hinreichend sachkundig hält.[93]

Nach der Ernennung zum Sachverständigen hat der Gutachter mit Ausnahme der gesetzlich abschließend geregelten Verweigerungsgründe[94] die Pflicht zur Begutachtung.[95] Im übrigen kann der Sachverständige ebenso wie der Richter wegen Besorgnis der Befangenheit abgelehnt werden.[96]

An dieser Stelle sollen die außerordentlich problematischen Parteigutachten nicht unerwähnt bleiben, die mit den vom Gericht in Auftrag gegebenen Gutachten nicht vergleichbar sind, da diese immer nur im privaten Auftrag eines Elternteils oder eines Parteianwaltes erstellt werden und somit auch nur die Sicht eines Elternteils berücksichtigen können.[97] Diesen Gutachten fehlt es somit regelmäßig an der notwendigen Objektivität und Ausgewogenheit.

Der Sachverständige hat das mündliche oder schriftliche Gutachten nach bestem Wissen und Gewissen persönlich zu erstatten,[98] wobei einerseits mit dem Terminus „nach bestem Wissen" ein allgemein wissenschaftlich anerkannter Standard angesprochen wird und andererseits mit dem Terminus „nach bestem Gewissen" dem Sachverständigen die Verpflichtung aufgegeben ist, die Richtigkeit seines Tuns und die gutachterlichen Schlußfolgerungen und Empfehlungen einer ständigen Gewissenserforschung zu unterziehen.[99]

Der Sachverständige ist grundsätzlich verpflichtet, dem Gericht alle für die richterliche Entscheidung maßgeblichen Sachverhalte und Daten mitzuteilen.

Der Schweigepflicht (§ 203 StGB – Strafgesetzbuch) unterliegt der Sachverständige nur, wenn diese Sachverhalte oder Daten für die vom Gericht aufgeworfene Fragestellung unbedeutend sind. Somit steht dem Sachverständigen mit Ausnahme der Fakten, die bereits vor der Begutachtung durch seine Person im Rahmen einer Beratung oder Therapie bekannt wurden,[100] grundsätzlich kein Zeugnisverweigerungsrecht zu.

Zu bedenken ist allerdings, daß sich eine dem Gutachtenverfahren vorgeschaltete Beratung oder Therapie nur schwer mit

der Aufgabenstellung einer Sachverständigentätigkeit vereinbaren läßt, da bei dieser Konstellation Verschwiegenheitpflichten
den Eltern gegenüber und Offenbarungspflichten dem Gericht
gegenüber in einem unauflösbaren Widerspruch stehen.

Nach wie vor ist der Sachverständige nach vorherrschender
juristischer Auffassung „Gehilfe" des Gerichts beziehungsweise
des Richters,[101] während sich der Begriff „Helfer" oder „Berater" der Familie und des Gerichts noch nicht durchgesetzt hat.[102]

Als übergreifender Grundsatz gilt, daß der vom Gericht be-
stellte Gutachter unvoreingenommen, unparteiisch und neutral
zu sein hat. Zu Anordnungen oder Weisungen ist der Sachverständige nicht berechtigt.

Den Eltern, Kindern oder sonstigen vom Gutachter mit in die
Untersuchung einbezogenen Personen gegenüber hat dieser offen und wahrhaftig gegenüberzutreten. Dazu gehört auch, daß er
seinen Untersuchungsablauf und seine Untersuchungsmetho-
den, insbesondere die Absicht, den Sinn und Zweck testpsycho-
logischer Untersuchungen erklärt, offenlegt, gegebenenfalls zur
Diskussion stellt und Änderungen des Untersuchungsablaufs
zuläßt.

Die Eltern und je nach Alter auch die Kinder sollten grundsätzlich in jedem Verfahrensabschnitt auf Fragen vom Sachverständigen eine umfassende und wahrheitsgemäße Antwort bekommen.
Dies schließt ein, daß grundsätzlich mit den Eltern und wenn
möglich auch mit den Kindern, vor Abgabe des Gutachtens der
Inhalt und das Ergebnis besprochen werden, selbst und gerade
wenn keine mit den Eltern gemeinsam getragene Lösung erarbeitet werden konnte. Eine Ausnahme von diesen Grundsätzen ist
nur bei akuten Gefährdungen des Kindes angezeigt.

Sollte es der Sachverständige für erforderlich halten, mit den
Anwälten, den Mitarbeitern im Jugendamt oder auch mit anderen Professionellen, wie beispielsweise mit dem Arzt oder den
Lehrern oder den Erziehern im Kindergarten, Kontakt aufzunehmen und Gespräche zu führen, muß er von beiden Eltern und
gegebenenfalls von den Kindern die Einwilligung einholen. Obwohl rechtlich nicht erforderlich, hat sich für diese Einwilli-
gungserklärung die Schriftform gut bewährt.

Entgegen der vielfach geäußerten Auffassung, der Gutachter solle sich im Familiengerichtsverfahren allparteilich verhalten und nicht zum Anwalt des Kindes werden,[103] vertreten einige Scheidungsexperten mit mir die Ansicht, daß das Kind als schwächste Partei im Scheidungsgeschehen für die Wahrnehmung seiner Interessen eines besonderen Schutzes bedarf.[104] Das Kindeswohl ist zwar mit dem Elternwohl verknüpft, dennoch handelt es sich beim „Kindeswohl" um eine dem Wohlergehen der Eltern übergeordnete Prämisse:[105] Das Kind muß sich mit den Folgen der Trennungsentscheidung seiner Eltern abfinden, ob es will oder nicht. Darüber hinaus ist das Kind aufgrund seiner geringeren psychischen Reife und Eigenständigkeit schlechter in der Lage, die Trennung der Eltern und die Auflösung der Familie zu verkraften und zu verarbeiten. Seine Interessen werden nicht durch Anwälte vertreten. Eine zu starke Veränderung der Priorität vom Kindeswohl zum Elternwohl hieße das Elternrecht zu Lasten des Kindeswohls überzubetonen.

Hält etwa der elterliche Streit vor dem Hintergrund fehlgeschlagener konsensfördernder Interventionen an und führt dieser sogar zu einer Einschränkung des Umgangs zwischen Kind und nichtsorgeberechtigtem Elternteil, kann diese Regelung dem Kindeswohl dienen, nicht aber dem Wohl des Elternteils, den diese Einschränkung trifft.

Die konkrete Aufgabenstellung und Zielsetzung des Gutachtens ist von den vom Auftraggeber formulierten Beweisfragen abhängig. Je nach Auftrag können diagnostische Fragestellungen oder spezielle Interventionen im Vordergrund stehen.[106] Vom Berliner Familiengericht häufig benutzte Beschlußformeln zur Regelung der elterlichen Sorge und des Umgangsrechts lauten beispielsweise:

- Welche Sorgerechtsregelung dient dem Wohl des Kindes am besten?
- Welcher der Elternteile ist unter Berücksichtigung der gefühlsmäßigen Bindungen des Kindes, der eigenen Erziehungsfähigkeit und der jeweils angestrebten Perspektiven für das eigene Leben und das Leben des Kindes zur alleinigen Ausübung der elterlichen Sorge besser geeignet?

- Welche Regelung des Umgangsrechts dient dem Wohl des Kindes am besten? Der Sachverständige möge auf die Eltern einwirken, damit in Zukunft ein konfliktfreier Umgang des Kindes mit beiden Eltern möglich wird.
- Ist es aus Kindeswohlgründen erforderlich, das Umgangsrecht einzuschränken oder auszuschließen?

Die vom Gericht im richterlichen Beschluß festgelegten Beweisfragen sind für den psychologischen Sachverständigen grundsätzlich bindend. Der Auftraggeber legt somit im richterlichen Beschluß die Möglichkeiten und Grenzen gutachterlichen Vorgehens fest.[107]

Die Praxis zeigt jedoch, daß die Gerichte auf Vorschläge des Gutachters, die dem Kindeswohl dienen und zur Konfliktlösung beitragen, außerordentlich flexibel reagieren und dem Sachverständigen weitgehend freie Hand bei der Ausgestaltung seines gutachterlichen Vorgehens lassen. Insofern ist die Gestaltung und Zielsetzung des Familiengutachtens nicht nur durch die vom Gericht beschlossene Vorgabe, sondern auch vom psychologischen Sachverständigen, seinem Selbstverständnis, seiner theoretischen Ausrichtung und seinem praktischen Vorgehen abhängig.

Der Gutachter kann sich entweder auf die Beantwortung der vom Familiengericht gestellten Beweisfragen beschränken und sich in eher traditioneller Weise als „Gehilfe des Gerichts" verstehen oder Eigeninitiative entwickeln und mit Zustimmung des Familiengerichts und in Absprache mit den Eltern und gegebenenfalls auch mit den Anwälten eine vom üblichen Vorgehen abweichende Arbeits- und Lösungsstrategie verfolgen.[108]

Die Arbeit des Sachverständigen im Familiengerichtsverfahren besteht aus einer zeitlich begrenzten und intensiven Interaktion mit der von Trennung und Scheidung betroffenen Familie, einer Interaktion, die einerseits diagnostische Erhebungen und andererseits konsensfördernde Interventionen umfaßt.

Psychologisch-forensische Sachverständigentätigkeit überschneidet sich dabei mit typisch diagnostischen, zuweilen sogar klinisch-psychologischen Aufgabenstellungen und Tätigkeiten, die eher angewandter Psychologie und forensischer Psychologie zuzurechnen sind.

Die konsensfördernde Intervention setzt ein bewußtes und aktives Handeln des Psychologen mit dem Ziel voraus, die Entscheidungskompetenz durch Aktivierung vorhandener Ressourcen zur eigenständigen Konfliktlösung bei den Eltern und Kindern zu belassen,[109] um so dem Kind die Vielfalt seiner emotionalen Beziehungen zu erhalten.

Eine sinnvolle Intervention ohne Diagnostik ist jedoch nicht denkbar. Jede gezielte Intervention stützt sich auf Diagnostik, die dem Intervenierenden, in diesem Fall dem Sachverständigen, die nötigen Informationen über Zeitpunkt und Art der durchzuführenden Intervention gibt.

Die „rein" diagnostische Arbeit entspricht dem Ablauf einer eher traditionellen Gutachtenerstellung. Der Sachverständige begreift sich als außerhalb des Familiensystems stehend und verhält sich zurückhaltend, neutral und beobachtend. Er führt seine Diagnosen auf der Basis wissenschaftlich-objektiver Kriterien durch und stellt aufgrund der diagnostischen Erhebungen eine Prognose hinsichtlich der zukünftigen Entwicklung der Eltern und Kinder. Daraus leitet er seine Empfehlung ab.

Dieser Ansatz ist zu Recht zunehmender Kritik ausgesetzt: Zum einen schließe Diagnostik Interaktion und Kommunikation ein. Der Sachverständige sei damit nicht mehr außenstehend, sondern Teil des Familiensystems. Er könne das Familiensystem auch nicht als feststehende Größe (im Sinne eines Familiensystems als solchem) diagnostizieren, sondern nur so, wie es sich gerade zum Zeitpunkt der Begutachtung ihm gegenüber zeige und wie er es aufgrund der intensiven Interaktion und seiner eigenen Erfahrungen wahrnehme.

Der Sachverständige und die Familie stünden darüber hinaus in einem wechselseitigen Austausch mit gegenseitigen Beeinflussungen, wodurch zum einen die Objektivität des Sachverständigen eingeschränkt werde;[110] zum anderen seien sein Verhalten, seine Empfehlung und die darauf bezugnehmende richterliche Entscheidung ebenfalls eine Intervention.

Diese aus systemtheoretischer Sicht vorgebrachte Kritik, die beachtenswert die kontextgebundene Veränderbarkeit menschlicher Systeme hervorhebt, knüpft historisch an die Kritik der

Lehre vom menschlichen Verhalten an (Behaviorismus). Beiden Sichtweisen ist jedoch gemein, daß sie persistierende (anhaltende oder andauernde) Verhaltensweisen und Handlungsabläufe, die auch und gerade bei Scheidungsfamilien häufig zu beobachten sind, zu wenig berücksichtigen. Gerade die neuere Scheidungs- und Therapieforschung[111] zeigt eindrucksvoll auf, wie wenig sich – selbst nach Jahren anhaltenden Kampfes gegeneinander – chronifizierte und pathologische Familienkonstellationen verändern.

Aus meiner Sicht ergänzen sich die beiden beschriebenen Vorgehensweisen, die eher diagnostische und die eher intervenierende, in der familiengutachterlichen Tätigkeit. Beide sind somit von Bedeutung: Je erfolgversprechender und lösungsorientierter eine Arbeit mit einer Scheidungsfamilie möglich ist, desto weniger müssen diagnostische Erkenntnisse im Gutachten erwähnt werden. Bleiben jedoch die Unvereinbarkeiten und Konflikte bestehen, werden auch diagnostische Erkenntnisse im Gutachten vermehrt Berücksichtigung finden.

Will man als Sachverständiger dem tatsächlichen und nicht nur dem von den Eltern berichteten Wohlergehen des Kindes nachkommen und einer intervenierenden, entwicklungsoptimierenden Konsensförderung der Eltern Rechnung tragen, kann auf diagnostische Arbeit in der Familienbegutachtung – trotz der oben genannten Kritik – nicht verzichtet werden.

Der unmittelbare Adressat gutachterlichen Vorgehens sollte vorerst noch nicht das Gericht sein, sondern zunächst sollten die Eltern und Kinder unterrichtet werden. Die anfangs gewonnenen Informationen und diagnostischen Erkenntnisse sollten den Eltern und, soweit möglich, auch den Kindern für deren eigene Entscheidungsfindung zur Verfügung gestellt werden, es sei denn, daß dieses Vorgehen das Wohl des Kindes gemäß §§ 1666, 1671 Abs. 5 BGB akut gefährden würde (zu denken wäre an eine Suizidgefährdung der Eltern, an Mißhandlungen des Kindes oder sexuellen Mißbrauch).

Obwohl die Konsensförderung während und nach den diagnostischen Erhebungen während des gesamten Gutachtenprozesses im Vordergrund stehen sollte, müssen die Chancen, im familiengerichtlichen Gutachtenverfahren einen völlig übereinstimmenden Elternvorschlag zu erarbeiten, als eher gering angesehen werden. Dies ist einerseits auf den großen Anteil hochstrittiger Elternbeziehungen im Gutachtenverfahren zurückzuführen. Andererseits ist der intervenierende Handlungsspielraum im gutachterlichen Verfahren auch durch die vom Gericht auferlegten, weisungsgebundenen Kontrollaufgaben des Sachverständigen begrenzt.

Im Gegensatz zu einer gerichtsunabhängigen Beratung hat der Sachverständige auch bei einer Intervention mit beratendem Charakter eine weitreichende Auskunftspflicht gegenüber dem Gericht, obwohl auch der Sachverständige, wie oben schon angeführt, der Schweigepflicht gegenüber dem Gericht bezüglich bestimmter Informationen unterliegt, die keinen engen Bezug zur Beweisfrage haben.[112]

Im Fall einer Nichteinigung der Eltern muß die direkte Erfüllung des gerichtlichen Auftrags, beispielsweise die unabdingbare Suche nach dem geeigneteren Elternteil einsetzen. In diesem Fall finden auch die Informationen aus dem intervenierenden, konsensfördernden Ablauf der Begutachtung Verwendung.

Ein geschützter „therapeutischer" Rahmen, der es den Elternteilen ermöglicht beziehungsweise „leicht" macht, sich selbst und dem anderen gegenüber eigene Anteile an dem Entstehen und der Aufrechterhaltung des Familienkonflikts einzugestehen, ist im Sachverständigenverfahren grundsätzlich nicht gegeben. Dies ist den Eltern normalerweise bewußt. Im übrigen gehört es zu den berufsethischen Selbstverständlichkeiten des Sachverständigen, die Eltern zu Beginn der Begutachtung ausdrücklich auf die Spezifität des Gutachtenverfahrens hinzuweisen. Eltern sind gerade in der Gutachtensituation eher geneigt, sich selbst positiv darzustellen und den anderen herabzusetzen.[113] Sie sind im Gegensatz zu anderen Aussagen[114] meiner Erfahrung nach in der Regel wenig bereit, eine psychologische Beratung in Anspruch zu nehmen, erst recht, wenn bereits vor der Begutachtung eine Beratung erfolgt ist. Zudem besteht mit der quantitativen Ausweitung der Beratungsangebote bereits vor einer Begutachtung zunehmend mehr die Möglichkeit, eine Beratung außerhalb des Gutachtenverfahrens in Anspruch zu nehmen.

Zeigen die Eltern im Gutachtenverlauf die Bereitschaft, in einen konstruktiven Dialog zu treten, der möglicherweise im Verlauf des Gutachtenverfahrens noch nicht zu einer Lösung führt, sollte wegen der Aufgabenvermischung von Diagnostik, konsensfördernden Interventionen und der Berichterstattungspflicht gegenüber dem Gericht mit den Eltern geklärt werden, ob eine gerichtsunabhängige, neutrale Institution zur Durchführung einer Beratung eingeschaltet und die Begutachtung unterbrochen werden soll. Je nach Verlauf der Beratung wäre dann zu entscheiden, ob die Begutachtung fortgesetzt oder bei übereinstimmendem Elternvorschlag lediglich das Ergebnis dem Gericht seitens des Sachverständigen mitgeteilt wird.

Sind die Eltern aufgrund eines entstandenen Vertrauensverhältnisses bereit, mit dem Sachverständigen einen gemeinsamen, übereinstimmenden Vorschlag zu erarbeiten, sind folgende Voraussetzungen bedeutsam:

– Der Vorschlag sollte zwischen den Eltern auf der Grundlage von Fairneß und Gleichberechtigung zustande kommen.
– Dabei sollten die Interessen und Bedürfnisse aller betroffenen Mitglieder der Scheidungsfamilie, soweit sie mit dem Kindeswohl in Einklang stehen, berücksichtigt werden.
– Der Vorschlag sollte alle strittigen Themen und Bereiche der Scheidung erfassen (zum Beispiel auch Fragen zum Unterhalt, zum Hausrat und zur Wohnung), um auszuschließen, daß das Sorgerecht oder Umgangsrecht als bloßes Tauschobjekt gegenüber anderen Streitthemen eingesetzt wird.
– Beide Elternteile sollten sich bei Vereinbarungen oder einvernehmlichen Lösungen mit den jeweiligen Parteianwälten beraten, bevor die Vereinbarungen im Gutachten schriftlich festgehalten werden.

Die Begutachtung sollte mit Abgabe des mündlich oder schriftlich vorgetragenen Gutachtens beendet sein. Ein Rollenwechsel des Gutachters zum psychologischen Berater oder Psychotherapeuten nach Beendigung des Gutachtenprozesses und damit eine Verknüpfung von Begutachtung und anschließender psychologischer Beratung oder Therapie, wie es einige Psychologen vorschlagen,[115] sollte vermieden werden: Ist am Ende des Begutachtungsprozesses ein übereinstimmender Elternvorschlag erreicht worden, ist eine weitere Beratung durch den Sachverständigen denkbar. Sie wird jedoch häufig überflüssig und damit unnötig sein, da die Eltern nunmehr kooperieren und Absprachen treffen können. Führt der Begutachtungsprozeß zu keiner von den Eltern gemeinsam getragenen Lösung, muß der Gutachter meist gegen den Wunsch und die Vorstellung eines Elternteils die vom Gericht gestellten Fragen beantworten und gegebenenfalls eine Empfehlung aussprechen. Es erscheint nur schwer vorstellbar, daß dies nicht zu einer Belastung des Vertrauensverhältnisses mit dem Elternteil führt, der sich benachteiligt fühlt. Dieser Elternteil wird somit aller Wahrscheinlichkeit nach eine weitergehende Beratung mit dem ehemaligen Sachverständigen ablehnen.

Eine Vermischung und Koppelung der Sachverständigentätigkeit mit einer sich anschließenden beraterischen oder therapeutischen Arbeit durch ein und dieselbe Person ist auch deshalb fragwürdig, weil der Psychologe in Folgeverfahren als sachverständiger Zeuge geladen und vernommen werden kann (§ 414 ZPO). Zu denken ist auch an weitere Gerichtsverfahren in der nächsten Instanz oder an neue gerichtliche Auseinandersetzungen, vor allem bei umgangsrechtlichen Streitigkeiten, zu denen der Sachverständige in seiner ursprünglichen Funktion als Gutachter ebenfalls geladen und gehört werden könnte.

Dennoch ist auch nach meiner Sicht in vielen Fällen gerade bei strittigem Verlauf des Scheidungsprozesses eine Beratung oder Therapie der Familie nach Beendigung des Gutachtens angezeigt. So widersinnig es klingt: Gerade nach einer richterlichen Entscheidung steigt häufig die Chance einer Verminderung des Streitgeschehens. Stehen zuvor Aggressionen und gegenseitige Kränkungen, die nicht zuletzt durch das Parteienstreitverfahren verstärkt werden, im Vordergrund des emotionalen Erlebens, besteht nunmehr die Möglichkeit, Gefühle der Trauer und des Leidens zuzulassen und aufzuarbeiten. Dies schafft günstige Voraussetzungen für eine sinnvolle psychotherapeutische Intervention, die die Bewältigung der Scheidungskrise und eine Stabilisierung der elterlichen Kooperation der nun geschiedenen Partner zum Ziel haben könnte. Eine seelische Festigung der Eltern und deren wiedergewonnene Kooperationsbereitschaft und Kooperationsfähigkeit werden auch die Belastungen der Kinder verringern.

Der Sachverständige kann somit vor und nach einer rechtskräftigen Entscheidung Mittler zwischen den Eltern und den Institutionen einer Scheidungs- und Erziehungsberatung sein.

Sinnvoll erscheint es mir, von Beginn der Begutachtung an die Eltern über die Möglichkeiten einer Nachscheidungsberatung, einer Therapie, über allgemeine Zielsetzungen und entsprechende Anlaufstellen zu informieren.

Der Sachverständige und die Arbeit mit dem Kind

Der Sachverständige sollte das Kind bereits vor einer Untersuchung in Abwesenheit der Eltern im Rahmen der Hausbesuche bei beiden Elternteilen kennengelernt haben. Um eine vertrauensvolle Beziehung aufzubauen, kann sich der Sachverständige im Rahmen der Hausbesuche mit ausdrücklicher Einwilligung des Kindes und der Eltern beispielsweise das Kinderzimmer und die begehrtesten Spielsachen zeigen lassen. Er kann sich auch mit dem Kind gemeinsam ein Familienfotoalbum ansehen oder Gespräche über Kindergarten, Hort, Schule und Freunde führen.

Fragen nach den Eltern oder den Wünschen und Vorstellungen des Kindes sollten bei Hausbesuchen unterbleiben, um dem Kind im Beisein der Eltern beziehungsweise eines Elternteils unnötige Gewissensqualen und Loyalitätskonflikte zu ersparen.

Vor der Untersuchung des Kindes in Abwesenheit der Eltern sollte es über den Grund der Begutachtung, über die Rolle des Sachverständigen und über die Freiwilligkeit der Teilnahme nicht im unklaren gelassen werden, sondern, soweit für das Kind verständlich, mit kindgerechten Hinweisen umfassend informiert werden. Beispielsweise kann mit der Frage, ob das Kind wisse, warum es zu dem Sachverständigen gekommen sei, der Dialog eröffnet werden.

Die Untersuchung sollte wie bei der richterlichen Anhörung in Abwesenheit der Eltern durchgeführt werden. Möglicherweise kann bei sehr kleinen Kindern mit Einwilligung der Eltern eine vertraute Bezugsperson während der Untersuchung dabei sein.

Des weiteren sollte das Kind gerade in der Anfangsphase ermutigt werden, über seine Befindlichkeiten und Vorstellungen im elterlichen Konflikt und zur Trennung der Eltern zu berichten. Häufig sind bei sehr verängstigten und schüchternen Kindern allgemein gehaltene Feststellungen und Fragen hilfreich, die hier beispielhaft erwähnt werden sollen: „Viele Kinder haben Kummer mit der Trennung der Eltern, weil sie nicht genau wissen, wo und bei welchem Elternteil sie in Zukunft leben werden. Manche haben auch Angst, ihre Freunde in der Nachbarschaft, im Kindergarten oder in der Schule zu verlieren. Erzähle mir doch einmal, wie es dir geht."

Sorgfältig sollte der Sachverständige auf die jeweilige gefühlsmäßige Befindlichkeit des Kindes eingehen und beispielsweise fragen, warum das Kind in diesem Augenblick vergnügt oder traurig reagiert. Ein starres Untersuchungsschema sollte nicht angewandt werden, eher sollte man versuchen, den kindlichen Bedürfnissen nach Spontaneität nachzukommen.

Sorgfältig sollte der Sachverständige abwägen, ob er die Äußerungen des Kindes zunächst für sich behält oder gleich den Eltern mitteilt. Manche Kinder wünschen zum Beispiel, daß das von ihnen Mitgeteilte nicht sogleich den Eltern bekanntgegeben wird.

Bemerkt der Sachverständige anhaltende Ängste, Wut- oder Trauerreaktionen oder selbstbezichtigende Schuldvorwürfe beim Kind, kann er mit Hilfe von anderem Fallmaterial unter Bezugnahme auf die konkrete Befindlichkeit des zu untersuchenden Kindes entlastend einwenden, daß er von einem anderen Kind wisse, daß es sich nach der Trennung der Eltern Sorgen gemacht habe, sehr ängstlich, sehr traurig oder sehr wütend gewesen sei. Zudem wisse er auch, daß sich ein anderes Kind die Schuld an der Trennung gegeben hat.

Von besonderer Bedeutung bei der anstehenden Sorgerechtsregelung sind die Beziehungen zwischen dem Kind und beiden Elternteilen. Fragen nach der Freizeitgestaltung oder ganz allgemein, wie das Kind mit Vater oder Mutter zurechtkomme oder was das Kind besonders gern mit dem jeweiligen Elternteil unternehme, bei dem es sich gerade aufhalte, können Aufschluß über die Qualität der Kind-Eltern-Beziehung geben.

Unter Beachtung weiterer psychologisch bedeutsamer methodischer Gesichtspunkte sollte das Kind nach seinen Träumen, Wünschen, Vorschlägen und seinen Ideen, wie die gesamte Situation zu verbessern sei, gefragt werden.

Als psychologisch-methodisches ergänzendes Instrumentarium bieten sich gerade bei jüngeren Kindern Zeichentests (zum Beispiel „Familie in Tieren") oder andere projektive Verfahren, wie ein Spiel mit dem „Scenomaterial" oder die Vorlage von Bildkarten an (zum Beispiel das Bildmaterial des „Schwarzfuß-Tests"). Alle genannten psychologischen Tests können recht gute Einblicke in familiendynamische Zusammenhänge oder Hinweise auf innere Konflikte des Kindes geben. Sie können unter Umständen auch darüber Aufschluß geben, wie Kinder zu ihren wichtigsten Bezugspersonen, zu anderen Menschen oder zu Dingen in der Welt eingestellt sind.

Der Wille des Kindes sollte nach Möglichkeit herausgearbeitet und in Erfahrung gebracht werden. Dieses Unterfangen wird nicht immer einfach sein, da der Wille des Kindes recht häufig durch direkte Vorgaben der Eltern bewußt und durch Loyalitätskonflikte auch mehr oder weniger unbewußt manipuliert sein kann. Ebenso kann gerade das jüngere Kind die Tragweite dessen, was es durch eine Willensäußerung zum Ausdruck bringen möchte, nicht immer ermessen. Dennoch ist vor allem der feste und weniger beeinflußte Wille des Kindes immer ein Indiz für seine Bindungs- und Beziehungswünsche. Erlebt das Kind etwa einen Elternteil eher als verunsichernd und ängstigend und verspricht es sich vom anderen Elternteil Schutz, Geborgenheit und Trost, können die in diese Richtung gehenden Äußerungen als gewichtiger Hinweis auf einen mehr Sicherheit gebenden Bindungspartner gedeutet werden.

Beachtenswert ist in diesem Zusammenhang, daß Kinder normalerweise keine Unwahrheiten über einen Elternteil verbreiten. Nur wenn beim Kind aufgrund annähernd gleichartiger Bindungen und Beziehungen kein ausgeprägter Wunsch oder Wille vorhanden ist, eher bei dem einen oder anderen Elternteil zu wohnen und zu leben, wird es sich unter Umständen verbal eher zu dem Elternteil bekennen, der ihm mehr Freiheit, Annehmlichkeiten oder Bequemlichkeiten offeriert.

Am Ende der Untersuchung sollte das Kind gefragt werden, ob es wünsche, daß der Sachverständige den Eltern das gerade erfolgte Gespräch und darüber hinausgehend noch etwas mitteilen soll. Häufig äußern Kinder nach einem derartigen Hinweis recht spontan einige Wünsche, die sich auf die Kontakthäufigkeit mit den Eltern, auf Freunde, Verwandte oder auf Spielsachen beziehen.

Die Rechtsanwälte

Wie konfliktreich und belastend ein Familiengerichtsverfahren mit Kindern verläuft, hängt nicht unmaßgeblich vom Einsatz der Rechtsanwälte und der Art und Weise ab, in der sie die Auseinandersetzungen führen.

Sieht sich der Rechtsanwalt ausschließlich als Interessenvertreter der Partei an, die ihn beauftragt hat, wird er zwar umfassend die Mandanteninteressen wahrnehmen, die Kindesinteressen möglicherweise aber zu wenig beachten.

Meint der Anwalt allerdings, der von einem Elternteil erteilte Auftrag schließe auch die Beachtung der Interessen des Kindes durch seine Person mit ein, muß er im Sorgerechts- oder Umgangsverfahren unter Umständen im Kontakt mit seinem Mandanten gegen dessen Vorstellungen argumentieren. Dies kann der Anwalt aber nur so lange wagen und beibehalten, wie sein Mandant bereit ist, andere Vorstellungen und möglicherweise sogar Kompromisse zuzulassen. Andernfalls kann das Vorgehen des Rechtsanwaltes zur Folge haben, daß das Mandat aufgekündigt wird oder der Rechtsanwalt in den Grenzbereich des Parteiverrats gerät.

Dieser Interessen- und Rollenkonflikt des Rechtsanwaltes wird immer dann auftreten, wenn er nicht bereit ist, die Vorlieben, Bedürfnisse und Wünsche des Mandanten in den Vordergrund zu stellen.

Dennoch sollte der Rechtsanwalt zumindest abwägen, ob eine Regelung, die zunächst für seinen Mandanten vorteilhaft erscheint, kurz- oder mittelfristig nicht doch erhebliche Nachteile für das Kind und seinen Mandanten mit sich bringt.

Nicht unerwähnt bleiben soll die seit längerer Zeit von einigen Scheidungsexperten im In- und Ausland aufgestellte Forderung, dem Kind im Familiengerichtsverfahren einen eigenen, den Eltern gleichberechtigten Beteiligungsstatus zu geben, der durch einen Anwalt des Kindes abgesichert wird.[116]

Dieser Anwalt des Kindes muß nicht unbedingt, wie es der Terminus „Anwalt" nahelegt, ein Rechtsanwalt oder Jurist einer anderen rechtswissenschaftlichen Sparte sein. Vielmehr kommen nach dieser Vorstellung auch das Jugendamt oder ein speziell ausgebildeter Ombudsmann für das Kind in Frage, der allerdings auch, sollte es je eine derartige juristische Ausbildung geben, Fachanwalt für Kindschaftsrecht sein kann.

Nach der bereits oben erwähnten UN-Kinderrechtskonvention ist es im übrigen durchaus möglich, eine verfahrensrechtliche Verbesserung der Stellung von Kindern – auch im Sorgerechtsverfahren – durchzusetzen (vergleiche etwa Art. 12 UN-Kinderrechtskonvention).[117] Im übrigen hat bereits 1986 das Bundesverfassungsgericht unter bestimmten Voraussetzungen einen Verfahrenspfleger für das Kind zugelassen.[118]

In Frankreich ist mittlerweile die UN-Kinderrechtskonvention ratifiziert worden. Auch und gerade nach der Ratifizierung hält dort die Diskussion um eine Verbesserung der Interessenwahrnehmung von Kindern an. Diskutiert werden Veränderungen und der Ausbau der Kindesanhörung in familien- und vormundschaftsgerichtlichen Verfahren, nach denen grundsätzlich nunmehr auch Kinder unter 13 Jahren bei Gericht angehört werden müssen, und ferner die Institutionalisierung eines qualifizierten Kinder- und Jugendanwaltes, der im Rahmen interdisziplinärer Fortbildung eine Weiterbildung erfahren soll. Darüber hinaus soll für Minderjährige eine kostenlose Rechtsberatung möglich gemacht werden.[119]

Dabei soll der Kinderanwalt Sprachrohr des Kindes sein, indem er es dem Kind ermöglicht, sich Gehör zu verschaffen, ihm hilft, sich auszudrücken, und es darauf vorbereitet, später einmal Verantwortung für sein Leben zu tragen. Ein eigenständiger Ermittler soll dabei der Kinderanwalt nicht sein, auch kein „objektiver" Sachwalter kindlicher Interessen.[120]

Das Kind im Gericht

In etwa 80 % aller erstinstanzlichen Verfahren vor dem Amtsgericht und in fast 100 % aller Verfahren vor der Berufungsinstanz werden Kinder vom Familienrichter angehört.[121]

Bei Tagungen und Fortbildungen habe ich immer wieder erlebt, daß gerade bei Richtern erhebliche Verunsicherungen in bezug auf eine kindgerechte und wenig belastende Anhörung des Kindes bei Gericht bestehen. Zu diesen Unsicherheiten dürften nicht nur die für diese Spezialaufgaben fachlich nicht ausgebildeten Richter beitragen. Zu vermuten ist, daß auch kontroverse Vorschläge in den Humanwissenschaften diesen Ängsten Vorschub leisten. So vertreten beispielsweise einige Scheidungsexperten den Standpunkt, daß ein Kind niemals direkt, wie etwa zum künftigen Wohnsitz, befragt werden sollte, um nicht selbst zum Entscheidungsträger zu werden oder einen Elternteil zu verraten.[122] Dem möchte ich entgegen halten:

1. Die Klärung bestimmter Vorstellungen und Wünsche der Kinder ist ohne direkte Befragung möglich.

Denkbar wären bei der Klärung des künftigen Wohnsitzes beispielsweise Fragen, die den Kontakten des Kindes mit Nachbarn, Nachbarskindern, Kindergarten, Schule, Spielmöglichkeiten nachgehen.

2. Direkte Befragungen sind durchaus denkbar und psychologisch vertretbar, wenn zu erwarten ist, daß das Kind über die bereits in aller Regel bestehenden nicht in weitergehende Loyalitätskonflikte gestürzt wird.

Als positiven Effekt dokumentieren direkte Fragen dem Kind, daß es von einem neutralen Dritten ernstgenommen wird und daß seine ureigenen Vorstellungen genauso wichtig sind wie die Meinungen der Eltern und anderer Erwachsener.

Allgemeine Grundlagen zur Anhörung des Kindes

Nach § 50 b Abs. 1 FGG[123] ist der Richter in einem Verfahren, das die Personen- oder Vermögenssorge betrifft, gehalten, das Kind persönlich anzuhören, wenn die Neigungen, Bindungen und der Wille des Kindes im Rahmen der anstehenden Entscheidung von Bedeutung sind oder wenn es zur Feststellung des Sachverhalts angezeigt erscheint, daß sich das Gericht von dem Kind einen unmittelbaren Eindruck verschafft.

Nach § 50 b Abs. 2 FGG hört das Gericht in einem Verfahren, das die Personensorge betrifft, das Kind, welches das vierzehnte Lebensjahr vollendet hat und nicht geschäftsunfähig ist, stets persönlich an.

Bei der Anhörung soll das Kind, soweit nicht Nachteile für seine Entwicklung oder Erziehung zu befürchten sind, über den Gegenstand und möglichen Ausgang des Verfahrens in geeigneter Weise unterrichtet werden; ihm ist Gelegenheit zur Äußerung zu geben (§ 50 b Abs. 2 S. 3 FGG).

Das Gericht darf in den genannten Fällen nur aus schwerwiegenden Gründen von einer Anhörung absehen. Unterbleibt die Anhörung allein wegen Gefahr im Verzuge, ist sie unverzüglich nachzuholen (§ 50 b Abs. 3 FGG).

Nach einer neuen und richtungweisenden Entscheidung des Bundesverfassungsgerichts vom 7. 5. 1991[124] wird nunmehr auch dem nichtehelichen Vater unter der Voraussetzung der sogenannten Ehelicherklärung mit der Mutter die gemeinsame elterliche Sorge zugestanden, wenn beide Eltern mit dem Kind zusammenleben und beide bereit und in der Lage sind, die elterliche Verantwortung gemeinsam zu übernehmen und dies dem Kindeswohl entspricht.

Um nach einer Trennung eine am Wohl des Kindes orientierte Lösung zu finden, ist in Zukunft zu erwarten, daß auch Kinder nicht-verheirateter Eltern beim Vormundschaftsgericht im Sinne des § 50 b FGG angehört werden.

Der Frage, ob Kinder im Rahmen der Anhörungen im Familiengericht besonders starken Belastungen ausgesetzt sind, wurde bisher nur in einer Untersuchung nachgegangen:

Reinhart Lempp und Mitarbeiter[125] fanden in einer ersten umfassenden bundesdeutschen empirischen Studie heraus, daß im Rahmen der von ihnen Untersuchten ein Drittel aller Richter Kinder nur in streitigen Fällen anhören, ein zweites Drittel hört sie in streitigen Fällen, aber auch in einzelnen, problematisch erscheinenden unstreitigen Fällen an und ein weiteres Drittel hört sie unabhängig davon an, ob es sich um ein streitiges oder unstreitiges Verfahren bei Gericht handelt.

Nach dieser Untersuchung hat sich die untere Altersgrenze bei der Anhörung im Vergleich zu früheren Erhebungen nach unten verlagert. Etwa ein Drittel aller Richter hörten auch Kinder unter vier Jahren an und über die Hälfte auch Kinder unter sechs Jahren.

In dieser Studie wird betont, daß mögliche Belastungen der Kinder durch Anhörungen bei Gericht nicht unabhängig von deren gesamter Lebenssituation betrachtet werden dürfen. Seelische Beeinträchtigungen der Kinder hingen auch von der Intensität des Familienkonflikts, vom bisherigen Verhalten der Eltern, vom Alter des Kindes und seiner Persönlichkeit ab.

Insgesamt zeigten sich zu Beginn der Anhörung 30 % der Kinder beim Ansprechen kritischer Themen stark belastet, 55 % mittelstark und 15 % gering belastet. Am Ende der Anhörung, die durchschnittlich 20 Minuten dauerte, zeigten noch 21 % der Kinder eine starke Belastung, 41 % eine mittelgradige Belastung und 38 % eine geringe Belastung. Bemerkenswert, aber nicht unerwartet ist an dieser Studie, daß besonders häufig diejenigen Kinder starke Belastungsreaktionen aufwiesen, bei denen die gesamte Familienkonstellation bedrückend war.[126]

Das Kind beim Familienrichter

Gegen die Anhörung und gegen einen Anhörungszwang werden vor allem seitens der Eltern recht häufig Bedenken angemeldet.

So wurde mir im Sachverständigenverfahren wiederholt von

den Eltern erklärt, ihr Kind dürfe nicht vor Gericht gezerrt werden: Es habe Angst, sei weinerlich, gerate durch die Befragung in Panik und Loyalitätskonflikte, im übrigen habe das Kind vor Fremden Angst.

Mit dieser Ansicht bedenken die Eltern nicht, daß insbesondere übermäßige Ängste der Kinder, die sich symptomatisch in Streßsituationen wie vor oder bei der Anhörung zeigen können, häufig mit der noch nicht verarbeiteten Trennungssituation und mit den von einem Elternteil oder beiden Eltern auf die Kinder induzierten oder projizierten eigenen Ängsten zusammenhängen. Ängstliche und beunruhigte Eltern können ihren gefühlsmäßigen Zustand selbst bei größter Beherrschung nicht vor den Kindern verbergen. Zudem kennen Kinder ihre Eltern so gut, daß sie immer deren Ängste spüren.

Entlastung durch die Eltern kann das Kind erfahren, wenn ihm von beiden Elternteilen versichert wird, daß es offen über alles sprechen darf und daß es sich keinesfalls treulos verhält, wenn es ehrlich und wahrhaftig dem Richter mitteilt, bei wem es unter Abwägung aller Gesichtspunkte am liebsten wohnen würde. Gerade jüngeren Kindern sollten Eltern darüber hinaus zu verstehen geben, daß nicht sie die Entscheidung treffen, sondern der Richter.

Im übrigen sollte dem Kind seitens der Eltern versichert werden, daß es auch weiterhin geliebt werde, gleichgültig, bei wem es wohnen wolle.

Für eine Anhörung gerade älterer Kinder – etwa ab sechs Jahren – bei Gericht spricht, wie oben schon angedeutet, daß das Kind im Streit der Eltern von einem neutralen Dritten ernstgenommen wird und damit sinnlich erfahrbar erlebt, daß auch seine Wünsche, Anschauungen, Präferenzen und Vorstellungen von Bedeutung sind. Im übrigen kann sich der Richter vom Kind im Rahmen einer Anhörung, die keinesfalls im Gerichtssaal stattfinden muß, ein eigenes Bild machen.

Im Berliner Familiengericht stehen beispielsweise den Kindern in aller Regel nicht nur die Dienstzimmer der Richter zur Verfügung, sondern auch ein eigens eingerichtetes Spielzimmer.

Die Anhörung selbst sollte im Interesse des Kindes in Abwesenheit der Eltern und Anwälte durchgeführt werden. Dieser psychologisch bedeutsame Grundsatz wird meinen Erfahrungen nach keinesfalls in allen Fällen beherzigt: Sowohl im Jugendamt wie zum Teil auch im Familiengericht werden die Kinder mitunter im Beisein der Erwachsenen angehört und befragt, wobei offensichtlich in diesen Fällen von den Professionellen mögliche Loyalitätskonflikte der Kinder nicht bedacht, die Aussagen der Kinder zu wenig ernstgenommen werden oder das Anhörungsgespräch selbst außerordentlich oberflächlich erfolgt.

Mitunter bestehen auch Rechtsanwälte darauf, mit ihren Mandanten an der Anhörung des Kindes teilzunehmen.

Der strukturelle und inhaltliche Aufbau einer Anhörung sollte vorbereitet und durchdacht sein, ohne daß jedoch die geordnetere Vorstellungswelt des Richters ihn veranlassen sollte, die spontanere Vorstellungswelt eines Kindes, die weitaus gefühlsbetonter ist als bei Erwachsenen, außer acht zu lassen. Die Gesprächsführung darf durchaus direkt sein, wobei sich vor allem in der Anfangsphase Fragen nach dem Kindergarten, dem Hort, der Schule, nach Freunden in der Nachbarschaft, Interessen, Neigungen oder Hobbys anbieten.

Kurze Erklärungen und Hinweise auf die eigene Befindlichkeit und die des Kindes erleichtern dabei den zwischenmenschlichen Kontakt und fördern bei dem Kind die Überzeugung, daß es der Richter mit ihm redlich, offen und wahrhaftig meint und es nicht, wie es bedauerlicherweise viel zu oft die Eltern tun, für seine Interessen vereinnahmt.

Dabei bietet sich der Richter auch als wichtige Person an, auf den vom Kind Gefühle übertragen werden. Die so entstehende Beziehung kann Aufschluß über die Kommunikationsfähigkeit, auf die Neugierde oder auch auf die Ängste des Kindes geben.

Keinesfalls ist es für das Ansehen des Richters abträglich, wenn er dem Kind offenbart, daß auch er unsicher ist und vor allem bei streitenden, erziehungskompetenten Eltern Schwierigkeiten hat, eine für das Kind angemessene Lösung zu finden.

Zu Beginn der Anhörung sollte der Richter auf seine Funktion hinweisen, die mit folgenden Worten umschrieben werden kann: „Du weißt, daß sich deine Eltern um dich streiten. Dein Vater möchte, daß du bei ihm wohnst. Das gleiche will deine Mutter. Bisher haben sich deine Eltern nicht einigen können, deshalb muß ich für dich und deine Eltern eine Entscheidung treffen."

Nach einer derartigen Einführung sollte der Richter die aktuelle Befindlichkeit des Kindes ansprechen und nochmals den Grund der Anhörung erwähnen: „Ich kann mir denken, daß du nicht gern hergekommen bist und daß du möglicherweise ein wenig Angst hast. Mir ist es aber wichtig, dich kennenzulernen, damit ich mir ein besseres Bild von dir machen kann. Ich möchte auch keine falsche Entscheidung für dich treffen, deshalb möchte ich auch wissen, wo du in Zukunft wohnen möchtest. Vorhin habe ich dir schon gesagt, was du auch schon längst weißt, daß deine Eltern um dich streiten. Jeder will, daß du bei ihm wohnst. Deshalb möchte ich auch erfahren, was du willst. Ich kann mir vorstellen und weiß es auch, daß du deinen Vater und deine Mutter lieb hast. Das soll auch in Zukunft so bleiben. Ich kann mir auch vorstellen, daß es dir am liebsten wäre, wenn deine Eltern wieder zusammenziehen. Das wird aber in Wirklichkeit nicht möglich sein. Ich kann dir aber versprechen, daß ich mit deinen Eltern sprechen werde und mich dafür einsetzen werde, daß du auch weiterhin zu deinem Vater und zu deiner Mutter Kontakt haben kannst. Ich denke aber, daß auch du Vorstellungen, Wünsche und Hoffnungen hast, bei wem du im Augenblick und vielleicht sogar später einmal am liebsten wohnen und leben möchtest."

Diese Feststellungen, Aussagen und Fragen bedeuten für den Richter und das Kind immer eine sensible Gratwanderung. Es kann unter Umständen wegen tiefgreifender Loyalitätskonflikte des Kindes bisweilen nicht in seinem Interesse liegen, sich zwischen beiden Elternteilen zu entscheiden. Andererseits weiß häufig auch dieses Kind ziemlich genau, bei welchem Elternteil es wohnen und leben möchte.

Im weiteren Verlauf des Gesprächs kann sich ein phantasiertes „Spiel" anschließen, in dem das Kind aufgefordert wird, sich vorzustellen, wie es wäre, wenn es bei Vater und Mutter oder wenn es beim Vater oder bei der Mutter wohnen würde.

Selbst Phantasien des Kindes sind immer auch Ausdruck und

Ergebnis seiner subjektiven Realität, die letztlich seinen „wahren" Wünschen, Neigungen und Interessen mehr entsprechen, als es die Erwachsenen für möglich halten.

Zu der zuletzt genannten Thematik passen auch Fragen, wie oft das Kind den anderen Elternteil, bei dem es sich gerade nicht aufhält, besuchen möchte oder was dem Kind beim Vater oder bei der Mutter besonders gut gefällt oder auch nicht gefällt.

Wichtig ist, daß sich der Richter neben den nach § 50 b FGG zu beachtenden Neigungen, Bindungen und Wünschen auch ein Bild von den Beziehungen des Kindes machen kann und damit in die Lage versetzt wird, die Qualität der gefühlsmäßigen Bindungen in Erfahrung zu bringen und einzuschätzen. Hierzu können Fragen nach gemeinsamen Aktivitäten im Rahmen der Freizeitgestaltung des Kindes mit den Eltern, aber auch Fragen, die der Bewältigung alltäglicher Aufgaben und Betreuungsformen dienen (zum Beispiel Fragen wie die Mahlzeiten arrangiert werden, oder Fragen nach elterlicher Unterstützung bei den Schulaufgaben oder Fragen, die die Themen Wecken, Aufstehen, Insbettgehen zum Inhalt haben), hilfreich sein.

Damit das Kind weiß, woran es ist, sollte ihm vor Abschluß der Anhörung mitgeteilt werden, welche Lösung der Richter für möglich erachtet, bei wem es seiner Meinung nach in Zukunft leben und wann und wie oft es den anderen Elternteil besuchen sollte.

Insbesondere bei jüngeren Kindern unter dem Vorschulalter sollte der Richter keine Scheu haben, mit dem Kind zu spielen, zu malen oder geeignete Kinderbücher anzuschauen. Beispielsweise kann mit Puppen oder dem Malstift eine Familienszene arrangiert werden, ein Ausflug, eine prägnante Alltagssituation oder ein Urlaub.

Der Richter kann auch den Elternteil, der das Kind zur Anhörung bringt, bitten, Fotos oder Fotoalben der Familie mitzubringen, die möglichst den Zeitraum des Zusammenlebens der Eltern und die Zeit nach der Trennung umfassen sollten. Beim Anschauen der Familienphotos wird in aller Regel das Kind interessiert sein und auch Erklärungen abgeben, die wiederum Schlüsse auf die Beziehungen und Bindungen des Kindes zulassen.

Die Anhörung von Geschwistern sollte – wann immer möglich – zunächst getrennt erfolgen. So werden beispielsweise gegenseitige Beeinflussungen gering gehalten, die insbesondere zwischen älterem und jüngerem Geschwisterkind auftreten könnten. Dennoch sollten die Geschwister nach der separaten Anhörung gemeinsam angehört werden.

Durch eine Einzelanhörung ist gewährleistet, daß sich das Gericht über die Befindlichkeit und Persönlichkeit eines jeden Kindes und über die individuelle Ausprägung seiner Vorstellungen, Wünsche und Neigungen ein Bild machen kann.

Eine im Anschluß erfolgende gemeinsame Anhörung der Geschwister gibt Aufschluß über die Beziehungen und Bindungen der Kinder untereinander.

Bei sehr ängstlichen oder verschlossenen Kindern kann allerdings in umgekehrter Reihenfolge eine vorgezogene gemeinsame Anhörung der Geschwister Entlastung und Sicherheit bringen.

Nach einer Anhörung der Kinder ist der Familienrichter nicht mehr nur auf Berichte Dritter (Eltern, Anwälte, Mitarbeiter im Jugendamt, Sachverständiger) angewiesen. Er kann sich nunmehr vom Entwicklungsstand des Kindes, von seinen Ängsten und Konflikten, aber auch von seinen Wünschen, seinen Bindungen und Beziehungen und seinen Neigungen und Vorstellungen und vor allem von seinem eigenständigen oder auch manipulierten Willen ein eigenes Bild machen.

Die Anhörung des Kindes kann darüber hinaus einen wichtigen Beitrag leisten, allen Verfahrensbeteiligten bewußt zu machen, daß ein Kind nicht zum Objekt elterlichen, anwaltlichen oder richterlichen Handelns werden darf, sondern das Kind als eigenständige Persönlichkeit und damit als Subjekt angesehen und geachtet werden muß.

Nachteilig kann sich die Anhörung auswirken, wenn Kinder als Ergebnis der Anhörung mehr noch als zuvor in den Streit der Eltern hineingezogen werden, wenn Eltern oder zumindest ein Elternteil die anstehende Anhörung für seine Interessen ausnutzt und das Kind manipuliert[127] oder das Kind nach der Anhörung sogar für seine Aussagen zur Rechenschaft gezogen wird.

Umgangsrecht

Nach § 1634 BGB hat der nichtsorgeberechtigte Elternteil die Befugnis zum persönlichen Umgang mit dem Kind. In dieser Vorschrift ist unter anderem geregelt, daß ein Elternteil, dem die Personensorge nicht zusteht, die Befugnis zum persönlichen Umgang mit dem Kind behält. Dabei kann das Familiengericht über den Umfang der Befugnis entscheiden und ihre Ausübung, auch Dritten gegenüber, näher regeln. Ferner kann das Familiengericht die Befugnis zum persönlichen Umgang einschränken oder ausschließen, wenn dies zum Wohle des Kindes erforderlich ist.

Von besonders herausragender Bedeutung ist meines Erachtens die in § 1634 Abs. 1 S. 2 BGB erwähnte Wohlverhaltensklausel, nachdem der Elternteil, dem die Personensorge nicht zusteht, und der Personensorgeberechtigte alles zu unterlassen haben, was das Verhältnis des Kindes zum anderen beeinträchtigt oder die Erziehung erschwert.

In Zusammenhang mit der künftigen rechtlichen Ausgestaltung des Umgangsrechts muß auch die Vorschrift des § 18 KJHG und die UN-Kinderrechtskonvention beachtet werden. Nach § 18 Abs. 4 KJHG haben Mütter und Väter, denen die elterliche Sorge nicht zusteht, Anspruch auf Beratung und Unterstützung bei der Ausübung des Umgangsrechts. Bei der Herstellung von Besuchskontakten und bei der Ausführung gerichtlicher oder vereinbarter Umgangsregelungen soll in geeigneten Fällen Hilfestellung geleistet werden.

Art. 9 Abs. 3 UN-Kinderrechtskonvention sieht vor, daß das Kind regelmäßig persönliche Beziehungen und unmittelbare Kontakte zu beiden Elternteilen pflegen kann, wenn es von einem oder beiden Elternteilen getrennt ist, soweit diese Kontaktpflege nicht dem Wohl des Kindes widerspricht.

Für Kinder aus nichtehelichen Gemeinschaften regelt die Vorschrift des § 1711 BGB den Umgang. Hier gilt, daß derjenige, dem die Personensorge für das Kind zusteht, den Umgang des Kindes mit dem Vater bestimmt. Auch hier wird auf die in § 1634 Abs. 1 S. 2 BGB erwähnte Wohlverhaltensklausel verwiesen. Dient ein persönlicher Umgang mit dem Vater dem Wohl des Kindes, kann das Vormundschaftsgericht entscheiden, daß dem Vater die Befugnis zum persönlichen Umgang zusteht. Unter Verweis auf § 1634 Abs. 2 BGB ist auch im Nichtehelichenrecht vorgesehen, daß das Gericht, hier das Vormundschaftsgericht, über den Umfang der Befugnis entscheiden und ihre Ausübung, auch gegenüber Dritten, näher regeln kann. Die Befugnis zum persönlichen Umgang kann auch hier – wie im Ehelichenrecht – eingeschränkt oder ausgeschlossen werden, wenn dies zum Wohle des Kindes erforderlich ist.

Seit einigen Jahren ist geplant, das sogenannte Umgangsrecht des nichtehelichen Vaters mit seinem Kind zu reformieren. Danach soll eine Angleichung an das Recht für eheliche Kinder erfolgen. Nach geltendem Recht muß beispielsweise im Nichtehelichenrecht das gerichtlich angeordnete Umgangsrecht *dem Wohl des Kindes dienen.* Nach ersten zaghaften Reformvorstellungen soll künftig das gerichtlich angeordnete Umgangsrecht, so die neue Formulierung, *dem Wohl des Kindes nicht widersprechen.*[128]

Über die Art und Ausgestaltung und über Einschränkungen oder einen Ausschluß des Umgangsrechts im nichtehelichen wie im ehelichen Recht entscheidet der Richter auf Antrag eines Elternteils oder von Amts wegen. Auch in diesen Fällen ist der Richter gehalten, das Kind vor einer Entscheidung gemäß § 50 b FGG anzuhören.

Grundsätzlich ist nach einer Trennung und Scheidung der Eltern der ungestörte Zugang des Kindes zu beiden Elternteilen und damit die Verfügbarkeit des Nichtsorgeberechtigten eine bedeutsame Voraussetzung für das Wohlergehen des Kindes.[129] Ein weitgehend konfliktfreier Umgang dient auch der leichteren Anpassung des Kindes an die Nachscheidungssituation,[130] wobei die Fortführung einer intensiven und tragfähigen Beziehung des Kindes zum Vater auch eine Entlastung des Kindes in seiner Beziehung zur Mutter mit sich bringt.[131]

Diese Aussagen und Erkenntnisse der Scheidungsforschung entsprechen im übrigen dem Wunsch des Kindes nach einem Zusammenbleiben der Eltern, in dem auch immer der Wunsch steckt, mit beiden Eltern Kontakt zu halten.[132]

Diese Wunsch- und Willensrichtung des Kindes entspricht normalerweise seinem natürlichen Bedürfnis, mit beiden Elternteilen und sonstigen für das Kind bedeutsamen Bezugspersonen eine gefühlsmäßig enge Bindung und Beziehung aufzubauen und aufrechtzuerhalten.

Für ein Umgangsrecht spricht auch, daß bei Jungen wie Mädchen sich die geschlechtsspezifischen erzieherischen Einflüsse des Vaters und der Mutter ergänzen. Beispielsweise findet ein Mädchen sich ohne erzieherischen Einfluß des Vaters unter Umständen später einmal in der „Männerwelt" schlechter zurecht, während ein Junge ohne erzieherischen Einfluß der Mutter die „Frauenwelt" mit vergleichbaren Folgen nur unzureichend kennenlernt. Für beide, Mädchen wie Jungen, können daraus insbesondere in der Pubertät und im jungen Erwachsenenalter schwerwiegende Beziehungsprobleme durch den frühen Verlust oder einem Kontaktabbruch eines Elternteils erwachsen.

Bekanntermaßen läßt sich die weitaus größte Anzahl der Fälle ohne richterliche Entscheidung regeln, obwohl, wie bereits erwähnt wurde, etwa 40 % aller Väter nach einer Trennung den Kontakt mit dem Kind abbrechen.

Ältere Schätzungen und Berichte gehen davon aus, daß nach Trennungen und Scheidungen in etwa 7 % bis 20 % aller Fälle die Kontakte und Besuche streitig und problematisch verlaufen und schließlich so konfliktreich werden, daß es bei Gericht zu umgangsrechtlichen Auseinandersetzungen kommt.[133]

Die Eltern sind geschieden und streiten um das Umgangsrecht

Allein die Tatsache eines anhängigen Gerichtsverfahrens zur Regelung des Umgangs sollte für alle am Verfahren Beteiligte den sicheren Hinweis geben, daß hier das Wohl des Kindes in Gefahr ist.

Wie bereits mehrfach erwähnt, führen anhaltende Konflikte der Eltern während des Zusammenlebens und nach einer Trennung bei Kindern häufig zu erheblichen Beunruhigungen, Auffälligkeiten im Leistungs- und Gefühlsbereich und zu Loyalitätskonflikten. Vor allem Kinder, die nach einer Trennung und Scheidung der Eltern weiter durch deren Konflikte beunruhigt und in ihrem Wohlergehen beeinträchtigt werden, gehören meinen Erfahrungen nach zu einer Risikogruppe, in der besonders häufig Entwicklungsstörungen und Verhaltensauffälligkeiten auftreten. Gerade bei diesen Kindern tritt nach einer Trennung der Eltern keine Entlastung ein. Oft konzentrieren sich nunmehr erneut die Konflikte der Eltern neben den bereits vorhandenen Unvereinbarkeiten auf die Kinder.

In diesen Fällen ist meines Erachtens eine Beruhigung der Lebenssituation des Kindes für sein weiteres Wohlergehen unabdingbar. Sollten auch fachliche Hilfestellungen Dritter den Eltern und Kindern durch eine Konfliktmilderung keinen Nutzen bringen, sollte immer auch erwogen werden, das Umgangsrecht einzuschränken oder vorübergehend auszuschließen.

In der Wissenschaft werden in bezug auf anhaltenden Streit der Eltern und einer Fortführung, Einschränkung oder Ausschluß der Besuchskontakte recht unterschiedliche Auffassungen und Positionen vertreten. Einige Juristen warnen ebenso wie Psychologen nicht ohne Grund vor erneuten und weiteren Verunsicherungen und Identitätskonflikten des Kindes, wenn trotz anhaltender Unvereinbarkeiten der Eltern ein Umgangsrecht angeordnet wird. Deshalb wird auch vorgeschlagen, im Konfliktfall im Interesse des Kindes entweder ganz auf eine gerichtliche Auseinandersetzung zu verzichten oder gegen den Willen des/der Sorgeberechtigten nur sehr eingeschränkt ein Umgangsrecht zuzulassen.[134]

Festzuhalten bleibt, daß die Durchsetzung eines Umgangsrechts gegen den erklärten Willen des Kindes und des Sorgerechtsinhabers – insbesondere bei Kindern im Vor- und Grundschulalter – in aller Regel dem Kindeswohl entgegensteht.[135]

Zu bedenken gebe ich in Übereinstimmung mit einigen anderen Fachkollegen,[136] daß bisher die Rechtsprechung dem Verlangen des Umgangsberechtigten – selbst bei anhaltenden Unvereinbarkeiten der Eltern – in einer Weise entgegenkommt, die häufig in diesen Fällen mit dem Wohl des Kindes nicht zu vereinbaren ist.

Vor allem in der obergerichtlichen Rechtsprechung wird der eigenständige Wille gerade des jüngeren Kindes viel zu wenig beachtet und respektiert. Nach wie vor ist das Kind eher Rechtsobjekt, über das andere verfügen. Einige Scheidungsexperten vertreten in diesem Zusammenhang meines Erachtens zu Recht die Auffassung, daß, sobald im umgangsrechtlichen Verfahren der Wille des Kindes gebrochen wird, ein Verstoß gegen die Menschenwürde und den Sinngehalt des persönlichen Umgangs vorliegt. Nach dieser Sicht wird die Meinung vertreten, daß bei anhaltendem Streit der Eltern die sorgeberechtigte Person allein darüber bestimmen solle, ob dem anderen Elternteil ein Umgang mit dem Kind zugebilligt werden sollte.[137] Zu bedenken gebe ich, daß auch nach dieser Auffassung ein eigenständiges Recht des Kindes zu wenig beachtet wird.

Eine andere Sicht geht davon aus, daß das Umgangsrecht ein „Beziehungsrecht" des Kindes sei, aus der eine „Beziehungspflicht" der Eltern erwachse. Der Kern des Umgangs wird dabei als Bedürfnis des Kindes nach Zuwendung von Vater und Mutter angesehen. Damit ist das „Beziehungsrecht" des Kindes ein aus der elterlichen Pflichtensphäre herleitbares Kindesgrundrecht auf Erhaltung der elterlichen Beziehungen.[138]

Diese Ansicht einiger Juristen, die sich vermutlich auf die UN-Kinderrechtskonvention stützt, mag durchaus auch den rechtlichen Interpretationsmöglichkeiten der Verfassung entsprechen. Aber auch hier gilt zu bedenken, daß diese Auffassung in strittigen Fällen und vor allem bei einem entgegenstehenden Willen des Kindes nicht praxisnah ist und wohlverstandene Kindesinteressen in ihr Gegenteil verkehren kann.

Ein Kind sollte auch ein Recht haben, aus anhaltenden Unvereinbarkeiten der Eltern herausgehalten zu werden. Ein Beziehungsrecht des Kindes muß immer auch sein Bedürfnis nach Ruhe, Geborgenheit, sicheren Lebensumständen und konfliktfreien Kontakten umfassen. Das kann zur Folge haben, daß das Recht des Kindes auf Beziehung nach einer Trennung und Scheidung der Eltern nur einem Elternteil gegenüber realisiert werden kann: Denn die entwicklungspsychologisch bedeutsamen und negativen Folgen und Konsequenzen anhaltender Unvereinbarkeiten der Eltern haben immer auch die an den Konflikten der Eltern unschuldigen Kinder zu tragen.

Nicht überzeugen kann die ebenfalls von juristischer Seite vertretene Auffassung, es sei nicht richtig, die Thematik des Umgangs mit dem Kind in erster Linie aus dem Blickwinkel eines möglichen Konflikts der Erwachsenen zu sehen.[139] Wie eingangs erwähnt, ist jedes gerichtliche Umgangsverfahren die Folge anhaltender, meist schwerwiegender und nicht nur möglicher Konflikte der Eltern. Lägen keine Konflikte vor, würden die Eltern mit an Sicherheit grenzender Wahrscheinlichkeit ohne Gericht eine am Wohl des Kindes orientierte Umgangsregelung finden.

Auch das Argument, daß erzwungene Besuche, die unbefriedigend verlaufen, auf Dauer kaum fortgeführt werden, ist unter dem Gesichtspunkt des Kindeswohls nicht haltbar.

Auch zunehmend mehr Psychologen[140] nehmen das Vorliegen anhaltender elterlicher Konflikte nicht zum Anlaß, den psychologischen Sinn und Nutzen eines Umgangsrechts für das Kind kritisch zu hinterfragen. Häufig werden nach dieser Sicht die durchaus nach einer Trennung und Scheidung häufig anzutreffenden Wünsche des Kindes, zu beiden Elternteilen Kontakt zu haben, als Handlungsmaxime in den Vordergrund gestellt, ohne daß jedoch beim Vorliegen eines destruktiven elterlichen Konfliktpotentials die daraus resultierenden Gefährdungen des Kindes angemessen berücksichtigt werden. Nach dieser Auffassung überwiegen angeblich selbst bei anhaltenden Konflikten die Vorteile eines häufigen Umgangs die nachteiligen Folgen.

Meiner Auffassung und Erfahrung nach bagatellisieren und verleugnen diese zuletzt genannten Standpunkte die verheerenden Auswirkungen andauernder Verunsicherungen des Kindes durch belastende und konfliktbeladene Besuche.

Ein Kind sollte gerade nach einer spannungsreichen und konfliktbeladenen Beziehung der Eltern möglichst ungestört in Ruhe und Geborgenheit aufwachsen können, erst recht, wenn diese Spannungen nach einer Trennung und Scheidung unvermindert anhalten oder sogar eskalieren. Dabei ist das „Ruheargument" unter den diskutierten Bedingungen kein den Erwachsenen entsprechendes Argument,[141] auch wenn nicht verkannt werden sollte, daß diese Argumentation von Eltern als Handhabe mißbraucht wird, dem anderen Elternteil und damit dem Kind die Kontakte zu erschweren oder sogar unmöglich zu machen.

Nach wie vor kann als gesicherte psychologische Erkenntnis gelten, daß vor allem der Elternteil für das Kind von zentraler Bedeutung ist, bei dem es nunmehr seinen Lebensmittelpunkt hat. Werden zum Beispiel *konfliktbeladene* Kontakte erzwungen, wird das Kind in seinem Vertrauen auch zu diesem Elternteil erschüttert.

Sollten die Eltern allein oder mit Hilfe einer Beratung ihre Konflikte mindern oder besser noch beilegen, spricht aus psychologischer Sicht in der Regel nichts gegen umfassende Kontakte des Kindes mit beiden Elternteilen. Liegen jedoch anhaltende Unvereinbarkeiten der Eltern vor, müssen die Kontakte unter Umständen eingeschränkt werden.[142]

Keinesfalls reicht es meines Erachtens aus, eine Einschränkung oder einen Ausschluß des Umgangsrechts nur dann in Erwägung zu ziehen, wenn die Erziehungsunfähigkeit des nichtsorgeberechtigten Elternteils festgestellt worden ist und dieser überdies eine Gefahr für das Kind darstellt.[143]

Aus diesem Grunde sollte immer eine Regelung gefunden werden und notfalls eine richterliche Entscheidung getroffen werden, die nicht in erster Linie die Rechte des die Besuche begehrenden Elternteils berücksichtigen, sondern das Recht des Kindes auf ungestörtes Aufwachsen, so tragisch auch im Einzelfall für den betroffenen nichtsorgeberechtigten Elternteil diese Priorität sein muß.

In diesem Sinne argumentiert auch Reinhart Lempp,[144] der das Umgangsrecht aus einer kindzentrierten Sicht heraus definiert. Er bewertet beispielsweise die im Umgangsrecht erst anzustrebenden eigenständigen Rechtspositionen des Kindes höher als die Rechte der Erwachsenen.

Eine mögliche Änderung der umgangsrechtlichen Regelung, die, wie oben schon erwähnt, derzeit mit der Neufassung des Unehelichenrechts diskutiert wird und geplant ist, sollte nicht zur Folge haben, daß der „Tränenparagraph" des § 1634 BGB zum Maßstab *elterlicher Rechte* gemacht wird; vielmehr sollte das Aufrechterhalten der Kontakte des Kindes zu beiden Eltern seinem originären Anspruch entspringen. Nach einer Zusprechung der elterlichen Sorge auf einen Elternteil sollte allerdings die Ausgestaltung der umgangsrechtlichen Kontakte *auch* der Entscheidungskompetenz des Sorgerechtsinhabers überlassen bleiben. Gerade dieser Elternteil wird normalerweise am besten die Befindlichkeit und die Bedürfnisse des Kindes kennen.

Ich bin mir bewußt, daß auch ein Recht des Kindes auf Erhaltung der Beziehungen und Kontakte mit beiden Elternteilen und eine herausgehobene Regelungsbefugnis des Sorgerechtsinhabers Ungerechtigkeiten nicht ausschließen kann, wenn der Sorgeberechtigte seine bevorzugte Stellung mißbraucht. Es geht hier aber nicht um Recht oder Unrecht der Erwachsenen, sondern allein um das Wohlergehen des Kindes. Reinhart Lempp ist zuzustimmen, wenn er meint, daß der juristische Zwang gegen den böswilligen, die Besuche hintertreibenden Elternteil nie ihn selbst trifft, sondern immer das Kind, das in der Regel weiterhin mit diesem Elternteil lebt.[145]

Ein solches Verhalten könnte allerdings bei Erziehungseignung des anderen Elternteils, wenn ein fester Wille des Kindes dem nicht entgegensteht, Anlaß geben, die bestehende Sorgerechtsregelung zu überprüfen. Diese Ansicht hat sich jüngst das Oberlandesgericht München[146] zu eigen gemacht: Zu entscheiden war, ob ein achtjähriges Kind, dem von der Mutter fast zwei Jahre die Kontakte mit dem Vater nicht ermöglicht wurden, in Zukunft beim Vater leben sollte. Das Gericht stellte unter anderem fest: Unterbindet die Kindesmutter über längere Zeit – im vorliegenden Fall knapp zwei Jahre – jeglichen Kontakt des gemeinsamen Kindes zum Vater, so ist der Kontinuitätsgrundsatz selbst bei sonstiger Erziehungseignung der Mutter wegen der notwendigen Aufrechterhaltung der Verbindung zwischen Kind und Vater nicht ohne weiteres Vorrang einzuräumen. Im vorliegenden Fall sei der Vater zur Förderung seines Sohnes und damit zur Ausübung der elterlichen Sorge besser geeignet, so daß dem Kind ein Umgebungswechsel zugemutet werden könne.

Bei derartigen Problemkonstellationen sollte allerdings der Wunsch und Wille des Kindes als Ausdruck und Bestandteil seiner Persönlichkeit besonders sorgfältig beachtet werden. Ein entgegenstehender Wille des Kindes sollte grundsätzlich bei einem Sorgerechtswechsel nicht gebrochen werden. Ebenso sollte bei der sich anbahnenden Änderung der Rechtsprechung immer auch bedacht werden, daß Beziehungskonflikte der Eltern und deren anhaltende Unvereinbarkeiten durch juristische Entscheidungen allein nicht gelöst werden können. Nach dieser Erkenntnis wird ein bloßer Sorgerechtswechsel die Konflikte der Eltern nicht mindern. Vielmehr ist nach einem derartigen Eingriff des Gerichts mit erneuten Eskalationen zwischen den Eltern zu rechnen.

Gerade für diese Fälle ist vor einer erneuten richterlichen Entscheidung das Jugendamt mehr als bisher gefordert, nach § 18 KJHG nichts unversucht zu lassen, mit den Eltern nach friedfertigen Strategien und einvernehmlichen Lösungen zu suchen und bei der Herstellung von Besuchskontakten und bei der Ausführung gerichtlicher und vereinbarter Umgangsregelungen in geeigneten Fällen Hilfestellung zu geben.

Jens und Janine haben Angst vor ihrem Vater

Wie noch erinnerlich, hat der Familienrichter in der Familiensache H., die Kinder Jens und Janine betreffend, im September 1990 einen Sachverständigen zur Begutachtung ernannt.

Nach Eingang der Akten und des Gutachtenbeschlusses Anfang Oktober 1990 wurden beide Eltern vom Gutachter angeschrieben. Bereits einen Tag später meldeten sich beide Elternteile und vereinbarten einen ersten Gesprächstermin.

Während mehrerer Einzelgespräche unter vier Augen über mehr als fünf Wochen konnte sich der Sachverständige im Rahmen jeweils mehrstündiger explorativer Gespräche mit den Eltern einerseits mit den unterschiedlichen Sichtweisen beider Eltern vertraut machen, andererseits war leicht das große Engagement und Interesse beider an den Kindern feststellbar, aber auch die Ängste der Mutter und die Verzweiflung des Vaters. Insgesamt kam Herr H. für drei dieser Gespräche nach Berlin. Ende November 1990 waren diese Gespräche abgeschlossen.

Beide Eltern gewannen mehr und mehr Vertrauen zu dem Sachverständigen, nachdem sie feststellten und dies auch wiederholt betonten, daß sie an seiner Neutralität keinen Zweifel hatten.

Die Hausbesuche bei Frau H. im Beisein der Kinder und des Freundes ergaben, daß alle harmonisch zusammenlebten und auch die Kinder in die neue Lebenssituation und Wohnumwelt gut integriert waren.

Der Hausbesuch beim Vater erfolgte am Wochenende im Beisein seiner Eltern. Alle drei Erwachsenen zeigten sich von den vorausgegangenen Vorfällen tief erschüttert, wobei auch deutlich wurde, daß die Großeltern ihre Enkelkinder vermißten.

Die Untersuchungen der Kinder in Abwesenheit der erwachsenen Bezugspersonen erbrachte, daß beide bei der Mutter wohnen und leben wollten und beide Kinder nach wie vor nicht bereit waren, den Vater zu besuchen.

Alle diese Untersuchungskontakte waren Mitte Dezember 1990 abgeschlossen.

Nach wie vor war vor allem Herr H. seelisch instabil, was sich besonders in seinen heftigen Anklagen, Selbstbezichtigungen und den wenig realistischen Vorstellungen zeigte, eines Tages werde seine Frau zu ihm zurückkehren.

Schließlich nahm Herr H. den Rat an, in Braunschweig einen Psychologen oder einen Psychiater mit einer psychoanalytischen Zusatzausbildung zu konsultieren. Eine Liste mit den in Braunschweig praktizierenden Psychoanalytikern wurde ihm vom Sachverständigen zur Verfügung gestellt. Nach einigen Tagen rief Herr H. den Sachverständigen an und teilte mit, daß er einen seiner Meinung nach kompetenten „Berater" gefunden habe. Dort solle er sich nach ersten Gesprächen wöchentlich dreimal einfinden.

Frau H. suchte inzwischen auf Anregung des Sachverständigen eine familientherapeutische Beratungsstelle auf, wo sie im vierzehntägigen Rhythmus einmal allein und zusätzlich einmal mit ihrem Freund und den Kindern eine psychologische Beratung in Anspruch nahm.

Vom Sachverständigen wurde der amtierende Richter mit Einwilligung der Eltern informiert, daß das Begutachtungsverfahren zunächst für sechs bis zwölf Monate ausgesetzt werden sollte, um so eine Klärung und Stabilisierung der gesamten Situation zu erreichen.

Mit den Eltern wurde vereinbart, daß sie sich nach Abschluß der Beratungen beziehungsweise bei anstehenden Veränderungen beim Sachverständigen melden sollten.

Kurz vor den großen Sommerferien meldete sich Herr H. und bat um ein Gespräch. Herr H. wirkte völlig verändert: Er äußerte sich differenziert, und von seinen depressiven Selbstwertkrisen und den aggressiven Anklagen war nichts mehr zu spüren. Er berichtete, daß er nach wie vor dreimal die Woche zu seinem „Berater" gehe; mittlerweile habe er natürlich mitbekommen, daß er dort eine Psychotherapie mache. Anfangs habe er eine Therapiebedürftigkeit geleugnet. Nunmehr, nachdem er sein seelisches Gleichgewicht weitgehend wiedergewonnen habe, wolle er mit Hilfe des Sachverständigen einen neuen Versuch unternehmen die Kinder zu sehen. Er bat den Sachverständigen, in dieser Richtung bei seiner Frau vorzusprechen. Im übrigen zahle er seit Anfang 1991 Unterhalt, zudem habe er den Rechtsanwalt gewechselt. Der erste Anwalt schien ihm doch zu „radikal" zu sein.

Ein Gespräch mit der Mutter ergab, daß sie derzeit weniger Ängste als früher habe, noch einmal von ihrem Mann attackiert zu werden. Die Beratungen stünden kurz vor dem Abschluß. Sie habe inzwischen die Überzeugung gewonnen, daß nach Wegen gesucht werden müsse, wie die Kinder einen ungehinderten und konfliktfreien Zugang zum Vater bekämen. Im übrigen habe sie den Eindruck, daß die Kinder in bezug auf den Vater zunehmend neugieriger geworden seien. Allein traue sie sich allerdings nicht, an ihren Mann heranzutreten, obwohl sie und die Kinder schon zwei Postkarten mit Grüßen an ihn geschickt hätten.

Schließlich wurde nach erneuter Kontaktaufnahme mit den Kindern Ende Juni 1991 ein erstes Treffen mit dem Vater und den Kindern in einem Restaurant arrangiert, an dem der Sachverständige teilnahm.

Zunächst zeigten sich Jens und Janine dem Vater gegenüber zurückhaltend. Beide suchten vorübergehend die unmittelbare körperliche Nähe des Sachverständigen. Schon bei der gemeinsamen Essensbestellung tauten die Kinder auf. Sie zeigten sich angenehm überrascht, daß der Vater immer noch genau wußte, was ihnen schmeckt. Nach dem Essen kletterte Janine auf den Schoß des Vaters und schmuste mit ihm, während Jens spazierengehen wollte.

Während des gemeinsamen Spazierganges nahm Herr H. beide Kinder an die Hand, was sich beide auch bereitwillig gefallen ließen.

Nach einer weiteren Stunde drängte der Sachverständige zum Aufbruch, um die mit Frau H. verabredete Übergabe der Kinder pünktlich einzuhalten. Auf der Fahrt zur Wohnung der Mutter fragte der Sachverständige die Kinder, ob sie an einem der darauffolgenden Wochenenden mit ihm den Vater besuchen wollten. Während Janine spontan bejahte, zögerte Jens. Schließlich fragte er seinen Vater, ob er seine Mutter noch einmal schlagen werde und ob es stimme, daß der Vater die Mutter habe umbringen wollen. Herr H. antwortete, er sei sicher, daß er die Mutter nicht noch einmal schlagen werde. Ob er die Mutter damals habe umbringen wollen, wisse er nicht genau. Damals sei er ausgerastet und habe die Nerven verloren. Mit dieser Antwort schien der Junge zufrieden zu sein.

Nach der Ankunft bei der Mutter – Herr H. bestand nicht darauf, mit in die Wohnung zu kommen – verabschiedeten sich beide Kinder im Auto vom Vater mit einem Kuß.

Frau H. und dem Freund wurde im Beisein der Kinder über den mit dem Vater verbrachten Nachmittag berichtet und die Möglichkeit eines Wochenendbesuches in Braunschweig angesprochen. Frau H. willigte mit Blick auf die Kinder ein. Bereits am nächsten Wochenende fuhr der Sachverständige mit den Kindern zum Vater nach Braunschweig. Ausgemacht war, daß die Kinder am Sonntag, gegen 18.00 Uhr, wieder zu Hause bei der Mutter sein sollten.

Nach der Ankunft liefen beide Kinder in ihre früheren Kinderzimmer und stellten mit großer Genugtuung fest, daß sich darin kaum etwas verändert hatte. Schließlich forderten sie den Vater auf, mit ihnen einen Spaziergang zu machen, um die Umgebung zu erkunden und um die Großeltern zu besuchen.

Verabredungsgemäß zog sich der Sachverständige zurück. Vereinbart war, daß er am Sonntag zum Mittagessen wiederkam und gegen 15.00 Uhr mit den Kindern nach Berlin zurückfuhr.

Am Sonntagmittag fand der Sachverständige eine turbulente Familienatmosphäre vor. Vater, Kinder und Großvater spielten vergnügt miteinander, während die Großmutter das Mittagessen zubereitete. Während des Essens wurden Überlegungen angestellt, wie die weiteren Besuchskontakte organisiert werden sollten. Die Kinder versicherten mehrfach, daß sie nunmehr ihren Vater wieder regelmäßig besuchen wollten. Sie seien auch sicher, daß die Mutter mit ihren Entscheidungen einverstanden sei.

Nach der Ankunft in Berlin wurde Frau H. und ihrem Freund zusammen mit den Kindern über den Besuch beim Vater berichtet. Beide Kinder fragten schließlich, wann sie den Vater wieder besuchen könnten. In Braunschweig hätten sie mit dem Vater auch überlegt, ob eine gemeinsame Urlaubsreise möglich werden könnte. Frau H. bat die Kinder um etwas Bedenkzeit. Erst wolle sie mit ihrem Mann und dem Sachverständigen ein gemeinsames Gespräch führen.

Dieses Gespräch fand nach dem dreiwöchigen Urlaub der Kinder mit der Mutter und dem Freund statt.

Herr und Frau H. begrüßten sich distanziert, gaben sich aber zur Begrüßung die Hand.

Herr H. eröffnete das Gespräch und erklärte, daß er inzwischen die Trennung schweren Herzens respektiere. Allerdings wolle er aufgrund der Trennung nicht weiterhin die Kontakte mit den Kindern missen. Er schlage vor, daß die Kinder alle vier Wochen über das verlängerte Wochenende zu ihm kämen, und zwar von Freitagnachmittag bis Sonntagnachmittag. Er wolle die Kinder nach seinem Dienst in Berlin am Freitag abholen und am Sonntag um 18.00 Uhr zurückbringen. Er hoffe auch, daß die Kinder ein- oder zweimal im Jahr mit ihm in Urlaub fahren könnten. Nach einigem Zögern äußerte Frau H., daß sie diesem Vorschlag zustimmen könne, wenn die Kinder damit einverstanden seien und wenn sie sicher sein könne, nicht mehr beschimpft und körperlich angegriffen zu werden. Herr H. versicherte, daß ihm das Vorgefallene leid tue. Inzwischen habe er in der noch fortlaufenden Therapie die Ursachen seines Verhaltens ergründen können. „Eigentlich" sei er sicher, daß es nicht mehr zu derartigen Ausbrüchen kommen werde. Im übrigen habe er vor kurzem eine geschiedene Frau kennengelernt, die einen sechsjährigen Jungen habe, mit der er möglicherweise im nächsten Jahr zusammenziehen werde. Diese Frau habe früher einmal nach ihrer Trennung ähnliche Probleme mit ihrem Mann gehabt.

Am Schluß des gemeinsamen Gesprächs wurde vereinbart, daß Herr H. am ersten Wochenende im August die Kinder abholen werde. Des weiteren kam man überein, daß beide Eltern nach diesem Besuch mit dem Sachverständigen erneut Kontakt aufnähmen.

Nach dem zweiten Besuch beim Vater berichteten die Eltern und Kindern übereinstimmend, daß alles gut geklappt habe. Allerdings habe Herr H. vergessen, den Kindern einige Kleidungsstücke mitzugeben.

Weitere Besuche beim Vater sollten jetzt alle vier Wochen stattfinden, und der erste zehntägige Urlaub der Kinder mit dem Vater war für die Herbstferien 1991 geplant.

Auch nach den Herbstferien berichteten die Eltern und die Kinder dem Sachverständigen, daß der Urlaub in Italien den Kindern großen Spaß gemacht habe. Zu Konflikten zwischen Vater und Kindern sei es nicht gekommen. Der Vater habe die Mutter auch nicht mehr schlecht gemacht, erzählten die Kinder.

Daraufhin wurde mit den Eltern ein Sorgerechtsplan unter Einbeziehung des Umgangsrechts schriftlich fixiert, in dem nicht nur Fragen, die Kinder betreffend, protokolliert, sondern auch die Unterhaltszahlungen und die noch ausstehende Hausratsaufteilung geregelt wurden. Dieser Sorgerechtsplan sollte zunächst den Rechtsanwälten vorgelegt werden, bevor er dem Gericht zur Kenntnisnahme und Beschlußfassung übergeben werden sollte.

Des weiteren wurde festgelegt, daß nach Abschluß der Beratungen mit den Anwälten der Sachverständige dem Gericht eine Empfehlung unterbreiten werde, nach der die Kinder bei der Mutter wohnen bleiben und den Vater in Zukunft nach den bisher besprochenen Vereinbarungen besuchen werden.

Eine gemeinsame elterliche Sorge lehnte Frau H. zum damaligen Zeitpunkt ab, während Herr H. – nicht zuletzt aus beruflichen Gründen – nunmehr ausschloß, Inhaber der alleinigen elterlichen Sorge zu werden.

Gleichzeitig wurde den Eltern und den Kindern angeboten, daß sie den Sachverständigen auch nach Abgabe der Stellungnahme bei Gericht – bei etwaigen Problemen – weiterhin ansprechen und konsultieren könnten.

Ende November 1991 entschied das Familiengericht nach einer weiteren Anhörung der Eltern und der Kinder, daß die elterliche Sorge der Mutter übertragen wird. Dem Vater wurde, den Vorstellungen der Eltern und Kinder entsprechend, alle vier Wochen von Freitagnachmittag bis Sonntagnachmittag ein Besuchsrecht zugesprochen. Darüber hinaus sollten die Kinder zu Ostern oder in den Herbstferien den Vater zehn Tage besuchen können; außerdem wurde für die großen Schulferien eine Urlaubsregelung über drei Wochen getroffen. Das Weihnachtsfest sollten die Kinder jährlich einige Tage beim Vater und einige Tage bei der Mutter feiern, wobei die Kinder Heiligabend jährlich wechselnd beim Vater oder bei der Mutter verbringen sollten.

Rechtliche und psychologische Perspektiven

Faßt man die Entwicklung zu Fragen des Sorgerechts- und Umgangsverfahrens und des Kindschaftsrechts im ehelichen und nichtehelichen Recht zusammen, können folgende juristische Grundannahmen und Änderungen der letzten 15 Jahre und unmittelbar bevorstehende Vorhaben skizziert werden:

1. Aufgabe des Verschuldensprinzips mit Inkrafttreten des ersten Eherechtsänderungsgesetzes am 1.7.1977.
2. Einführung des Bindungsbegriffs und Neufassung des Kindeswohlbegriffs im Rahmen der Sorgerechtsreformen von 1977 und 1980.
3. Zulassung der gemeinsamen elterlichen Sorge nach Scheidung der Eltern (Bundesverfassungsgericht am 3.11.1982).
4. Inkrafttreten des Kinder- und Jugendhilfegesetzes (KJHG) am 1.1.1991 (in der ehemaligen DDR am 3.10.1990).
5. Entscheidung des Bundesverfassungsgerichts vom 7.5.1991, nach der § 1738 Abs.1 BGB für verfassungswidrig erklärt wurde. Dies hat nach dem Beschluß des BVerfG zur Folge, daß auch nicht verheiratete Eltern die gemeinsame elterliche Sorge ausüben können, wenn sie das Kind vom Vormundschaftsgericht für ehelich erklären lassen und wenn sie mit dem Kind zusammenleben und beide dazu bereit und in der Lage sind, die elterliche Verantwortung für ihr Kind gemeinsam zu übernehmen und dies dem Kindeswohl entspricht.
6. Diskussion um die anstehende Ratifizierung der UN-Kinderrechtskonvention durch die Bundesregierung.

Der Katalog neuerer Grundannahmen aus psychologischer Sicht läßt sich mit folgenden Stichworten umreißen:

1. Das Konzept des Beibehalts der gemeinsamen elterlichen Verantwortung nach Trennung und Scheidung wurde als erweitertes Konzept in Hinblick auf die gemeinsame elterliche Sorge eingeführt.

2. Die Bedeutung des Vaters für das Kind wurde einer kritischen Würdigung und Revision unterzogen und damit die Exklusivität der Mutter-Kind-Beziehung zu Gunsten eines umfassenderen Bindungs- und Beziehungskonzepts relativiert.

3. Der Bindungsbegriff, der im § 1671 BGB verankert ist, wurde mit neuem Inhalt gefüllt, mit der Folge, daß heute weniger die Diskussion um die Beibehaltung der Hauptbezugsperson im Vordergrund steht als das für das Kind wichtige Aufrechterhalten der Beziehungen zu allen nahen Bezugspersonen.

4. Gleichzeitig wurde das im Sorgerechtsverfahren und im umgangsrechtlichen Verfahren bis in die achtziger Jahre dominierende Konfliktmodell einer Revision unterworfen. Es wurde erkannt und herausgearbeitet, daß die der Trennung und Scheidung zugrundeliegenden Konflikte keinesfalls zu einem Abbruch im Sinne eines Stillstandes familialer Kontakte, Bindungen und Beziehungen führen müssen, sondern in aller Regel die Kontakte, Bindungen und Beziehungen unter qualitativ veränderten Bedingungen fortbestehen.

5. Mittlerweile wurden Beratungs- und Mediationskonzepte für die von Trennung und Scheidung betroffenen Personen vor, während und nach dem Scheidungsverfahren entwickelt. Dabei wurde auch die Notwendigkeit einer interdisziplinären Zusammenarbeit aller am Scheidungsverfahren beteiligten Berufsgruppen herausgestellt.

6. Die psychologische Sachverständigentätigkeit wurde einer kritischen Würdigung und Bestandsaufnahme unterzogen, mit dem Ergebnis, daß neben einer diagnostischen Bestandsaufnahme konsensfördernde und konfliktmindernde Interventionen eingesetzt werden.

Das bisher Erreichte wird nach wie vor durch neue Perspektiven und Überlegungen ergänzt, und zum Teil wird das nach den beiden großen Familienrechtsreformen von 1977 und 1980 Erreichte auch wieder in Frage gestellt. Im Ehelichenrecht wird beispielsweise seit einiger Zeit eine Reform der „Sorgerechtsparagraphen" (§§ 1671, 1672 BGB) gefordert. Im Nichtehelichenrecht ist für die Zeit des Zusammenlebens der Eltern eine gesetzliche Regelung zur Ausgestaltung der gemeinsamen elterlichen

Sorge nach der Vorgabe des Bundesverfassungsgerichts vom 7.5.1991 geplant. Ebenso stehen im Nichtehelichenrecht gesetzliche Veränderungen bei der Ausgestaltung der elterlichen Sorge und des Umgangsrechts nach Trennungen an.

Darüber hinaus wird im Rahmen der Erörterung zur Ausgestaltung der elterlichen Sorge im ehelichen und nichtehelichen Recht eine dritte, umfassende Familienrechtsreform diskutiert, die auch das Verfahrensrecht und die Familien- und Vormundschaftsgerichtsbarkeit vereinheitlichen soll.

Kritisiert wird im Rahmen dieser Diskussion auch das nach wie vor im Sorgerechtsverfahren geltende obligatorische Verfahren von Amts wegen. Eine Sorgerechtsregelung auf Antrag könnte beispielsweise dazu beitragen, daß keine zusätzlichen Konflikte durch das gerichtliche Verfahren selbst entstehen. Mein Plädoyer für das Antragsverfahren bedeutet jedoch im Einklang mit den neuesten Forschungsergebnissen nicht, das Rechtsinstitut der gemeinsamen elterlichen Sorge als Idealziel oder gar als Allheilmittel anzusehen. Dieser Gedanke konzentriert sich somit, um es noch einmal mit anderen Worten auszudrücken, auf die Vorstellung, die Konflikte im Trennungs- und Scheidungsprozeß nicht mehr unnötig durch das bisher kontradiktorisch angelegte, amtswegige Familiengerichtsverfahren zu verstärken.

Für ein Antragsverfahren spricht auch, daß Eltern bei Trennungen und Scheidungen dadurch nicht in ihrer Autonomie und Entscheidungskompetenz, grundsätzlich die beste Lösung für ihre Kinder allein zu finden, eingeschränkt werden. Erst wenn Streit und anhaltende Unvereinbarkeiten eine außergerichtliche Lösung unmöglich machen oder andere das Wohl des Kindes gefährdende Konstellationen vorliegen (§ 1666 BGB), sollte künftig – wie bisher auch – das Gericht über die elterliche Sorge entscheiden.

Gegen das Antragssystem wird angeführt, daß Kindesinteressen gerade bei zerrütteten Ehen gefährdet sind. Der Staat verlöre mit dem Antragsrecht der Eltern im Rahmen des ihm zugedachten Wächteramtes die Pflicht, bei Trennungen und Scheidungen auf das Wohlergehen des Kindes zu achten. Im übrigen würde mit der Aufgabe des amtswegigen Verfahrens eine schnelle Regelung des Unterhalts oder der Wohnungszuteilung erschwert werden (Stichwort: Aufgabe des Verbundprinzips). Darüber hinaus wäre das Kind gefährdet, wenn einigungsunfähige Eltern trotz erfolgter Beratung keine kindeswohlangemessene Regelung treffen könnten und somit das Kind den einigungsunfähigen Eltern als „Versuchskaninchen" überlassen wäre.[147] Des weiteren würden Kindesinteressen insofern vernachlässigt werden, als Kindern bisher kein eigenständiges Antragsrecht zugebilligt wird.

Bei konsequenter Handhabung der einschlägigen Vorschriften des KJHG und insbesondere bei Etablierung der Beratungs- und Unterstützungsangebote nach §§ 17, 18 KJHG ist jedoch zu vermuten, daß eine gerichtliche Sorgerechtsentscheidung zwischen beiden Eltern vom normativen Regelfall staatlicher Intervention immer häufiger zu einem Notverfahren bei hoffnungslos zerstrittenen Eltern wird.[148]

Im Rahmen der Unterhaltsregelungen wird inzwischen zu Recht die Forderung erhoben, ergänzend zu den bisherigen rechtlichen Möglichkeiten eine vorläufige Regelung des Unterhalts zuzulassen.[149]

Zunehmend werden Erkenntnisse der Humanwissenschaften aus Pädagogik, Psychologie und Psychiatrie eine interdisziplinäre Allianz mit der Rechtswissenschaft bilden, mit dem Ziel, die Folgen des Trennungs- und Scheidungsgeschehens für Kinder und Erwachsene zu mildern.

Das schließt zum Beispiel im Rahmen einer anstehenden dritten Familienrechtsreform unter Beachtung der Forderung, nichteheliche Kinder den ehelichen rechtlich gleichzustellen, die Voraussetzung ein, das Familiengericht als neues „Großes Familiengericht" unter Aufgabe der eigenständigen und parallelen Vormundschaftsgerichtsbarkeit zusammenzusetzen.

Denkbar wäre auch – die Juristen mögen mir den heute noch eher waghalsig erachteten Gedanken nachsehen –, die neuen Familiengerichte durch einen Richter und einen oder zwei Vertretern der humanwissenschaftlichen Professionen zusammenzusetzen. Dabei sollte bei einer Neugestaltung des juristischen

Verfahrensablaufs den im Ausland bereits vorangeschrittenen konzeptionellen Überlegungen und Gedanken eines „Anwalts des Kindes" Rechnung getragen werden.

Nach wie vor werden die Humanwissenschaften und die Rechtswissenschaft die Aufgabe haben, einerseits die realen Lebensverhältnisse in unserer Gesellschaft angemessen zu analysieren und zu berücksichtigen. Dazu gehört eine fortlaufende, empirisch fundierte Konfliktanalyse aller von Trennung und Scheidung betroffenen Personengruppen. Andererseits haben gerade diese Wissenschaften ebenso die Aufgabe, normative und die zwischenmenschlichen Beziehungen besser gestaltenden Alternativen und Modelle zu entwerfen.

Derzeit ergibt die Analyse der realen Lebensbeziehungen von Menschen in Partnerschaften häufig noch das Bild sehr enger, über lange Zeiträume auf Ausschließlichkeit, extremer Nähe und Abhängigkeit beruhender Zweiergemeinschaften. Spätestens bei der Trennung und Scheidung zerbricht die Vorstellung von „heiler Familie" und liebevoller Zweierbeziehung – mit den bekannten Folgen schwerwiegender Konflikte.

Durch neue gesetzliche Regelungen (zum Beispiel §§ 17, 18 KJHG) werden nunmehr für Eltern und Kinder immer mehr außergerichtliche Konfliktlösungsstrategien angeboten und vorgegeben. Dabei ist allerdings auch in Zukunft zu fordern, daß in für Kinder unheilvollen Situation durch eindeutige gesetzliche Vorgaben und schnelle gerichtliche Regelungen ein höchstmöglicher Schutz angeboten wird.

Allerdings werden auch für diese Fälle „heillos" zerstrittener Eltern oder aus anderen Gründen gefährdeter Kinder weiterhin immer effektivere pädagogische und psychologische Konzepte gefragt sein und weiterentwickelt werden, um in letzter Konsequenz die Autonomie auch dieser Eltern wiederherzustellen.

Pädagogische und psychologische Strömungen und Innovationen und das Recht selbst werden allerdings nur dann eine kulturelle, gesellschaftliche und individuelle Verbindlichkeit erlangen, wenn ihre Vorgaben und Normen eine breitgestreute Akzeptanz bei den für die Kinder in Familien Verantwortung tragenden *Frauen und Männern* finden. Das setzt naturgemäß voraus, daß diese Vorgaben und Normen der realen Entwicklung der Menschen in Kultur und Gesellschaft Rechnung tragen. Dazu gehört auch, daß nach wie vor offenkundige geschlechtsspezifische Hierarchien und Ungerechtigkeiten gerade in Beziehungen und bei der Betreuung und Versorgung von Kindern abgebaut werden. Meines Erachtens kann nur dann das gemeinsame elterliche Sorgerecht nach Trennung und Scheidung im Sinne einer faktisch realisierten und gleichberechtigten elterlichen Verantwortungsgemeinschaft durch eine größere Inanspruchnahme als bisher zum Durchbruch kommen.

Im übrigen hat das Recht und insbesondere das zwischenmenschliche Beziehungen regelnde Recht immer auch eine pädagogische Gestaltungskraft, ohne jedoch Beziehungskonflikte lösen zu können. Deshalb hat es auch im Interesse des Kindes realistisch zu bleiben. Es ist also nicht Sache des Rechts, schwärmerisch anmutenden Konzeptionen eines „creative post-divorce-parenting" als Vorreiter zu dienen.[150]

Das Kind vor dem Vormundschaftsgericht

Im folgenden Kapitel werden drei unterschiedliche Bereiche staatlicher Eingriffe in zwischenmenschliche Beziehungen behandelt, die der Vormundschaftsgerichtsbarkeit unterliegen und immer auch die Kind-Eltern-Beziehungen tangieren:

1. die Adoption,
2. Maßnahmen des Jugendamtes bei Inanspruchnahme von Hilfen durch die Eltern und Maßnahmen zum Schutze der Kinder nach dem Kinder- und Jugendhilfegesetz (KJHG) und des Vormundschaftsgerichts bei Gefährdungen des Kindes[1] und
3. Regelungen, das uneheliche Kind betreffend.

1981 erfolgte das letzte Mal auf bundesdeutscher Ebene eine statistische Gesamterhebung zur Frage, wieviele Minderjährige unter staatlicher Rechtsfürsorge stehen. Damals wurde herausgefunden, daß etwa eine halbe Million Minderjährige Hilfen und Unterstützung vom Staat bekommen.[2]

Nach den neuesten statistischen Daten wurden 1989 folgende „Erzieherische Hilfen" für Minderjährige gewährt (nicht berücksichtigt werden bei der unten aufgeführten Gesamtzahl „Erzieherische Hilfen" für Minderjährige, die Hilfen für 11 224 junge Volljährige, für die 595 zur Adoption vorgemerkten Minderjährigen und für die 20 507 vorgemerkten Adoptionsbewerber):[3]

1) Amtsvormundschaft	46 723 Minderjährige
2) Amtspflegschaft	474 679 Minderjährige
3) Erziehungsbeistandschaft durch das Jugendamt	52 671 Minderjährige
4) Pflegeaufsicht	73 923 Minderjährige
5) Formlose erzieherische Betreuung	371 759 Minderjährige
6) Hilfen zur Erziehung	76 226 Minderjährige
6 a) darunter in Heimen	32 135 Minderjährige
7) Freiwillige Erziehungshilfe	10 811 Minderjährige
7 a) darunter in Heimen	9 067 Minderjährige
8. Fürsorgeerziehung	594 Minderjährige
8 a) darunter in Heimen	436 Minderjährige.
	1 107 386 Minderjährige

Für die folgende Darstellung ist neben den einschlägigen Vorschriften im Bürgerlichen Gesetzbuch (BGB) und in anderen Gesetzen vor allem das am 3.10.1990 in den neuen Bundesländern und am 1.1.1991 in den alten Bundesländern in Kraft getretene Gesetz zur Neuordnung des Kinder- und Jugendhilferechts (KJHG) von großer Bedeutung.

Jeder junge Mensch hat nach den gesetzlichen Vorgaben des KJHG ein Recht auf Förderung seiner Entwicklung und auf Erziehung zu einer eigenverantwortlichen und gemeinschaftsfähigen Persönlichkeit. Dabei sind Pflege und Erziehung der Kinder das natürliche Recht der Eltern und die zuvörderst ihnen obliegende Pflicht. Über ihre Betätigung wacht die staatliche Gemeinschaft.[4]

Daraus wird ersichtlich, daß das Elternrecht von zentraler Bedeutung ist und nach Gesetzeslage und vorherrschender Rechtsansicht grundsätzlich nicht eingeschränkt werden darf. Beispielsweise hat die Jugendhilfe keinen eigenen Erziehungsauftrag; unmittelbare Adressaten des KJHG sind somit die Eltern, nicht etwa die Kinder. Die Eltern sind in der ihnen obliegenden Erziehungsverantwortung allenfalls zu unterstützen, damit gegebenenfalls die Erziehungssituation der Minderjährigen verbessert wird.[5] Einen Rechtsanspruch auf Hilfe haben somit nicht Minderjährige, sondern deren Eltern oder sonstige Personensorgeberechtigte. Dabei bezieht sich der Rechtsanspruch der Eltern gegenüber dem Staat auf Hilfen zur Förderung der Erziehung durch Bereitstellen der dafür geeigneten pädagogischen Mittel. Trotz des verfassungsrechtlichen Vorrangs von Elternrechten sind Kinder und Jugendliche an allen Entscheidungen der öffentlichen Jugendhilfe zu beteiligen.[6] Ein verfahrensrechtlich abgesichertes Beteiligungsrecht für Kinder und Jugendlichen ist jedoch nicht vorgesehen, so daß diese Regelung letztlich nur Appellcharakter hat.[7]

Die nach dem KJHG[8] vorgesehenen abgestuften ambulanten, teilstationären und stationären Maßnahmen und Hilfen der Jugendämter zur Erziehung und bei Gericht umfassen:
- pädagogische und therapeutische Leistungen,
- Erziehungsberatung,

- soziale Gruppenarbeit für ältere Kinder und Jugendliche,
- Erziehungsbeistand und Betreuungshelfer,
- sozialpädagogische Familienhilfe – Familienhelfer,
- intensive sozialpädagogische Einzelbetreuung – Einzelfall-hilfe,
- Erziehung in einer Tagesgruppe,
- Vollzeitpflege in einer Pflegefamilie, heilpädagogischen Pflegestelle oder Sonderpflegestelle,
- Heimerziehung oder sonstige betreute Wohnform, wie Jugendwohngemeinschaften oder betreutes Einzelwohnen,
- vorläufige Inobhutnahme von Kindern und Jugendlichen bei geeigneten Personen oder sonstigen Einrichtungen, wie Jugendschutzstellen, Aufnahmeheimen, Kinder- und Jugendnotdiensten, Bereitschaftspflegestellen,
- Beratung und Belehrung in Verfahren zur Annahme als Kind (Adoption),
- Mitwirkung in anderen gerichtlichen Verfahren vor den Familien- und Vormundschaftsgerichten,
- Pflegschaft und Vormundschaft für Kinder und Jugendliche.

Die Adoption

Die Adoption ist neben der Heimerziehung und der Unterbringung des Kindes in einer Pflegefamilie eine weitere Form einer sogenannten Ersatzerziehung außerhalb der Herkunftsfamilie.

Sie ist nach den Bestimmungen des BGB nur zulässig, wenn sie unter Abwägung aller Gesichtspunkte dem Wohl des Kindes dient und wenn zu erwarten ist, daß zwischen dem Kind und dem annehmenden Erwachsenen ein Eltern-Kind-Verhältnis entsteht.[9]

Besser wäre unter dem Gesichtspunkt des Kindeswohls, wenn eine Adoption erst erfolgen würde, wenn ein Adoptiveltern-Kind-Verhältnis entstanden ist und nicht bereits eine Adoption erfolgen kann, wenn zu erwarten ist, daß ein Eltern-Kind-Verhältnis entsteht.[10]

Eine Adoption kann dem Kind das Bedürfnis nach stabilen und persönlich-intimen Beziehungen erfüllen, wenn sich aus diesen Beziehungen konstante Bindungen ergeben und dem Kind damit unter Einbeziehung von neuen Verwandten, Freunden und Bekannten ein relativ geschlossenes und damit überschaubares und konstantes Sozialisationsfeld angeboten wird. Die Adoptiveltern in der Rolle *sozialer oder faktischer Eltern* bieten dem Kind somit nach dem „Ausfall" der *leiblichen Eltern* günstige Möglichkeiten für seine Persönlichkeitsentwicklung.

In Deutschland wird grundsätzlich und vor allem für die Fälle, wo Störungen durch die leiblichen Eltern oder auch nur eines leiblichen Elternteils nicht auszuschließen sind, die sogenannte Inkognito-Adoption gewählt, bei der rechtlich vorgesehen ist, das sogenannte Adoptionsgeheimnis zu wahren.[11] Nach einer Inkognitoadoption haben abgebende und annehmende Eltern nach deutschem Recht keine Möglichkeit miteinander in Kontakt zu treten. Auch das adoptierte Kind kann beispielsweise erst ab dem sechzehnten Lebensjahr eine Abstammungsurkunde mit den Namen der leiblichen Eltern beantragen;[12] erst mit Volljährigkeit können sie Einblick in die Adoptionsakten beim Vormundschaftsgericht nehmen und weitere Informationen über die leiblichen Eltern von der Adoptionsvermittlungsstelle verlangen.[13]

Die Inkognito-Adoption ist seit längerer Zeit in der sozialwissenschaftlichen Diskussion umstritten. Vor allem Praktiker meinen, diese Adoptionsart diene in der Regel nicht dem Wohl des Kindes. Adoptionen müßten mit allen Beteiligten verständnisvoll und offen durchgeführt werden. Dabei sollten die leiblichen Eltern an der Auswahl potentieller Adoptionsbewerber beteiligt werden und den leiblichen Eltern sollte nach erfolgter Adoption das Recht eingeräumt werden, sich bei der Adoptionsvermittlungsstelle nach der Entwicklung des Kindes zu erkundigen.[14]

Aus anderer Sicht wird eine differenziertere Abwägung etwaiger Vor- und Nachteile vorgenommen:[15] Im Vordergrund müsse grundsätzlich die Beachtung des Einzelfalles stehen. Vorteilhaft könne sich auswirken, wenn eine offene Adoption die Freigabeentscheidung und die seelische Verarbeitung der Adoptionsfolgen bei den leiblichen Eltern erleichtere. Nachteilig könne sich bei anderen Fallkonstellationen auswirken, wenn der Trauerprozeß der leiblichen Eltern länger und intensiver andauere. Darüber hinaus könnten die leiblichen Eltern auf die Adoptiveltern mit Eifersucht reagieren und deren Erziehungsverhalten ablehnen.

Bei offenen Adoptionen werden im Gegensatz zur Inkognito-Adoption die Adoptiveltern in der Regel recht umfassende Informationen über das Adoptivkind, über seine Herkunft und über die leiblichen Eltern erhalten. Nachteile für die Adoptiveltern können entstehen, wenn sie überwiegend negative und belastende Informationen über die leiblichen Eltern erhalten oder mit ihnen negative Erfahrungen machen.

Vorteilhaft kann sich eine offene Adoption auch für die Adoptivkinder auswirken, wenn sie sich ein realistisches Bild von den leiblichen Eltern machen können und so auch einen direkten Zugang zu Informationen über ihre Herkunft haben. Nachteile können entstehen, wenn sich die Kinder zwischen leiblichen Eltern und Adoptiveltern hin- und hergerissen fühlen. Dadurch könnte die Integration in die Adoptivfamilie erschwert werden.[16] Nicht zuletzt aus diesen Gründen sollten vor allem ältere Kinder einer offenen Adoption auch zustimmen.[17]

Nach dem derzeit wissenschaftlich abgesicherten Kenntnisstand sollten offene oder halboffene Adoptionen nicht die Inkognito-Adoption ersetzen. Sie können jedoch in geeigneten Fällen durchaus eine sinnvolle Alternative darstellen, wenn alle Betroffenen mit der gewählten Adoptionsform einverstanden sind und aufgrund der ausführlichen Anamnese und Exploration mit allen Beteiligten keine Bedenken in Hinblick auf deren am Wohl des Kindes ausgerichteten Kooperationsbereitschaft und Kooperationsfähigkeit bestehen. Um dieses angemessen zu überprüfen, sollten bereits vor der Adoption unter fachlicher Betreuung gemeinsame Treffen vorbereitet und durchgeführt werden. Wichtig bei diesem Vorgehen ist, daß leibliche Eltern und Adoptiveltern füreinander Verständnis und Toleranz aufbringen können und zu erwarten ist, daß die leiblichen Eltern die Erziehung, den Erziehungsstil und die Erziehungspraktiken der Adoptiveltern respektieren. Gleichzeitig sollten die leiblichen Eltern akzeptieren können, daß etwaige Kontakte mit dem Kind auf freiwilligen Absprachen beruhen und gerichtlich nicht durchsetzbar sind.

In allen Fällen einer offenen Adoption sollte den Adoptiveltern und dem Kind immer genügend Zeit gelassen werden, sich an die neue Lebenssituation zu gewöhnen. Konkrete Zeitvorgaben erscheinen gerade im Rahmen dieser Diskussion schwierig und kaum möglich zu sein, zumal das Alter der Kinder zu berücksichtigen ist und deren Vorerfahrungen mit den leiblichen Eltern.

1986 wurden 7875 Minderjährige adoptiert, 1987 7694, 1988 7481 und 1989 7114.[18]

Im einzelnen verteilten sich 1986 und 1989 die Adoptionen mit sinkender Tendenz wie folgt:

1986:

Alter der Kinder:

– unter einem Jahr	955	12,1 %
– ein bis drei Jahre	2097	26,6 %
– drei bis sechs Jahre	1701	21,6 %
– sechs bis zwölf Jahre	2005	25,5 %
– über zwölf Jahre	1117	14,2 %
insgesamt	7875	100,0 %

Kinder von Deutschen	6760	85,8 %

Eheliche Kinder	3233	41,1 %
– aus vollständigen Familien	378	4,8 %
– aus geschiedenen Familien	2336	29,7 %
– von dauernd getrenntlebenden Eltern	220	2,8 %
– Voll- und Halbwaisen	299	3,8 %
– Nichteheliche Kinder	3527	44,8 %

Kinder von Ausländern	1115	14,2 %

Kinder wurden adoptiert von:		
– Verwandten	370	4,7 %
– Stiefeltern	3497	44,4 %
– Ausländern	238	3,0 %
– Anderen	3770	47,9 %
Insgesamt	7875	100,0 % [19]

1989:

Alter der Kinder:

– unter einem Jahr	630	8,9 %
– ein bis drei Jahre	1730	24,3 %
– drei bis sechs Jahre	1527	21,5 %
– sechs bis zwölf Jahre	2149	30,2 %
– über zwölf Jahre	1078	15,1 %
Insgesamt:	7114	100,0 %

Kinder von Deutschen	5953	83,7 %
Kinder von Ausländern	1161	16,3 %
Insgesamt	7114	100,0 % [20]

Marion wird adoptiert

Am 18.3.1978 wurde Marion in Berlin geboren. Frau H., die siebzehnjährige Mutter, lebte unverheiratet mit ihrem siebenundzwanzigjährigen Freund, Herrn N., in einer Ein-Zimmer-Wohnung in Berlin-Wedding. Ihr zehn Jahre älterer Freund war berufsbedingt als Fernfahrer nur einige Tage im Monat zu Hause.

Während der Schwangerschaft hatte Frau H. zuerst an eine Abtreibung, später an eine Freigabe zur Adoption gedacht. Die erste Möglichkeit schloß Herr N. aus religiösen Gründen aus, die letztere lehnte er aus moralischen Gründen ab.

Die Eltern der Frau H. waren vor 13 Jahren, selbst noch sehr jung, an den Folgen eines Verkehrsunfalls verstorben. Frau H. wuchs nach diesem Unglücksfall seit dem vierten Lebensjahr in einem Kinderheim auf. Geschwister hatte Frau H. nicht; nähere Verwandte lehnten nach dem Tod der Eltern H. eine Aufnahme des Kindes ab.

Nachdem Frau H. mit 16 Jahren ihren Freund kennengelernt hatte und schwanger geworden war, verließ sie mit Zustimmung ihres Vormundes das Heim, um mit dem Freund zusammenzuwohnen.

Nach der Geburt der Tochter Marion stellte sich bei Nachbarn und beim Jugendamt bald heraus, daß Frau H. nur unzureichend in der Lage war, ihr Kind zu versorgen und zu betreuen.

Wiederholt wurde Frau H. während der Abwesenheit ihres Freundes unter Alkoholeinfluß in Diskotheken und Lokalen gesehen und einige Male auch von der Polizei als „hilflose Person" aufgegriffen und zur Ausnüchterung auf die Polizeiwache gebracht. Während dieser Zeit wurde der Säugling jedes Mal für einige Stunden oder auch einige Tage, meist über das Wochenende, in einem Säuglingsheim untergebracht.

Bereits drei Monate nach der Geburt des Kindes wurde nach etlichen Beratungsgesprächen im Jugendamt eine Familienhelferin eingesetzt, die im Rahmen dieser ambulanten Hilfe eine Stabilisierung der Mutter-Kind-Beziehung ermöglichen und eine Verbesserung der Versorgung des Kindes sicherstellen sollte. Im übrigen wollte das Jugendamt mit dieser Maßnahme eine früh-zeitige Herausnahme des Kindes aus dem Elternhaus verhin-dern.

Durch den intensiven Einsatz der Familienhelferin besserte sich die gesamte Lebenssituation des Kindes. Frau H. schien sich nach gut sechs Monaten gefestigt zu haben, so daß ein weiterer Familienhelfereinsatz vom Jugendamt nicht mehr für erforder-lich gehalten wurde, zumal die Familienhelferin berichtete, daß zwischen Mutter und Kind eine innige Beziehung entstanden sei.

Nunmehr ging man auch im Jugendamt davon aus, daß sich die Mutter und vor allem die Mutter-Kind-Beziehung endgültig sta-bilisiert hatte und demzufolge das Kind von der Mutter allein ohne Unterstützung Dritter betreut und versorgt werden konn-te.

Bereits einige Wochen nach dem Familienhelfereinsatz wur-den aber erneut vorübergehende Unterbringungen des Kleinkin-des erforderlich. Frau H. lehnte nun einen weiteren Einsatz einer Familienhelferin ab.

Aus diesen Gründen wurde einige Monate später eine dauer-hafte Unterbringung des Kindes in einer Pflegefamilie oder ei-nem Kinderheim seitens des Jugendamtes ernsthaft erwogen, zu-mal sich die Versorgungs- und Betreuungssituation des Kindes durch den unsteten Lebenswandel der Mutter zusehends ver-schlechterte. Die Möglichkeit einer Fremdbetreuung wurde mit der Mutter mehrfach besprochen. Während Frau H. mit einer definitiven Entscheidung noch zögerte, war der Vater des Kindes mit einer Unterbringung des Kindes nicht einverstanden. Er glaubte, die derzeit bestehenden Schwierigkeiten hingen aus-schließlich mit dem jugendlichen Alter seiner Freundin zusam-men. Er war fest davon überzeugt, daß seine Freundin im Laufe der Zeit eine gute Mutter werden würde.

An einem Sonntag Ende 1978 – Marion war gerade knapp neun Monate alt – wollte Frau H. nach längerer Zeit wieder ein-mal die Diskothek besuchen, in der ihre Freundinnen und Freunde regelmäßig verkehrten. Als Marion gegen 19.30 Uhr eingeschlafen war, verließ Frau H. die Wohnung in Richtung der nur wenige hundert Meter entfernten Diskothek. In der Diskothek traf Frau H. wie erwartet viele ihrer Freunde, von denen sie an diesem Abend wiederholt zum Bier eingeladen wurde. Nach einigen Stunden, kurz nach Mitternacht, suchte die Clique ein Lokal in einem anderen Stadtbezirk auf und feierte dort mit reichlich Alkohol bis zur Schließung des Lokals gegen 4.30 Uhr. Frau H. kam gegen 5.30 Uhr ziemlich angetrunken nach Hause. Sie legte sich schlafen und wachte erst am späten Nachmittag gegen 18.00 Uhr auf. Erst jetzt realisierte sie, daß sich ihre Tochter nicht in der Wohnung befand. Als sie in dem Kinderheim anrief, in dem Marion schon wiederholt unterbracht worden war, erfuhr sie, daß ihre Tochter wiederum dort sei.

Ihr wurde mitgeteilt, daß sie diesmal das Kind nicht ohne Rücksprache mit dem Jugendamt abholen dürfe. Das sei von den Mitarbeiterinnen im Kindernotdienst angeordnet worden.

Im Jugendamt wurde Frau H. am nächsten Tag mitgeteilt, daß sie ihre Tochter nicht mehr zu sich nach Hause nehmen könne. Im übrigen habe das Jugendamt beim Vormundschaftsgericht eine Vormundschaft für Marion beantragt. Frau H. wurde vorgehalten, daß sie das Kind wiederum abends und nachts alleingelassen habe. Noch in derselben Nacht hätten Nachbarn die Polizei geholt, nachdem das Schreien des Kindes nicht aufgehört habe. Im übrigen sei im Heim festgestellt worden, daß Marion Untergewicht habe und auch andere, körperlich sichtbare Pflegeschäden an der Haut aufweise.

Trotz des Antrags auf Vormundschaft wurde Frau H. vom Jugendamt empfohlen, das Kind freiwillig in eine Pflegefamilie zu geben. Frau H. willigte ein und stellte einen Antrag.

Bereits zwei Tage später wurde Marion in eine Pflegefamilie gebracht, von der im Jugendamt auch bekannt war, daß sie gern ein Kind adoptieren würde.

Nach der endgültigen Unterbringung des Kindes brach die Mutter alle Kontakte zum Jugendamt ab; sie besuchte ihr Kind auch in der Pflegefamilie nicht. Später berichtete Frau H., daß sie nach der Trennung von ihrer Tochter einen Nervenzusammenbruch erlitten und anhaltende Depressionen gehabt habe.

Nach weiteren sieben Monaten wurde im Rahmen eines Hausbesuchs bei Frau H., der erst nach vielen vergeblichen Versuchen zustande gekommen war, die Möglichkeit einer Adoption erörtert. Diesmal willigte Frau H., ohne zu zögern, in eine Adoptionspflegschaft ein. Sie habe einsehen müssen, daß sie noch nicht in der Lage sei, für das Kind angemessen zu sorgen. Zudem habe sich mittlerweile ihr Freund von ihr getrennt. Sie könne zwar noch einige Zeit in der Wohnung bleiben, müsse aber bis spätestens Ende des Jahres ausziehen.

Schließlich wurde nach fünf weiteren Monaten und etlichen Gesprächen mit der Mutter, in die später auch der leibliche Vater Marions einbezogen wurde, Marion von den Pflegeeltern adoptiert. In dieser Zeit hatte die Mutter Marion einige Male bei den Pflegeeltern besucht. Das Kind erkannte sie allerdings nicht mehr als ihre Mutter.

Da die Mutter den Wohnsitz der Pflegeeltern und ihrer Tochter kannte, vereinbarten die Pflegeeltern, die Mutter, die zentrale Adoptionsvermittlungsstelle in Berlin und das zuständige Jugendamt entgegen den üblichen Gepflogenheiten eine sogenannte offene Adoption. Danach sollte die Mutter jedes Jahr zweimal über das Jugendamt Fotos und einen Bericht über die Entwicklung des Kindes erhalten. Im übrigen wurde in Aussicht gestellt, daß Frau H. ihre Tochter nach Vollendung des zwölften Lebensjahres „zunächst einmal" besuchen beziehungsweise treffen dürfe, vorausgesetzt, zu diesem Zeitpunkt würde die Zustimmung der Adoptionseltern und Marions vorliegen und diese Vereinbarung würde zu dem noch in weiter Ferne liegenden Zeitpunkt dem Wohl des Kindes dienen.

Marion entwickelte sich bei den Adoptiveltern zu einem vergnügten, kontaktfreudigen, aufgeschlossenen und bei Erwachsenen und Gleichaltrigen gleichermaßen beliebten Mädchen, das später im Gymnasium gute bis sehr gute Leistungen erbrachte.

Mit zehn Jahren äußerte sie das erste Mal, daß sie ihre Mutter kennenlernen wolle.

Als Marion knapp 13 Jahre alt war, wurde die ursprüngliche Vereinbarung im Jugendamt verwirklicht und ein Treffen mit der leiblichen Mutter arrangiert. Eine Mitarbeiterin aus der Adoptionsvermittlungsstelle, die Adoptiveltern, Marion und die leibliche Mutter trafen sich in einem Kaffeehaus. Obwohl Marion vor dem Zusammentreffen mit ihrer Mutter sehr aufgeregt war, legte sich die Anspannung bereits nach wenigen Minuten. Marion erfuhr von ihrer Mutter, daß sie seit fünf Jahren mit einem netten Mann verheiratet sei, mit dem sie keine weiteren Kinder mehr habe. Nach einer mehr als zweistündigen angeregten Unterhaltung ging man auseinander. Die Mutter und Marion vereinbarten, sich nunmehr gelegentlich zu schreiben.

Marion wirkte in den nächsten Tagen ruhig und ausgeglichen. Später erklärte sie ihren Adoptiveltern, daß sie nunmehr die damalige Haltung ihrer Mutter besser verstünde; sie fühle sich nach dem Treffen mit der Mutter in bezug auf die früheren Ereignisse weniger belastet.

In den folgenden Wochen – und auch später – zeigte sich, daß Marions Beziehung zu ihren Adoptiveltern noch enger wurde.

Rechtliche Grundlagen und sozialwissenschaftliche Erkenntnisse

Im Adoptionsvermittlungsgesetz in der Fassung vom 1. 12. 1989 ist unter anderem geregelt, welche staatlichen Adoptionsvermittlungsstellen und Dienststellen freier Träger Adoptivkinder vermitteln dürfen (zum Beispiel Diakonisches Werk, Caritasverband, Arbeiterwohlfahrt, Sozialdienst Katholischer Frauen; Adoptionsvermittlungsstellen, die Kinder aus dem Ausland in die Bundesrepublik vermitteln, sind derzeit: „Terre des Hommes" in Osnabrück, „Eltern für Kinder" in Essen, „Internationaler Sozialdienst" in Frankfurt und „Pro Infante" in Kempen).

Grundsätzlich ist es nur den staatlichen Vermittlungsstellen der Jugendämter und den staatlich autorisierten Vermittlungsstellen freier Träger erlaubt, Adoptionen vorzubereiten.[21] Dabei müssen die Adoptionsvermittlungsstellen mit mindestens einer hauptamtlichen Fachkraft besetzt sein, die in aller Regel Sozialarbeiter oder Sozialpädagogen sind. In Frage kommen auch Diplom-Psychologen, wenn sie aufgrund ihrer Ausbildung und beruflichen Erfahrung zur Adoptionsvermittlung geeignet sind.[22]

Ausnahmen nach diesen Grundsätzen sind nur zulässig, wenn ein Kind im engeren Verwandtenkreis – Personen, die mit dem Adoptivbewerber oder dem Kind bis zum dritten Grad verwandt oder verschwägert sind – vermittelt wird oder wenn im Einzelfall und unentgeltlich eine Adoptionsmöglichkeit nachgewiesen wird, sofern eine autorisierte Adoptionsvermittlungsstelle oder das Jugendamt unverzüglich benachrichtigt wird.[23]

Des weiteren ist im AdVermiG geregelt, daß Schwangere durch Dritte nicht veranlaßt werden dürfen, die Entbindung im Ausland vorzunehmen, um dort ihr Kind adoptieren zu lassen.[24]

Ferner ist es bei einer Geldbuße bis DM 50 000 oder einer Freiheitsstrafe bis zu fünf Jahren oder einer Geldstrafe untersagt, nicht-autorisierte Vermittlungstätigkeiten auszuüben, die zum Ziel haben, daß ein Dritter ein Kind auf Dauer bei sich aufnimmt oder daß ein Mann die Vaterschaft für ein nichteheliches Kind zum Zwecke der Ehelicherklärung dieses Kindes anerkennt, ohne dessen Vater zu sein.[25]

Ebenso ist inzwischen die Vermittlung von Ersatz- oder Leihmüttern untersagt.[26]

Diese verschärften Bußgeld- und Strafvorschriften, die am 27.11.1989 mit dem Gesetz zur Änderung des Adoptionsvermittlungsgesetzes verabschiedet wurden, wurden vor allem wegen der in den letzten Jahren immer wieder bekanntgewordenen Fälle von Kinderhandel mit ausländischen Kindern und wegen ethisch bedenklicher Vorgehensweisen bei Ersatz- und Leihmütterschaften in das Gesetz aufgenommen.

Jährlich werden etwa 1100 Auslandsadoptionen durchgeführt, von denen nur 10 % bis 20 % durch in der Bundesrepublik Deutschland anerkannte und autorisierte Vermittlungsstellen vorgenommen werden.[27]

Mangels Ausführungsvorschriften zum Adoptionsvermittlungsgesetz sind die in den Landesjugendämtern 1988 vereinbarten „Empfehlungen zur Adoptionsvermittlung" zu berücksichtigen. Nach diesen Richtlinien sind beispielsweise bei der Vermittlung und Adoption ausländischer Kinder die gleichen Grundsätze zu beachten wie bei deutschen Kindern. Großer Wert wird darauf gelegt, daß deutsche Vermittlungsstellen ausschließlich mit staatlichen oder staatlich autorisierten Behörden und Organisationen im Heimatland des Kindes zusammenarbeiten sollen. Damit soll jegliche Unterstützung von Aktivitäten privater oder gar kommerzieller Vermittlung ausgeschlossen werden.[28]

Mit dem neuen Adoptionsvermittlungsgesetz sind erstmals auch zentrale Adoptionsstellen in den Landesjugendämtern mit dem Ziel eingerichtet worden, schwer vermittelbaren Kindern überregional zu einer Adoption zu verhelfen. Als schwer vermittelbar gelten behinderte und chronisch kranke Kinder, aber auch Kinder, die verhaltensauffällig sind. Ferner sind ältere Kinder, schulpflichtige Heimkinder, Geschwistergruppen und farbige Kinder, die bereits in Deutschland leben, schwer vermittelbar.[29]

Das Adoptionsvermittlungsgesetz stammt in der letzten Fassung von 1989; darin sind Fragen der Zuständigkeit, des gerichtlichen Verfahrens und der Sanktionen festgehalten. Dagegen wurde das materielle Adoptionsrecht in den alten Bundesländern zuletzt 1977 reformiert; es ist in den Vorschriften des BGB geregelt und enthält zum Beispiel Regelungen, die das Kind, die abgebenden und die annehmenden Eltern betreffen.

Das „Europäische Übereinkommen über die Adoption von Kindern" von 1967, das 1981 von der Bundesrepublik ratifiziert wurde, nennt, über die nationale Gesetzgebung hinausgehend, allgemein verbindliche Rahmenbedingungen, die europaweit gelten.

Auch in der UN-Kinderrechtskonvention vom 20.11.1989 sind allgemeine Grundsätze zur Adoption geregelt worden. In der UN-Kinderrechtskonvention werden beispielsweise Adoptionen ausdrücklich erwähnt und zugelassen. Dabei soll bei einer nur nach Überprüfung durch zuständige Behörden möglichen Adoption die ethnische, religiöse, kulturelle und sprachliche Herkunft des Kindes gebührend berücksichtigt werden.[30]

Ferner soll sichergestellt werden, daß Eltern, gegebenenfalls auch Verwandte oder der Vormund des betroffenen Kindes der Adoption zugestimmt haben, soweit dies in Kenntnis der Sachlage und auf der Grundlage einer gegebenenfalls erforderlichen Beratung möglich ist.[31]

Das adoptierte Kind wird bei uns durch die sogenannte Voll-adoption in die neue Familie integriert. Das Adoptivkind hat nach rechtskräftiger Adoption die gleichen Rechte wie ein leibli-ches, eheliches Kind. Durch die Adoption erlöschen grundsätz-lich alle verwandtschaftlichen Beziehungen zur Herkunftsfami-lie.[32]

Dem obligatorischen Adoptionsbeschluß durch das Vor-mundschaftsgericht geht in der Regel eine angemessene Zeit der Adoptionspflege voraus,[33] die bei uns üblicherweise von einer starren Zeitregel ausgeht, die ein Jahr umfaßt. Diese übliche Jah-resfrist muß nicht unbedingt dem Wohl des Kindes dienen. Denkbar sind auch wesentlich kürzere Zeiträume, die im Einzel-fall dem Kindeswohl mehr nützen können.

In dieser Zeit hat das Jugendamt zu prüfen, ob eine spätere Ad-option im Interesse des Kindes liegt und damit seinem Wohl dient.

Grundsätzlich können bei verheirateten Paaren nur beide Eheleute ein Kind adoptieren. Die untere Altersgrenze bei einem Ehepaar liegt bei dem einen potentiellen Elternteil bei 25 Jahren und bei dem anderen bei 21 Jahren.[34]

Ein Ehegatte kann ein eheliches oder nichteheliches Kind des anderen Ehegatten allein annehmen. Das Kind erlangt in diesem Fall die rechtliche Stellung eines gemeinschaftlichen ehelichen Kindes der Ehegatten.[35]

Ausnahmsweise kann ein Ehegatte ein fremdes Kind allein an-nehmen, wenn der andere Elternteil geschäftsunfähig oder nur beschränkt geschäftsfähig ist und deshalb ein Kind aus rechtli-chen Gründen nicht annehmen kann.[36]

Diese Ausnahme für allein annehmende Ehegatten beruht auf der Überlegung, daß künstliche Stiefkindverhältnisse vom Ge-setzgeber nicht erwünscht sind und das Wohlergehen des Kindes in den allermeisten Fällen durch die Annahme durch beide Adop-tiveltern besser sichergestellt ist als durch einen Elternteil allein.

Alleinstehende können ein Kind adoptieren. Die Annehmen-den dürfen in diesem Fall nicht jünger als 25 Jahre sein.[37]

Wer sein nichteheliches Kind oder ein Kind seines Ehegatten adoptieren will, muß mindestens 21 Jahre alt sein.[38]

Eine Altersbegrenzung nach oben ist im Gesetz nicht vorgesehen.

Als Richtlinie kann jedoch gelten, daß sehr junge Kinder nicht an Adoptiveltern vermittelt werden, die älter als 35 Jahre alt sind. Adoptiveltern über 35 Jahre kommen zum Beispiel für ältere Kinder oder Jugendliche in Frage.[39]

Soll ein ehelich geborenes Kind adoptiert werden, müssen beide Elternteile einwilligen.[40]

Bei der Adoption eines nichtehelichen Kindes reicht die Einwilligung der Mutter als Adoptionsvoraussetzung aus.[41] Eine rechtlich verbindliche Einwilligung der Mutter kann jedoch erst dann erteilt werden, wenn das Kind acht Wochen alt ist.[42]

Der nichteheliche Vater hat ein Adoptionsvorrecht gegenüber dritten Adoptionsbewerbern nur, wenn seine Vaterschaft anerkannt oder gerichtlich festgestellt ist und wenn die Adoption nach allgemeinen gesetzlichen Grundsätzen dem Wohl des Kindes dient.

Ein Adoptionsvorrecht der Mutter gegenüber besteht nicht.[43]

Adoptiert eine Mutter ihr nichteheliches Kind, werden die Rechtsbeziehungen zu dem leiblichen Vater abgeschnitten; ebenso werden die Rechtsbeziehungen zur nichtehelichen Mutter unterbrochen, wenn der nichteheliche Vater das Kind adoptiert.

Die Adoption eines nichtehelichen Kindes durch Dritte ist nicht möglich, wenn der nichteheliche Vater die Ehelicherklärung oder die Annahme des Kindes beantragt und die Mutter dem zugestimmt hat.[44]

In der Literatur werden unterschiedliche Arten der Adoption erwähnt. Bekannt sind zum Beispiel die sogenannten Stiefkindadoptionen, also Adoptionen durch einen Stiefelternteil. Denkbar sind nach dem Gesetz bei Stiefkindadoptionen folgende Konstellationen:[45]

– Eine Ehe löst sich durch den Tod eines Ehegatten auf. Der Überlebende heiratet erneut, und sein eheliches Kind wird von dem Stiefelternteil adoptiert. Da die verwandtschaftlichen Beziehungen des Kindes zu den leiblichen Verwandten des verstorbenen Elternteils bestehen bleiben, hat das Kind nach der Adoption unter Umständen sechs Großeltern.[46]

– Die Ehe wird durch Scheidung, Eheaufhebung oder Ehenichtigkeit aufgelöst. Heiratet einer der Ehegatten der alten Ehe zum zweitenmal und wird sein eheliches Kind vom neuen Partner adoptiert, verliert es seine Rechtsbeziehungen zu der Familie des anderen leiblichen Elternteils.[47]

– Adoptiert ein Ehegatte das nichteheliche Kind des anderen Ehegatten, erlöschen die Rechtsbeziehungen des Kindes zu dem nicht dieser Ehe angehörigen Elternteil.[48] Nimmt die Ehefrau das nichteheliche Kind des Ehemannes an, bekommt das Kind auch im Verhältnis zum Vater die Stellung eines ehelichen Kindes; nimmt der Ehemann das nichteheliche Kind der Ehefrau an, so erhält das Kind auch im Verhältnis zur Mutter die Stellung eines ehelichen Kindes.

Denkbar sind auch die sogenannten Verwandten- oder Verschwägertenadoptionen.

Hier wird ein Kind von

– Großeltern und deren Ehegatten oder durch
– Geschwister und deren Ehegatten oder durch
– Tanten und deren Ehegatten oder von
– Onkeln und deren Ehegattinnen
als Kind angenommen.[49]

In solchen Fällen wird das Kind nicht aus seiner Herkunftsfamilie herausgelöst. Vielmehr werden unter Aufrechterhaltung aller sonstigen Verwandtschaftsbeziehungen nur die Ehepaare „ausgetauscht".[50]

Denkbar sind neben den klassischen Aufhebungsgründen einer Adoption auch sogenannte Folge- oder Zweitadoptionen.[51]

– Der Ehegatte dessen, der bereits adoptiert hat, kann das Kind zusätzlich annehmen, um das Stiefkindverhältnis zu beenden, wenn der andere Ehegatte, der gesetzliche Vertreter und der leibliche Elternteil zustimmt.[52]

– Die Erstadoptiveltern sind gestorben. In diesem Fall kann das Kind wie jedes andere Waisenkind auch ohne Einwilligung der leiblichen Eltern erneut adoptiert werden.[53]

– Ist die Erstadoption aufgehoben worden, kann das Kind erneut adoptiert werden, wenn die leiblichen Eltern zustimmen.[54]

In der Praxis kommen allerdings im wesentlichen nur vier Arten der Adoption vor: die Adoption durch Stiefelternteile,[55] durch Verwandte oder Verschwägerte zweiten oder dritten Grades,[56] durch Fremde[57] oder durch eigene Elternteile.[58]

Auch das Adoptivkind soll nach den gesetzlichen Vorgaben mit der Adoption einverstanden sein. Wenn das Kind allerdings mit unter sieben Jahren noch geschäftsunfähig oder mit unter 14 Jahren nur beschränkt geschäftsfähig ist, kann nur sein gesetzlicher Vertreter die Einwilligung erteilen.[59] In allen anderen Fällen kann das Kind die Einwilligung selbst geben; es bedarf hierzu allerdings der Zustimmung seines gesetzlichen Vertreters.[60]

Liegen die rechtlich erforderlichen Einwilligungserklärungen vor, wird das Jugendamt während der Adoptionspflegezeit Vormund des Kindes, während die elterliche Sorge der leiblichen Eltern ruht.[61] Mit der Einwilligung eines oder beider Elternteile verliert dieser Elternteil beziehungsweise verlieren beide leiblichen Eltern das Recht auf persönlichen Umgang mit dem Kind.

Besondere Bedeutung erlangte gerade in jüngster Zeit im Rahmen der Diskussion um die in der DDR erfolgten „Zwangsadoptionen"[62] die auch nach bundesrepublikanischem Recht mögliche sogenannte Ersetzung der Einwilligung eines Elternteils durch das Vormundschaftsgericht.[63] Im Rahmen der Ersetzung hat das Vormundschaftsgericht auf Antrag des Kindes (beziehungsweise des gesetzlichen Vertreters) die Einwilligung eines Elternteils in die Adoption zu ersetzen, wenn dieser seine Pflichten gegenüber dem Kind anhaltend gröblich verletzt oder durch sein Verhalten gezeigt hat, daß ihm das Kind gleichgültig ist, und wenn das Unterbleiben der Adoption dem Kind zu unverhältnismäßigem Nachteil gereichen würde. Darüber hinaus kann nach dieser Vorschrift die Einwilligung auch ersetzt werden, wenn die Pflichtverletzung zwar nicht anhaltend, aber besonders schwer ist und das Kind voraussichtlich dauernd nicht mehr der Obhut des Elternteils anvertraut werden kann.

Liegt nur Gleichgültigkeit vor, die nicht zugleich eine anhaltende gröbliche Pflichtverletzung ist, darf die Einwilligung nur ersetzt werden, wenn der Elternteil vom Jugendamt belehrt und beraten worden ist und seit der Belehrung wenigstens drei

Monate verstrichen sind. Einer Belehrung bedarf es nicht, wenn der Elternteil seinen Aufenthaltsort ohne Hinterlassung seiner neuen Anschrift gewechselt hat und der Aufenthaltsort vom Jugendamt während eines Zeitraums von drei Monaten trotz angemessener Nachforschungen nicht ermittelt werden konnte.[64]

Die Einwilligung eines Elternteils kann ferner ersetzt werden, wenn dieser wegen besonders schwerer geistiger Gebrechen zur Pflege und Erziehung des Kindes dauernd unfähig ist und wenn das Kind bei Unterbleiben der Adoption nicht in einer Familie aufwachsen kann und dadurch in seiner Entwicklung schwer gefährdet wäre.[65]

Die Einwilligung eines Elternteils ist auch dann nicht erforderlich, wenn er zur Abgabe einer Erklärung dauernd außerstande oder sein Aufenthalt dauernd unbekannt ist.[66]

Der Anteil aller Adoptionen, die durch ein Ersetzungsverfahren in die Wege geleitet wurden und auch zustande kamen, lag im Durchschnitt der letzten Jahre in der Bundesrepublik bei 5 %.[67]

Ist die Adoption durch den Beschluß des Vormundschaftsgerichts erfolgt, ist eine Aufhebung der Adoption zwar unter bestimmten rechtlichen Gegebenheiten möglich,[68] faktisch jedoch nahezu ausgeschlossen. Hat beispielsweise die Einwilligung der leiblichen Eltern nicht vorgelegen oder erfolgte sie durch Irrtum, nach einer Täuschung oder Drohung, kann sie aufgehoben werden, wenn das Wohl des Kindes dem nicht entgegensteht.[69] Denkbar sind Aufhebungsverfahren auch, wenn zerrüttete Familienverhältnisse in der Adoptivfamilie es gebieten.[70] Dabei muß jedoch das Kind entweder in seine Herkunftsfamilie zurückkehren können oder die Aufhebung soll nur dann erfolgen, wenn eine erneute Adoption möglich wird.[71]

Die Aufhebungsquote lag in den vergangenen Jahren mit 70 bis 100 Fällen bei etwa 1 % der jährlich insgesamt etwa 7000 bis 10 000 Adoptionen.[72]

Um den anderen Elternteil nicht von den Rechtsbeziehungen zum Kind auszuschließen, ist die Annahme des eigenen ehelichen Kindes nach einer Trennung und Scheidung unter keinen Umständen möglich.[73]

Bevor eine Adoptionsvermittlungsstelle die Adoption befürwortet, wird diese zur Vorbereitung der Vermittlung die üblichen sachdienlichen Ermittlungen bei den Adoptionsbewerbern, bei dem Kind und seiner Familie durchführen.[74] Während der Ermittlungen und während der Adoptionspflege haben die Annehmenden einen Rechtsanspruch auf Beratung und Unterstützung.[75]

Spätestens mit Abschluß der Ermittlungen sind die erforderlichen, notariell beurkundeten Einwilligungserklärungen abzugeben, die keine Bedingungen oder Fristen enthalten dürfen und die mit Vorlage beim Vormundschaftsgericht unwiderruflich wirksam werden.[76]

Sind diese Voraussetzungen erfüllt, hat das Jugendamt den Adoptionsbewerbern die Pflegeerlaubnis zu erteilen, mit der Rechtsfolge, daß das Kind in die Adoptionspflege gegeben werden kann.[77]

Haben die Annehmenden das Kind eine angemessene Zeit in Pflege gehabt, können sie nur durch einen „höchstpersönlichen" Antrag beim Vormundschaftsgericht an ihrem Wohnsitz das Adoptionsverfahren bei Gericht in die Wege leiten.[78] Auch dieser Antrag muß notariell beurkundet sein. Er darf keine Bedingungen oder Fristen enthalten.[79] Er ist allerdings widerruflich bis zum Ausspruch der Annahme.[80] Spätestens mit dieser Antragstellung müssen die übrigen Einwilligungserklärungen dem Gericht vorgelegt werden.[81]

Nunmehr hat das Vormundschaftsgericht eine gutachterliche Stellungnahme von der zuständigen Adoptionsvermittlungsstelle einzuholen. In der Stellungnahme muß festgehalten sein, ob das Kind und die Familie zur Annahme geeignet sind.[82] Im weiteren Verlauf hat das Vormundschaftsgericht ein Kind über 14 Jahre ausnahmslos anzuhören. In der Regel hat das Gericht auch ein Kind unter 14 Jahren anzuhören.[83] Nach dem sogenannten Amtsermittlungsprinzip kann das Gericht nach pflichtgemäßem Ermessen weitere Ermittlungen anstellen.[84] Sind alle materiellen und formellen Voraussetzungen erfüllt, spricht das Vormundschaftsgericht die Annahme durch Beschluß aus.[85] Dieser Beschluß wird mit Zustellung unanfechtbar wirksam.[86] Ein ablehnender Beschluß kann dagegen mit einer Beschwerde angefochten werden.[87]

Familiäre und psychosoziale Hintergründe

Betrachtet man die persönlichen, familiären und psychosozialen Hintergründe der Personen, die in das Adoptionsvermittlungsverfahren geraten, ist leicht erkennbar, daß hier zwei Personengruppen in nicht nur für die Kinder schicksalsträchtige Verbindung geraten. Normalerweise haben zumindest bei der Inkognitoadoption die beiden Personengruppen der Abgebenden und Annehmenden oft über Jahrzehnte keine persönlichen Kenntnisse voneinander. Die Abgebenden und Annehmenden sind sogar von Amts wegen verpflichtet, inkognito zu bleiben.

Die Annehmenden

Adoptiveltern unterscheiden sich im allgemeinen zu Beginn ihrer Partnerschaft oder Ehe nicht von anderen Paaren, die später einmal eine Familie gründen und Kinder haben.

Stellt sich später heraus, daß die Geburt eigener Kinder unmöglich oder zumindest unwahrscheinlich ist, wird meist durch die Frau der erste Schritt getan, eine Familiengründung durch eine Adoption in die Wege zu leiten.

Sieht man einmal von den Verwandten- oder Stiefelternadoptionen ab, wo aufgrund bereits häufig langjährig existierender Beziehungen und Bindungen zwischen Kind und Erwachsenen andere Voraussetzungen vorliegen als bei einer „Fremdadoption", dann wird es sich häufig um Paare handeln, die lange vergeblich auf ein leibliches Kind gehofft haben. Vergeblicher Kinderwunsch und das Leiden an unfreiwilliger Kinderlosigkeit stellen auch die mit Abstand zentralen und wichtigsten Motive dar, ein Kind zu adoptieren.[88] Weitere Motive können im Verzicht auf weitere eigene Kinder oder im Verantwortungsgefühl künftiger Adoptiveltern liegen, Kindern eine Heimerziehung oder ein Aufwachsen im Elend der Dritten Welt zu ersparen.

Häufig gehören die adoptionswilligen Paare der Mittelschicht an. Hieraus entsteht ein weiteres Problem: Grundsätzlich sollten Pflegepersonen und damit auch Adoptiveltern gerade bei älteren Kindern aus den gleichen Bevölkerungsschichten kommen wie diese Kinder. Ein zusätzlicher Wechsel der sozialen Schicht kann bei diesen Kindern die auch sonst erforderlichen enormen Anpassungsleistungen unnötig erschweren.

Kommt es schließlich zu einem Adoptionsentschluß bei diesen Paaren, müssen sie häufig enttäuscht feststellen, daß die Zahl der gesunden deutschen Säuglinge, die für eine Adoption in Frage kommen, sehr klein ist und die Zahl der Adoptionsbewerber mit jährlich etwa 20000 Aspiranten die Zahl der in Frage kommenden Kinder um ein Vielfaches übersteigt. Beispielsweise wurden 1988 nur 794 Adoptionen für Kinder unter einem Jahr abgeschlossen.[89]

Kommt es schließlich zu einer Adoption, unterscheiden sich die Gründungsphase und vor allem der bürokratische Vorlauf einer Familie, die adoptieren will, von Vorgaben einer biologischen Familie erheblich. Die Adoptiveltern müssen beispielsweise bei der Adoptionsvermittlungsstelle ihre Qualifikation als künftige Eltern unter Beweis stellen. Adoptiveltern können auch nicht wie leibliche Eltern in ihre Rolle als biologische Eltern hineinwachsen. Häufig erfolgt die Inpflegenahme trotz Wartezeiten überraschend und plötzlich. Möglicherweise auch aus diesem Grund haben vor allem Adoptivmütter anfangs große Mühen, eine enge gefühlsmäßige Bindung zu dem Adoptivkind aufzubauen. Kann im Laufe der Zeit eine tragfähige Beziehung zwischen Adoptiveltern und Kind hergestellt werden, müssen die Adoptiveltern häufig die Erfahrung machen, daß die Vergangenheit des Kindes und dessen biologische Herkunft nicht in Vergessenheit geraten, das heißt, daß sich die biologischen Kreise der Herkunftsfamilie mit denen der Adoptivfamilie lebenslang kreuzen.[90]

Obwohl leibliche Eltern vor der Geburt ihres Kindes bekanntermaßen nicht auf ihre Erziehungsfähigkeit und Erziehungstüchtigkeit überprüft werden, wird von den künftigen Adoptiveltern eine Überprüfung dieser Fähigkeiten verlangt. Begründet wird diese Voraussetzung mit den höheren Anforderungen, die auf die Adoptiveltern zukommen.[91]

Die Abgebenden

Wenn in der Debatte bei Fragen zur Adoptionsfreigabe von „Abgebenden" gesprochen wird, ist mit diesem Terminus in erster Linie die leibliche Mutter gemeint, da viele uneheliche, leibliche Väter unbekannt bleiben. Diese werden nach wie vor aus unterschiedlichen Gründen häufig nicht in das Adoptionsvermittlungsverfahren miteinbezogen.

Wenn jedoch ledige Väter an dem Adoptionsvermittlungsverfahren beteiligt werden, stellt sich nach den Ergebnissen erster empirischer Befunde offensichtlich nicht selten heraus, daß sie keinesfalls, einem alten und überholten Klischee entsprechend, nur leichtfertige und verantwortungslose Personen sind. Untersuchungen aus den USA belegen, daß sich auch ledige Väter mehr Gedanken um die Schwangerschaft und das Kind gemacht haben, als man bisher angenommen hatte, und daß sie durchaus bereit waren, vor der Adoption an den Sitzungen und Überlegungen in den Adoptionsvermittlungsstellen teilzunehmen.[92]

Rund 250000 Mütter haben in den alten Ländern der Bundesrepublik Deutschland seit Ende des Zweiten Weltkrieges Kinder zur Adoption freigegeben.[93] Weder im Ausland noch in Deutschland liegen trotz dieser insgesamt recht hohen Adoptionszahlen ausreichende und gesicherte empirische Untersuchungen vor, die umfassendere Informationen über die abgebenden leiblichen Mütter und Väter bieten könnten. Vor allem neuere Untersuchungen fehlen fast vollständig.

Insbesondere leibliche Väter wurden bisher bei empirischen Untersuchungen nur wenig berücksichtigt; möglicherweise konnten und können sie auch nicht in einem nennenswerten Umfang berücksichtigt werden: Häufig haben sie sich von den Müttern zurückgezogen, oft werden sie auch von den Müttern verschwiegen, zum Teil unterlassen die in Frage kommenden Institutionen der Adoptionsvermittlung eine Beteiligung der Väter.

Die einzige umfassendere und halbwegs repräsentative Untersuchung wurde 1978 im Gebiet der Bundesrepublik Deutschland veröffentlicht.[94] Im Rahmen dieser Untersuchung wurden

1362 Adoptionsfälle erfaßt. Bezüglich der Altersverteilung der Mütter ergab sich nach dieser Untersuchung folgendes Bild:
- 11,0 % der Mütter unter 20 Jahre,
- 37,4 % zwischen 20 und 26 Jahren,
- 21,5 % zwischen 26 und 30 Jahren,
- 27,5 % über 30 Jahre,
- 4,3 % machten keine Angabe.

Bezüglich der Altersverteilung der Väter wurden folgende Ergebnisse gewonnen:
- 1,9 % der Väter unter 20 Jahre,
- 16,7 % zwischen 20 und 26 Jahren,
- 14,5 % zwischen 26 und 30 Jahren,
- 24,5 % über 30 Jahre, von
- 42,4 % der Väter lagen keine Angaben vor.

Weiterhin wurde anhand dieser Untersuchung festgestellt, daß
- 54,0 % der leiblichen Mütter ledig,
- 1,6 % verwitwet,
- 21,7 % geschieden,
- 20,4 % verheiratet waren, wobei viele von ihrem Mann trotz Ehe getrennt lebten.
- 2,3 % der Frauen machten keine Angaben,
- 34,2 % hatten noch mindestens ein weiteres nichteheliches Kind,
- 23,3 % hatten mindestens noch ein eheliches Kind,
- 9,7 % hatten noch weitere nichteheliche und eheliche Kinder,
- 30,0 % hatten keine weiteren Kinder,
- 2,7 % machten keine Angaben.

Des weiteren hatten nach dieser Untersuchung
- 5,6 % der leiblichen Mütter die Sonderschule besucht,
- 6,2 % die Volksschule ohne Abschluß,
- 74,3 % die Volksschule mit Abschluß,
- 6,7 % die Realschule,
- 3,1 % das Gymnasium,
- 4,1 % der Mütter machten hierzu keine Angaben.
- 47,7 % der Mütter hatten keine Berufsausbildung,
- 12,3 % waren angelernt worden,
- 26,3 % hatten eine Lehre abgeschlossen,

- 8,1 % hatten eine Fachschule besucht,
- 1,0 % hatten eine Fachhochschule oder Universität besucht,
- 5,0 % machten hierzu keine Angaben.
- 12,5 % der Mütter waren Hausfrauen,
- 27,8 % waren im kaufmännischen oder handwerklichen Bereich tätig,
- 13,7 % im Gaststättenbereich,
- 8,4 % im hauswirtschaftlichen Bereich,
- 4,6 % der Mütter waren als Prostituierte tätig,
- 21,0 % als Arbeitnehmerinnen,
- 4,8 % waren in sozialen oder akademischen Berufen tätig,
- 2,5 % befanden sich in der Ausbildung,
- 4,8 % machten hierzu keine Angaben.

Aus dieser Untersuchung und aus den wenigen sonst noch vorliegenden Befunden[95] kann geschlossen werden, daß offenbar eine große Anzahl der leiblichen Mütter, die ihre Kinder zur Adoption freigeben, den unteren sozialen Schichten angehören. Ebenso gehört ein Großteil der leiblichen Väter der Unterschicht an. Die Mütter waren darüber hinaus vielfältigen sozialen, psychischen und wirtschaftlichen Belastungen ausgesetzt.[96]

Kommt es zu einer Freigabe zur Adoption, wurden zusammenfassend folgende Gründe angeführt:
- die Frist zum Schwangerschaftsabbruch wurde versäumt,
- ein Schwangerschaftsabbruch wird abgelehnt,
- Geldnot und beengte Wohnverhältnisse führen vermehrt zur Adoption,
- gelegentlich geben jüngere Frauen ihr Kind zur Adoption frei, weil sie von ihren eigenen Müttern oder beiden Elternteilen oder von den leiblichen Vätern zu diesem Schritt gedrängt wurden,
- gelegentlich bieten die staatlichen Institutionen (zum Beispiel das Jugendamt), aber auch die Adoptionsvermittlungsstellen freier Träger, den Frauen zu wenig Unterstützung an,
- viele Frauen fühlen sich zu jung und auf die Elternschaft nicht vorbereitet,
- andere wiederum fühlen sich überfordert und geraten durch die Schwangerschaft in Panik,

– eine weitere Gruppe von Frauen verfolgt persönlich andere
Ziele (zum Beispiel Schul- und Berufsabschluß) und fühlt sich
dementsprechend durch die Schwangerschaft und anstehende
Geburt belastet.

Während sich einige Frauen nach einer endgültigen Freigabe
zur Adoption des Kindes erleichtert fühlen oder das Kind schnell
„vergessen", bedeutet für viele Frauen die Freigabe keinesfalls
eine Lösung ihrer Probleme. Vielmehr leiden diese Frauen zumindest anfangs vermehrt an Schuldgefühlen, Depressionen,
Trauer, Hilflosigkeit, Selbstmordgedanken, Schmerz, Wut und
Resignation.[97] Andere Frauen fühlen sich wertlos und meinen,
Versager zu sein.[98]

Das Kind

Von allen zur Adoption freigegebenen Kindern wird ungefähr
jedes achte Kind bereits im Säuglingsalter von den leiblichen
Müttern für eine Adoption vermittelt. Rechnet man die Kinder
im Kleinkindalter bis drei Jahren hinzu, werden 38,7 % oder jedes 2,6. Kind unter drei Jahren adoptiert.[99]

Deshalb läßt sich auch der Grundsatz, das Kind an dem Adoptionsverfahren zu beteiligen und mit ihm alles Wesentliche zu besprechen, für diese Fälle zumindest zum Zeitpunkt der Adoption
nicht realisieren.

Bemerkenswerterweise werden in der Bundesrepublik
Deutschland Kinder deutlich später in Adoptionspflege gegeben
als in Schweden, Großbritannien oder den USA. So waren beispielsweise 43 % der 8801 im Jahr 1983 vermittelten Kinder drei
Jahre alt, 19 % sechs bis zwölf Jahre alt und 13 % zwölf Jahre und
älter.[100]

Bei einem höheren Vermittlungsalter der Kinder spielen bei
ihnen häufig viele tief in die Vergangenheit reichende Versagungen eine Rolle: Mütterentbehrungen oder mehrfache Wechsel
der Bezugspersonen im Rahmen stationärer Betreuungen in Institutionen (Kinderheim, Kinder- und Jugendpsychiatrie, gegebenenfalls auch Pflegefamilie) beeinträchtigen fast immer das
Wohl dieser Kinder. Wahrscheinlich aus dieser Kenntnis und die-

sem Grund ist die Vermittlung von älteren Kindern aus Angst vor Schädigungen immer noch recht schwierig.

Wenn im weiteren Entwicklungsverlauf der Adoptivkinder Verhaltensauffälligkeiten auftreten, zeigen sie sich vordringlich in Wutausbrüchen, Lügen, Stehlen, sexuellen Handlungen und anderen aggressiven Verhaltensweisen.[101]

Ob allerdings Adoptivkinder tatsächlich mehr Auffälligkeiten zeigen als sogenannte Normalkinder, konnte bis heute nicht eindeutig geklärt werden. Bei Untersuchungen aus den USA kam zutage, daß dort mehr adoptierte Kinder und Jugendliche in psychiatrischen und therapeutischen Einrichtungen vorgestellt werden, als es ihrem prozentualen Anteil an der Gesamtbevölkerung entspricht.[102] Dagegen haben ausgedehnte Verlaufsuntersuchungen in Schweden gezeigt, daß sich adoptierte Kinder in ihrer psycho-sozialen Entwicklung nicht von leiblichen Kindern, die in ihrer Herkunftsfamilie aufwachsen, unterscheiden.[103]

Handelt es sich nicht um eine sogenannte Frühadoption, eine Adoptionsform also, die bereits wenige Wochen nach der Geburt des Kindes durch die Inpflegenahme in Gang gesetzt wurde, steigt das Risiko für die reibungslose Integration in die neue Familie, wenn das Kind schon mehrere Monate oder Jahre in wechselnden Heimen oder Pflegefamilien verbracht hat und durch den vielfältigen Wechsel, auch der Bezugspersonen, vorgeschädigt ist. Nicht zuletzt aus diesem Grunde ist für das Kind wie auch für die adoptionswilligen Eltern aus psychologischer Sicht eine möglichst frühzeitige Adoption sinnvoll und anstrebenswert. Nur so ist am besten gewährleistet, daß das Kind von früh an eine stabile Bindungs- und Beziehungskontinuität hat und auch die Adoptiveltern frühzeitig wissen, woran sie sind und was auf sie zukommt. Im übrigen können sich die Adoptiveltern erst nach einer amtlich besiegelten Adoption endgültig „ihres" Kindes sicher sein.

Im Adoptionsverfahren nach deutschem Recht werden allerdings diese entwicklungspsychologisch bedeutsamen Erkenntnisse und Grundsätze für die Herstellung tragfähiger und haltbarer Beziehungen und Bindungen durch die gesetzlich vorgeschriebene Acht-Wochen-Frist nach der Geburt des Kindes und durch lange Wartezeiten nach Inpflegenahme verletzt.[104]

Bei der Vermittlung von Kindern in Adoptionspflege haben sich in den letzten Jahren bei allen professionell Beteiligten bedeutsame Einstellungsänderungen ergeben. Die wohl wichtigste Änderung hat zu der richtigen Konsequenz geführt, daß heute weniger denn je nach dem Grundsatz verfahren wird, „Kinder für Eltern zu suchen", sondern „Eltern für ein bestimmtes Kind zu suchen".

Neuesten Berichten aus Großbritannien zufolge verfährt man dort mittlerweile noch konsequenter als bei uns nach dem Grundsatz „Kinder für Eltern zu suchen". Die Folge ist, daß immer weniger gesunde und problemlose Säuglinge und Kleinkinder zur Adoption vermittelt werden, sondern geistig und körperlich behinderte Kinder, ältere Kinder, Geschwistergruppen oder Kinder aus anderen ethnischen Gruppen.[105] Diese Haltung führte beispielsweise in Großbritannien zu der Konsequenz, daß Paare, die ausschließlich an der Adoption eines gesunden, weißen Säuglings interessiert sind, für eine Adoption kaum noch vorgemerkt werden. Dies wiederum hatte zur Folge, daß die Zahl der Adoptivbewerber die Zahl der für eine Adoption in Frage kommenden Kinder kaum übersteigt, während bei uns auf jedes Kind fast 30 Bewerber kommen.[106]

Obwohl das Interesse der Adoptierten an ihrer eigenen Herkunft häufig schon in der Kindheit um den Zeitpunkt der Einschulung erwacht und in der Jugend oft besonders stark ausgeprägt ist, beginnen sie mit eigenständigen Nachforschungen meist erst im Erwachsenenalter.[107]

Gemäß dieser Erkenntnis kann man von einem *lebenslangen Prozeß der Adoption* sprechen, der entgegen früheren Auffassungen nicht mit der Inpflegenahme oder dem juristischen Akt der Adoption abgeschlossen ist. Dieser Prozeß schließt viel mehr die umfassende Kenntnis und das Wissen um die doppelte Elternschaft des Adoptierten ein und schließlich die Aufklärung des Adoptierten im späteren Alter über den genealogischen Ursprung (Kenntnis über die familiale Herkunft). Des weiteren kann dieser Prozeß später sogar einmal in Fällen der sogenannten Inkognitoadoption zu einer Kontaktaufnahme mit den leiblichen Eltern führen.

Bei der Inkognitoadoption ist nach wie vor in der Wissenschaft nicht eindeutig geklärt, in welchem Lebensalter das Adoptivkind über die Tatsache der Adoption aufgeklärt werden soll. Insbesondere von psychoanalytischer Seite wird davor gewarnt, dem Kind zu früh Mitteilungen über seine Herkunft zu machen. Keinesfalls sollten Kinder nach dieser Ansicht während der sogenannten Loslösungs- und Individuationsphase, im Alter von zwei bis drei Jahren also, aufgeklärt werden. Vielmehr wirke eine verfrühte Aufklärung traumatisch.[108] Ein *Kleinkind* müsse noch nicht wissen, daß es adoptiert sei; es müsse allerdings wissen, daß es zu Menschen gehöre, die es als seine Eltern erlebt.[109] Aufklärende Mitteilungen sollten nach tiefenpsychologischer Sicht möglichst nicht vor dem Einschulungsalter vorgenommen werden. Grundsätzlich sollte das Motto gelten: je später, desto besser.[110]

Die Aufklärung selbst sollte für das Kind schonend erfolgen und darauf ausgerichtet sein, dem Selbstwertgefühl des Kindes durch unnötige und frühzeitige Beunruhigungen und Erschütterungen keinen Schaden zuzufügen. Ist das Kind über seine Adoption in Kenntnis gesetzt worden, kann die Existenz der leiblichen Eltern im Seelenleben des Kindes nicht mehr ausgelöscht oder verleugnet werden. Insbesondere Jugendliche sollten von den Adoptiveltern ermutigt werden, wenn sie es wünschen, sich ohne unnötige Scham und Schuldgefühle auf die Suche nach der Vergangenheit zu machen. Die oft geäußerte Angst der Adoptiveltern, das Adoptivkind könne sie nach erfolgreichen Nachforschungen oder bei sicherem Wissen um die wahre Herkunft verlassen, hat sich in der Realität nicht bestätigt. Vielmehr dürften in diesen Fällen das Wissen um die wahre Herkunft und die Gründe, die einmal eine Adoption zur Folge hatten, zu einer besseren Identitätsbildung und größeren Stabilität des Minderjährigen führen. Auch die Beziehungen zwischen Kind und Adoptiveltern festigen sich in aller Regel.

Geheimniskrämerei, Verleugnung oder Verschleierung der Adoption schaden jedenfalls den Kindern und Jugendlichen mehr als eine sensible Aufklärung und Begleitung des Adoptierten auf der Suche nach der Herkunft. Diese Aufgabe obliegt in erster Linie den Adoptiveltern, wobei allerdings auch die Adoptionsvermittlungsstellen oder auch die Beratungsmöglichkeiten im Jugendamt genutzt werden sollten.[111]

Jugendamt und Adoptionsvermittlungsstellen

In allen Adoptionsangelegenheiten kommt nach wie vor den Berichten des Jugendamtes oder autorisierter Adoptionsvermittlungsstellen bei anstehenden Entscheidungen des Vormundschaftsgerichts herausragende Bedeutung zu. Die vom Jugendamt oder den Adoptionsvermittlungsstellen verfaßten Berichte stellen für das Gericht *die* entscheidende Informationsquelle dar, zumal das Vormundschaftsgericht – zumindest früheren Untersuchungen zufolge – so gut wie nie den Versuch unternimmt, von sich aus zur Überprüfung noch zusätzliche Informationen einzuholen.[112] Dennoch umfassen die Berichte zur Adoptionsvermittlung meist kaum mehr als zwei Schreibmaschinenseiten, so daß nicht nur unter quantitativen Gesichtspunkten nur wenige aussagekräftige Argumente über die abgebenden und annehmenden Eltern getroffen werden und nur selten die erzieherische Eignung oder die Motivation der Annehmenden berücksichtigt wird. Ebenso häufig fehlen Aussagen über die Biographie und den Entwicklungsstand des Kindes. Oft sind in den Berichten abwertende Äußerungen über die Abgebenden enthalten. Kaum mehr als die Hälfte aller Berichte weist Aussagen über die Eltern-Kind-Beziehungen in bezug auf die Annehmenden auf.[113]

Die Adoptionsvermittlungsstellen sind entweder spezielle Einrichtungen des Jugendamtes beziehungsweise Landesjugendamtes oder Einrichtungen der Kirchen und freien Wohlfahrtsverbände, in denen spezielle Fachkräfte, wie Kinderärzte, Kinderpsychiater oder Psychologen mit Erfahrung auf dem Gebiet der Kinderpsychologie, Juristen sowie Sozialpädagogen oder Sozialarbeiter mit mehrjähriger Berufserfahrung beschäftigt sein müssen.[114]

Für die Durchführung der Prüfung gibt es im Gesetz keine Hinweise. Zumeist werden jedoch Gesundheitszeugnisse, das polizeiliche Führungszeugnis und Lohn- oder Gehaltsbescheinigungen von den Bewerbern verlangt[115] und auch Hausbesuche gemacht.

In den Adoptionsvermittlungsstellen finden die Bewerbungsgespräche statt, die der Ermittlung dienen, ob die Adoptionsbewerber unter Berücksichtigung der Persönlichkeit des Kindes und seiner besonderen Bedürfnisse für die Annahme des Kindes geeignet sind.[116]

Um eine sachdienliche Aufklärung sicherzustellen und sich von den Bewerbern ein möglichst umfassendes Bild zu machen, werden von den Mitarbeitern der Adoptionsvermittlungsstellen bestimmte Themenbereiche mit den künftigen Adoptiveltern besprochen, wie Fragen zur Motivation der Aufnahme eines Adoptivkindes, Fragen zur Kinderlosigkeit oder Informationen über die Herkunft der in Frage kommenden Adoptivkinder, Fragen nach den Erziehungsvorstellungen und Erziehungszielen der künftigen Adoptiveltern oder Fragen zu finanziellen und rechtlichen Aspekten.

Diese Art der Kontakte und Gespräche in den Adoptionsvermittlungsstellen erleben die Adoptionswilligen häufig als bürokratisch, abschreckend und diskriminierend.[117]

Im übrigen wird durch die Art der Befragung häufig eine Art „Opportunismus" der Bewerber gefördert, denn von den künftigen Adoptiveltern werden eher uneigennützige Motive erwartet, wie Vorstellungen, die sich um eine Minderung des Kinderelends konzentrieren. Dagegen stehen eher „egoistische" Motive den Zielen der Annehmenden im Weg, wenn sie etwa einen ganz normalen und möglicherweise auch intensiven Kinderwunsch äußern.

Häufig müssen im Rahmen der Ermittlungen Fragebögen ausgefüllt werden; regelmäßig wird auch die Darstellung des Lebenslaufs erwartet.

Nach diesen Vorklärungen und Überprüfungen müssen sich die Adoptionswilligen in einem örtlichen Gesundheitsamt von einem Amtsarzt untersuchen lassen und ein amtsärztliches Attest beibringen, in dem die gesundheitliche Unbedenklichkeit zur Erziehung von Kindern bescheinigt wird.

Nach einer abschließenden Bewertung der Adoptionsbewerber, für die im übrigen im Gesetz nur wenig Anhaltspunkte vorhanden sind, können die Eltern nach einer positiven Einschätzung seitens der Mitarbeiter in der Adoptionsvermittlungsstelle die vorläufige Pflegeerlaubnis erhalten, die normalerweise der endgültigen Adoption vorausgeht, wenn feststeht, daß die Adoptionsbewerber für die Annahme des Kindes geeignet sind.[118]

Während der Wartezeit bis zur Inpflegenahme eines Kindes werden für Adoptionswillige in einigen Adoptionsvermittlungsstellen zunehmend mehr Gesprächsgruppen angeboten.[119]

Nach einer Wartezeit, deren Länge sich nach dem Vorhandensein beziehungsweise der Verfügbarkeit von Kindern *und* der Prognose richtet, welche künftigen Adoptiveltern zu einem Kind am besten passen könnten, wird den Adoptionsbewerbern ein konkreter Kindervorschlag unterbreitet. In diesem Zusammenhang erhalten die Adoptionsbewerber auch die verfügbaren Informationen über das Kind und seine Herkunft. Schließlich können sie das Kind persönlich kennenlernen. Entscheiden sich die Bewerber für das Kind, so bekommen sie es in Adoptionspflege, die, wie oben schon erwähnt, in der Regel ein Jahr dauert.

Bereits vorher muß die Adoptionsvermittlungsstelle die Einwilligung der leiblichen Eltern und des Kindes oder des gesetzlichen Vertreters eingeholt haben.[120]

Bei einem nichtehelichen Kind muß nur die leibliche Mutter in die Adoption einwilligen. Allerdings kann der leibliche Vater für sich die Adoption beantragen.

Vormundschaftsgericht

Für alle Angelegenheiten zur Annahme eines Kindes ist das Vormundschaftsgericht zuständig.[121] Bei den meisten Gerichten werden die Vormundschaftssachen von den Familiengerichten oder den Jugendgerichten mitbearbeitet. Nur in größeren Amtsgerichtsbezirken, wie zum Beispiel in Berlin, gibt es eigenständige Familiengerichte (Berlin-Charlottenburg und Berlin-Pankow) oder eigene Vormundschaftsabteilungen bei größeren Amtsgerichten.[122] Alle vormundschaftsgerichtlichen Entscheidungen, die mit der Annahme eines Kindes zu tun haben, werden nicht, wie es sonst bei einer Vielzahl anderer vormundschaftsgerichtlicher Verfahren vorgesehen ist, vom Rechtspfleger, sondern vom Vormundschaftsrichter getroffen.[123]

Das Vormundschaftsgericht hat seine Ermittlungen grundsätzlich *von Amts wegen* nur dann aufzunehmen, wenn es vom Jugendamt, einem Träger freier Wohlfahrtsverbände oder von irgendeiner anderen Seite Kenntnis von einem Sachverhalt bekommt, der sein Einschreiten erforderlich macht.

Im Fall einer Adoption oder Annahme als Kind wird nur *auf Antrag* des Annehmenden entschieden.[124] Liegt ein Antrag vor, hat das Vormundschaftsgericht auch in diesem Fall die erforderlichen Ermittlungen anzustellen. Es kann Zeugen vernehmen oder Dokumente beiziehen. Vor der Adoption ist, wie oben schon erwähnt, zwingend eine gutachterliche Äußerung einer Adoptionsvermittlungsstelle vorgesehen.[125] Im Adoptionsverfahren bei Gericht muß, wie im familiengerichtlichen Verfahren auch, eine persönliche Anhörung aller Personen vorgenommen werden, deren Rechte und Pflichten durch das vormundschaftsgerichtliche Verfahren berührt werden könnten. Insbesondere ist eine persönliche Anhörung des Kindes im Adoptionsverfahren vorgesehen.[126]

Die Anhörung des Kindes im Fall einer Adoption beim Vormundschaftsgericht unterscheidet sich von einer Anhörung eines Kindes beim Familiengericht im Fall der Trennung und Scheidung seiner Eltern. Beispielsweise hat das Kind im familiengerichtlichen Verfahren bei der Sorgerechtsregelung und bei der Klärung des Wohnsitzes und dem Verbleib bei beiden Eltern oder auch nur bei einem Elternteil mehrere Alternativen. Im Adoptionsverfahren hat das Kind faktisch nur eine Alternative, nämlich zu den Adoptiveltern zu kommen.

Letztlich wird somit der Vormundschaftsrichter die vorbereitenden Arbeiten der Adoptionsvermittlungsstellen in aller Regel nur durch Richterspruch bestätigen.

Zumindest ist mir kein Fall bekannt, in dem bei Gericht das Kind im Rahmen seiner Anhörung gegen die anstehende Adoption protestierte.

Sind über die Adoptionsvermittlungsstellen alle gesetzlich vorgesehenen Voraussetzungen für eine Adoption in Hinblick auf das zu adoptierende Kind, die leiblichen Eltern und die künftigen Adoptiveltern abschließend geklärt worden, wird das Adoptionsverfahren durch notariell beurkundeten Antrag bei dem Vormundschaftsgericht in Gang gesetzt, in dessen Bezirk der Annehmende seinen Wohnsitz oder seinen ständigen Aufenthalt hat.

Willigen die Eltern oder die Mutter des nichtehelich geborenen Kindes in die Adoption nicht ein, kann unter bestimmten Voraussetzungen, wie oben schon erwähnt im Fall der groben Vernachlässigung, die Einwilligung durch das Vormundschaftsgericht ersetzt werden. Liegt die Einwilligung vor, ruht die elterliche Sorge der leiblichen Eltern und das Jugendamt wird Vormund. Jetzt sind auch die künftigen Adoptiveltern dem Kind gegenüber zum Unterhalt verpflichtet und somit für alle finanziellen Aufwendungen zur Betreuung und Versorgung des Kindes allein zuständig.

Nach dem endgültigen Adoptionsbeschluß des Vormundschaftsgerichts erlöschen normalerweise alle bisherigen Verwandtschaftsbeziehungen des Kindes. Das Kind erhält den Namen des annehmenden Paares; unter Umständen kann auch der Vorname des Kindes geändert oder durch einen weiteren Vornamen ergänzt werden.[127] Vom Zeitpunkt der Adoption an wird in amtlichen Urkunden und auch sonst bis zu einer etwaigen Eheschließung des Adoptivkindes die Tatsache der Adoption verborgen. Erst zur Eheschließung benötigt das Adoptivkind die Abstammungsurkunde, in der Angaben über die leiblichen Eltern mit dem Vermerk der Adoption enthalten sind.[128]

Bei im Ausland durchgeführten Adoptionen ist vielfach ein erneutes Verfahren in der Bundesrepublik erforderlich, da an der Wirksamkeit ausländischer Adoptionsverfahren häufig Zweifel bestehen.[129]

Die Dauer des gesamten Adoptionsverfahrens von der Antragstellung, Vormerkung als Bewerber, Adoptionspflege bis zum vormundschaftsgerichtlichen Beschluß kann im großstädtischen Bereich bis zu drei Jahre dauern.

Allerdings dauert das unmittelbare Gerichtsverfahren der vormundschaftsgerichtlichen Genehmigung und Adoptionsbestätigung in 90 % aller Fälle nicht mehr als sechs Monate.[130]

Ausblick

Festzuhalten bleibt, daß es sich bei der Adoption für die betroffenen Kinder, leiblichen Eltern und Adoptiveltern um einen lebenslangen und psychosozial außerordentlich bedeutsamen Prozeß handelt, der keinesfalls mit dem Rechtsakt der Adoption abgeschlossen ist.

Obwohl die leiblichen Eltern durch die Freigabe zur Adoption alle Rechte und die gesamte Verantwortung für das Kind aufgeben und zumindest bei der Inkognitoadoption keine persönlichen Kontakte mit ihm haben (dürfen), empfinden vor allem leibliche Mütter häufig Schmerz und Trauer über den Verlust des Kindes.

Die leiblichen Eltern machen sich normalerweise auch nach einer Adoption Gedanken um ihre Kinder und fürchten, daß diese es nicht verstehen könnten, warum sie einst zur Adoption freigegeben wurden.

Die Adoptiveltern haben dagegen oft ein Leben lang Angst, ihre Kinder eines Tages an die leiblichen Eltern zu verlieren. Wohl nicht zuletzt aus diesem Grund fällt es vielen Adoptiveltern schwer, den häufig in der Pubertät beginnenden Nachforschungsdrang der Kinder in bezug auf ihre Herkunft und die leiblichen Eltern zu unterstützen.

Die meisten Adoptiveltern haben der leiblichen Mutter gegenüber eine verständnisvolle und eher beschützende Einstellung, selbst wenn sie sie nicht kennen.

Adoptierte entwickeln offensichtlich stärker als Nicht-Adoptierte Ängste, Trennungsängste, Identitätskonflikte und Selbstwertkrisen. Gerade diese Befindlichkeitsstörungen können im späteren Lebensalter der Adoptierten gemildert werden, wenn die Erwachsenen eine Wiederbegegnung mit den leiblichen Eltern, zumindest aber mit der leiblichen Mutter, auf Wunsch des Jugendlichen zulassen oder in die Wege leiten.

Begegnungen dieser Art führten nach den Ergebnissen der vorliegenden Befunde in der Regel zu einer Verbesserung der Beziehungen zwischen Adoptiveltern und Adoptierten und zu einer Klärung des Verhältnisses zwischen leiblichen Eltern und Adoptierten. Die meisten leiblichen Eltern konnten nach einer Wiederbegegnung alte Schuldgefühle abbauen, während die Adoptiveltern ihre jahrelangen Befürchtungen ablegen konnten, ihr Kind eines Tages an die leiblichen Eltern zu verlieren.[131]

Ob allerdings die Adoption eine „Waffe" gegen die Abtreibung sein kann, läßt sich anhand der vorliegenden Erfahrungen mit ungewollt Schwangeren noch nicht eindeutig belegen. Möglicherweise könnte in Zukunft eine bei uns noch nicht zulässige Blankoadoption[132] beziehungsweise die sogenannte Pränatale Adoption (vorgeburtliche Adoption) Abtreibungen verhindern.[133]

Eltern, die ihr Kind nicht ausreichend versorgen und betreuen, ohne daß eine Adoption in Frage kommt

Wenn aufgrund spezifischer sozialer und psychosozialer Notlagen eine Adoption nicht in Frage kommt oder nicht möglich ist, sind unter bestimmten Voraussetzungen für gefährdete Kinder ambulante, teilstationäre oder stationäre Betreuungsformen angezeigt. Die beiden wichtigsten Formen der sogenannten *Fremdunterbringung* für Minderjährige sind Unterbringungen in einer Pflegefamilie oder einem Heim.[134]

Die Statistik zeigt eine abnehmende Tendenz: 1970 waren noch 145 000 Personen im Rahmen der Jugendhilfe fremduntergebracht, 1989 nur noch etwa 98 000.[135]

Eine Fremdunterbringung eines Minderjährigen nach den Vorschriften des BGB[136] und damit eine Trennung des Kindes von der elterlichen Familie ist normalerweise gegen den Willen der Beteiligten gerichtet und bedeutet regelmäßig einen Eingriff in das Elternrecht. Sie darf nur erfolgen, wenn der Gefahr nicht auf andere Weise begegnet werden kann.

Die gesamte Personensorge darf nur entzogen werden, wenn andere Maßnahmen erfolglos geblieben sind oder wenn anzunehmen ist, daß sie zur Abwendung der Gefahr nicht ausreichen. Das Wohl des Kindes muß also trotz angebotener beziehungsweise durchgeführter ambulanter, beratender Hilfen und Unterstützung weiterhin gefährdet sein. Das BGB sieht bei Unterbringungsmaßnahmen gegen den Willen der Personensorgeberechtigten und der Minderjährigen vor, daß Unterbringungen mit freiheitsentziehendem Charakter – mit Ausnahme einer unmittelbaren Gefährdung – nur durch Beschluß des Vormundschaftsgerichts zulässig sind.

Länger als einen Tag andauernde freiheitsentziehende Maßnahmen durch das Jugendamt ohne vormundschaftsgerichtliche Bestätigung sind spätestens seit Inkrafttreten des KJHG nicht mehr zulässig. Nunmehr muß beispielsweise auch die sogenannte Inobhutnahme des Minderjährigen ohne gerichtliche Entscheidung spätestens mit Ablauf des Tages nach ihrem Beginn beendet sein.[137]

Unterbringungen von Minderjährigen aufgrund jugendamtlicher Maßnahmen nach dem Kinder- und Jugendhilfegesetz[138] sind wie die vormundschaftsgerichtlichen Maßnahmen nach dem BGB Maßnahmen zum Schutz von Kindern und Jugendlichen. In beiden Fällen orientiert sich die Eingriffsschwelle des Vormundschaftsgerichts an Gefährdungen des Kindeswohls, die in der schon mehrfach erwähnten zentralen Vorschrift in § 1666 BGB geregelt sind. Danach hat das Vormundschaftsgericht die erforderlichen Maßnahmen zu treffen, um eine Gefahr vom körperlichen, geistigen oder seelischen Wohl des Kindes abzuwenden.

Bei der sogenannten Vollzeitpflege (Unterbringung des Minderjährigen in einer Pflegefamilie) oder der Heimerziehung handelt es sich rechtssystematisch um Hilfen zur Erziehung. Die Fürsorgeerziehung ist mit Inkrafttreten des KJHG abgeschafft. Die Personensorgeberechtigten begehren in Fällen der Vollzeitpflege und der Heimerziehung vom Jugendamt eine Leistung. Das Jugendamt wird somit auf „Wunsch" – rechtlich auf Antrag – der Personensorgeberechtigten tätig, nicht aber gegen den Willen der Personensorgeberechtigten.

Grundsätzlich soll vor, während und auch nach einer Unterbringung des Kindes in einer Pflegefamilie oder in einem Heim den Eltern Hilfe und Unterstützung gewährt werden. Die Hilfen zur Erziehung umfassen auch die Gewährung pädagogischer und therapeutischer Leistungen.[139]

Die sogenannte Inobhutnahme[140] bildet als vorläufige Unterbringungsmaßnahme des Minderjährigen eine Ausnahme: Als Kriseninterventionsmaßnahme und damit als vorläufige Maßnahme zum Schutz von Kindern und Jugendlichen bedarf es keiner beratenden oder gar therapeutischen Vorarbeit mit den Personensorgeberechtigten.

Trennungen von Kindern von ihrer Herkunftsfamilie erfolgen jedoch nicht immer aufgrund erzieherischer oder betreuerischer

Defizitsituationen, wie Vernachlässigungen, Mißhandlungen oder sexuellem Mißbrauch. Vielfach spielen bei einer Herausnahme des Kindes aus dem Elternhaus auch andere defizitäre Sozialisationsbedingungen und soziale Notlagen der Erwachsenen eine Rolle, wie der Ausfall eines oder beider Elternteile durch Krankheit, Unfall, Haft, Arbeitslosigkeit, Wohnungslosigkeit und Krisensituationen bei sich trennenden oder scheidenden Eltern.

Die Fremdunterbringung ist der Sammelbegriff für Maßnahmen, die eine Unterbringung in einer anderen Familie, bei einer anderen Person, in einem Heim oder in einer ähnlichen Einrichtung zur Folge haben. Unterbringungen außerhalb des Elternhauses können zeitlich befristet oder auf Dauer erfolgen.

Das vernachlässigte, ausgebeutete oder mißhandelte Kind

Gewalt gegen Kinder, wie sie sich in Vernachlässigungen, Mißhandlungen, sexueller Ausbeutung oder in seelischen Grausamkeiten niederschlägt, kann sich auf struktureller und damit auf gesellschaftlicher Ebene (Armut, Hunger, Krankheit, politische Verfolgung, Krieg usw.) zeigen oder auf interpersonaler Ebene. Strukturelle und interpersonale Gewalt sind allerdings häufig eng und untrennbar miteinander verknüpft. So ist beispielsweise seit langem bekannt, daß Not und Armut ein schlimmer Nährboden von Gewalt gerade gegenüber Kindern sind.

Auf beiden Ebenen sind Übergänge und Grenzen zwischen „noch nicht schädigend", „wahrscheinlichen" oder „sicheren" Schädigungen und Mißhandlungen fließend.

Nora kommt in eine Pflegefamilie

Die sechsjährige Nora D. kam kurz nach ihrer Einschulung im Jahre 1991 vorübergehend in ein Heim und kurze Zeit später in eine Pflegefamilie.

Ihr Vater war Lehrer, ihre Mutter medizinisch-technische

Assistentin. Beide Eltern waren berufstätig. Die Mutter kam nach der Arbeit erst gegen 17.00 Uhr nach Hause, der Vater fast immer gegen 14.00 Uhr. Die Ehe der Eltern war seit Jahren gespannt. Beide hatten den Eindruck, sich auseinandergelebt zu haben. Miteinander geschlafen hatten beide seit Jahren nicht mehr. Frau D. hatte keinen Freund; sie meinte, ohne Sexualität gut zurechtzukommen. Herr D. hatte ab und zu eine Freundin, behauptete es später zumindest.

Das Kind, Schulden und vor allem die teure Eigentumswohnung waren nach übereinstimmender Einschätzung beider Eheleute die wichtigsten Gründe dafür, daß sich beide noch nicht getrennt hatten.

Nora hatte zu ihrem Vater eine deutlich engere Bindung als zu ihrer Mutter. Der Vater unternahm mit seiner Tochter viel. Außenstehende hatten immer häufiger den Eindruck, daß Nora sich dem Vater gegenüber eher wie eine Freundin und Partnerin verhielt. Nora mochte ihre Mutter nicht sonderlich; die meckert oft, meinte sie.

Kurz vor Weihnachten erzählte Nora ihrem gleichaltrigen Freund Thomas S. aus der Nachbarschaft, mit dem sie Doktorspiele machen wollte, daß sie den Penis des Vaters immer so lange streicheln müsse, „bis was Weißes" rauskäme. Das wolle sie jetzt auch mit Thomas machen.

Die Mutter des Jungen belauschte das Gespräch der Kinder. Einige Minuten später stellte sie den Vater Noras zur Rede. Dieser stritt aufgebracht sexuelle Kontakte mit seiner Tochter ab und stellte sie als Lügnerin hin. Daraufhin zeigte die Frau S., empört und schockiert, wie sie war, Herrn D. bei der Polizei an.

Die Untersuchungen des Kindes im „Kindernotdienst" ergaben, daß Nora seit etwa zwei Jahren regelmäßig von ihrem Vater sexuell mißbraucht worden war. In dieser Zeit war Nora offensichtlich zur Geliebten des Vaters gemacht worden, die alle sexuellen Bedürfnisse des Vaters zu erfüllen hatte.

Auch nach der Aufklärung der Taten trennten sich die Eltern Noras nicht. Frau D. war nach wie vor davon überzeugt, daß ihr Mann, so problematisch er auch sonst sein mochte, die Tochter nicht mißbraucht hatte. Im übrigen weigerte sich Herr D., aus der Wohnung auszuziehen. In dieser Haltung wurde er von seiner Frau unterstützt.

Da sich die Eltern gegenüber den Behörden uneinsichtig und auch sonst nicht gesprächsbereit zeigten, sah sich das Jugendamt gezwungen, für Nora eine Pflegestelle zu suchen und die geplante Unterbringung des Kindes in einer Pflegefamilie durch einen vormundschaftsgerichtlichen Beschluß abzusichern.

Ein daraufhin vom Vormundschaftsgericht beauftragter psychologischer Sachverständiger bestätigte den sexuellen Mißbrauch im vollen Umfang.

Alle Verfahrensbeteiligten wurden nunmehr von Herrn D. mit Dienstaufsichtsbeschwerden und Strafanzeigen überzogen.

Schließlich wurde Herr D. zu 2 1/2 Jahren Freiheitsstrafe verurteilt, die er wegen der Schwere der Tat auch sofort antreten mußte.

Sebastian kommt ins Heim

Der elfjährige Sebastian M. besuchte nur noch unregelmäßig die sechste Klasse einer Grundschule. Die Lehrer wandten sich wiederholt an die Mutter des Jungen, die auf mehrere Anschreiben nicht reagierte. Schließlich wurde wegen wiederholter Schulversäumnisse des Jungen das Jugendamt informiert.

Die Mutter des Jungen, die bereits seit mehr als fünf Jahren geschieden war und von ihrem Ex-Ehemann keinen Unterhalt erhielt, war seit der Trennung im Jahre 1986 gezwungen, ganztags als Montiererin in einer Fabrik zu arbeiten. Frau M. konnte sich erst spät am Nachmittag um den Jungen kümmern, falls sie nicht ihre Erschöpfung auch daran hinderte.

Sebastian hatte bis Vollendung des zehnten Lebensjahres nach der Schule einen Hort besucht. Nun war er nach Schulschluß bis zur Rückkehr seiner Mutter von der Arbeit auf sich allein gestellt. Schularbeiten machte er schon lange nicht mehr. Er trieb sich gern mit anderen Jungen herum, deren Eltern auch nicht zu Hause waren. Den Vater hatte der Junge nach der Trennung seiner Eltern nicht mehr gesehen. Auch die Mutter wußte nicht, wo sich der Vater aufhielt.

Das Jugendamt ließ sich nach einem Hausbesuch von der Mutter überzeugen, daß im großen und ganzen bei ihr und mit dem Jungen bis auf die Betreuungslücke am Nachmittag alles in Ordnung sei. Weitere Maßnahmen erfolgten nicht.

Einige Wochen später wurde der Junge mit drei anderen Jugendlichen bei einem Raubüberfall auf eine betagte Rentnerin in einem Park gefaßt. Die polizeilichen Ermittlungen ergaben, daß Sebastian schon wiederholt in den letzten Monaten Eigentumsdelikte begangen hatte.

Nach Abschluß der vorläufigen Ermittlungen wurde die Mutter noch am selben Tag von der Polizei aufgefordert, den Jungen von der Polizeiwache abzuholen. Als Frau M. sich weigerte, den Jungen bei sich aufzunehmen, wurde Sebastian von den ratlosen Polizeibeamten zunächst in den Jugendnotdienst gebracht, eine heimähnliche Einrichtung für Notfälle.

Da sich die Mutter auch an den nächsten Tagen weigerte, den Jungen abzuholen, und zwar aus Enttäuschung über den Jungen, wie sie später berichtete, stellte das Jugendamt nach mehreren vergeblichen Versuchen beim Vormundschaftsgericht einen Antrag, die elterliche Sorge einem Pfleger zu übertragen und den Jungen in einem Heim unterzubringen.

Sebastian fühlte sich im Kinderheim recht wohl. Nach einigen Wochen durfte er an den Wochenenden seine Mutter besuchen. Zuvor hatte er ihr versprechen müssen, in Zukunft keine „krummen Dinger" mehr zu machen.

Dennoch hielt es die Mutter jetzt auch im Einvernehmen mit dem Jugendamt für richtig, ihren Sohn noch einige Monate im Heim zu belassen; zumindest so lange, bis sie in der Frühschicht arbeiten konnte, um mittags zu Hause sein zu können.

Rechtliche Grundlagen und sozialwissenschaftliche Erkenntnisse

Wenn eine dem Wohl des Kindes oder des Jugendlichen entsprechende Erziehung nicht mehr gewährleistet ist, haben die Personensorgeberechtigten (in der Regel beide sorgeberechtigten El-

tern oder der sorgeberechtigte Elternteil) bei der Erziehung Anspruch auf die für die Entwicklung des Kindes oder des Jugendlichen geeignete und notwendige Hilfe zur Erziehung. Dabei ist
der erzieherische Bedarf unter Einbeziehung des engeren sozialen Umfeldes des Kindes oder Jugendlichen zu beachten.

„Hilfe zur Erziehung" umfaßt insbesondere die Gewährung
pädagogischer und damit verbundener therapeutischer Leistungen.[141] Aus diesen Vorschriften wird die *Leistungsverpflichtung*
des Jugendamtes deutlich.

Erst wenn das Jugendamt das Wohl des Kindes oder des Jugendlichen für gefährdet und zur Abwendung der Gefährdung
das Tätigwerden des Gerichts für erforderlich hält, hat es das
Vormundschaftsgericht anzurufen.[142] Mit dieser Maßnahme
wird die *Eingriffsverpflichtung* des Jugendamtes dokumentiert.
Trotz dieser gesetzlichen Vorgabe entscheidet das Jugendamt ei-
genverantwortlich, ob es das Vormundschaftsgericht anruft oder
nicht.

Sind ambulante Hilfen ergebnislos versucht worden oder reichen sie nicht aus, wie zum Beispiel eine Erziehungsberatung,
eine soziale Gruppenarbeit, Hilfen durch einen Erziehungsbeistand oder Betreuungshelfer oder eine sozialpädagogische Familienhilfe, kommen teilstationäre oder stationäre Hilfen in einer
Tagesgruppe, eine Vollzeitpflege in einer anderen Familie oder
eine Heimerziehung oder ein sonstiges betreutes Wohnen in Betracht.

Unterbringung in einer Pflegefamilie

Bei den Hilfen zur Erziehung außerhalb der Herkunftsfamilie
spielt die Unterbringung des Kindes in einer anderen Familie im
Sinne der sogenannten „Vollzeitpflege" oder „Dauerpflege" neben der Unterbringung in einem Heim die bedeutendste Rolle.
Dabei ist dem Sprachgebrauch nach auch die Vollzeitpflege entweder eine zeitliche befristete Erziehungshilfe oder eine auf
Dauer angelegte Erziehungs- und Lebensform.[143]

1988 wurden im Rahmen teilstationärer und stationärer Unterbringungsmaßnahmen rund 125 500 Minderjährige betreut,

davon nach der damals noch üblichen Terminologie des alten Jugendwohlfahrtsgesetzes etwa 70 000 (1989 etwa 74 000) im Rahmen der Pflegeaufsicht in Pflegefamilien und rund 42 000 im Rahmen der Hilfe zur Erziehung, der Freiwilligen Erziehungshilfe und der Fürsorgeerziehung in Heimen.[144] Von der Vollzeit- oder Dauerpflege in Pflegefamilien waren 1988 46 000 Minderjährige betroffen.[145] Nur rund ein Drittel dieser in eine Pflegefamilie vermittelten Kinder bleibt dort länger als fünf Jahre.

Rund 30 % bis 40 % aller Pflegeverhältnisse werden vor Ablauf von fünf Jahren aus formalen Gründen beendet (Vollendung des sechzehnten Lebensjahrs, durch Volljährigkeit oder Adoption). Weitere 30 % bis 40 % enden mit der Rückkehr in die Herkunftsfamilie. Und bei 20 % bis 40 % kommt es aus anderen Gründen zu einer Beendigung (Abbruch des Pflegeverhältnisses, Wechsel in Adoptionspflegestellen oder Spezial- und Therapieeinrichtungen, Jugendwohnungen und Wohngemeinschaften). Die prozentualen Schwankungen erklären sich durch die Spannbreite, die sich durch unterschiedliche Bezugsquellen und Datengrundlagen ergeben.[146]

Die meisten der 30 % bis 40 % Pflegekinder, die wieder in ihre Herkunftsfamilie zurückkehren, bleiben weniger als zwei Jahre in der Pflegefamilie. Da Umgebungswechsel und ein Wechsel der Bezugspersonen für Kinder immer auch belastende und kritische Lebensereignisse darstellen und oft mit Trennungskrisen verbunden sind, sollte man annehmen, daß zumindest die Reintegrationsbemühungen, die Rückkehr und die Eingewöhnungzeit in die Herkunftsfamilie für die Kinder fachlich gut vorbereitet sind und begleitet werden. Das gleiche gilt in bezug auf Hilfe und Unterstützung auch für die Pflegefamilie und Herkunftsfamilie. Neuere Untersuchungen belegen jedoch, daß die Beendigung eines Pflegeverhältnisses und die Reintegration in die Herkunftsfamilie, die sich häufig strukturell, personell und von der Wohngegend her betrachtet grundlegend verändert hat, in der Regel im Ergebnis keinesfalls einem fachlich geplanten Prozeß mit allen beteiligten und in Frage kommenden Personen entspricht.[147] So verwundert es nicht, daß jedes dritte bis vierte Kind früher oder später erneut den

Lebensort wechseln muß. Möglicherweise ist nach Inkrafttreten des KJHG eine Änderung in Sicht, da nunmehr alle Beteiligten an der Unterbringung mitzuwirken haben und darüber hinaus ein Hilfeplan gemeinsam erarbeitet und aufgestellt werden soll.[148] Das Ziel dieser neuen gesetzlichen Vorgaben besteht darin, die Fremdunterbringung beziehungsweise die Inpflegegabe des Kindes nur noch auf der Grundlage fachlicher und kontinuitätssichernder Planungen vorzunehmen, wobei die dauerhafte oder auch zeitlich befristete Unterbringung in der Pflegefamilie oder die Rückkehr in die Herkunftsfamilie gleichberechtigten Intentionen des KJHG entsprechen, die sich ausschließlich nach der Kindeswohlmaxime und damit nach Lage des Einzelfalles zu richten haben.

Unterbringung in einem Kinderheim

Neben der Erziehung in einer Pflegefamilie spielt die Heimerziehung im Rahmen der sogenannten Fremdunterbringungen bei Minderjährigen die bedeutendste Rolle.

Nach Angaben des Statistischen Bundesamtes lebten im alten Bundesgebiet Ende 1989 41 600 Kinder und Jugendliche in Heimen. 61 % waren Jungen und 39 % Mädchen; auf ausländische Minderjährige entfiel ein Anteil von 10 %. 3400 der Kinder waren unter sechs Jahre; 21 000 waren sechs bis 14 Jahre und 16 300 Minderjährige waren 15 bis 18 Jahre alt. Seit 1980 ist die Zahl der Heiminsassen mit mehr als 60 000 um ein Drittel zurückgegangen. Die durchschnittliche Verweildauer im Heim verringerte sich in dieser Zeit von 36,5 auf 32 Monate.[149]

Bis in die siebziger Jahre führten schlechte Betreuungsverhältnisse oder pädagogisch fragwürdige Erziehungsmethoden (körperliche Züchtigungen, Einschließen, Zwangsvorführungen beim Arzt usw.) immer wieder zu Skandalen. Vor allem in dieser Zeit wurden solche Skandale in sogenannten Heimkampagnen von der Studenten- und Sozialarbeiterbewegung aufgegriffen und öffentlich angeprangert. Aufgrund anhaltender Kritik an der Heimerziehung kam es schließlich zu weitreichenden Reformen. Nach massiven Protesten wurden zum Beispiel kleinere Heime und Jugendwohngemeinschaften eingerichtet, die Gruppen in den Heimen verkleinert und der Personalschlüssel vergrößert. Darüber hinaus wurde die Ausbildung des Personals verbessert.

Im Zusammenhang mit dieser ersten Reformphase, die die Heimerziehung erheblich verteuerte (zum Beispiel betrugen 1970 die Kosten für die gesamte Jugendhilfe in den alten Bundesländern 1378,6 Millionen, 1980 5312,9 und 1989 11 652,6 Millionen),[150] weitete sich nicht zuletzt aus Kostengründen das Pflegekinderwesen aus.[151]

Ende der siebziger Jahre löste das nunmehr mit der Heimerziehung konkurrierende und sich weiter ausweitende Pflegekinderwesen einen erneuten Reformschub in der Heimerziehung aus: Jetzt machten sich allerdings auch finanzielle Beschränkungen in der Jugendhilfe bemerkbar, die Mitte der siebziger Jahre mit der damals anhaltenden Wirtschaftskrise begonnen hatten. Insgesamt führte diese Entwicklung trotz eingeschränkter finanzieller Mittel zu einer weiteren Auflösung der Großanstalten zugunsten kleinerer Heime, kleiner Wohneinheiten, Wohngemeinschaften und Außenwohngruppen und zu einer Verbesserung des Ausbildungsniveaus der Mitarbeiter. Nun etablierten sich auch mehr und mehr therapeutische Konzepte in der Heimerziehung; des weiteren wurde die pädagogische Arbeit mit den Eltern der Heimzöglinge systematisiert. Ebenso wurden etwa Alternativen zur geschlossenen Unterbringung entwickelt,[152] die sozialpädagogische Familienhilfe ausgebaut, Tagesheimgruppen für schwierige und behinderte Kinder und betreute Wohnformen für entlassene Heimkinder eingerichtet.[153]

Wirft man heute den Blick auf *äußere* Aspekte der Versorgung, läßt sich leicht feststellen, daß mittlerweile allen Kindern der bundesdeutschen Heimerziehung ausreichend Essen, Kleidung, Spielzeug und angemessene Unterkunft angeboten werden. Das Personal ist in aller Regel gut ausgebildet und trotz von Bundesland zu Bundesland unterschiedlicher Erzieherschlüssel und Gruppengrößen (Anzahl der Erzieher pro Kindergruppe) ausreichend vorhanden. Das Kinderheim scheint somit ein akzeptabler Ort für Kinder und Jugendliche geworden zu sein. Betrachtet man jedoch die *inneren* Aspekte zwischenmenschlicher „Versorgung", weist eine gerade in der Heimerziehung anzustrebende kontinuierliche Betreuung der Kinder durch Fluktuationen in den Kindergruppen und vor allem beim Personal durch Krankheit, Urlaub, Kündigungen, Neueinstellungen, Schichtdienst und so weiter vielerorts erhebliche und anhaltende Mängel auf.

Der Heimalltag ist nach wie vor nicht überall durch das Aufrechterhalten stabiler und sicherer zwischenmenschlicher Beziehungen und Bindungen gekennzeichnet, die dem Kind anhaltende Geborgenheit geben könnten.

Kritisch muß festgehalten werden, daß Heime, in denen aus unterschiedlichen Gründen eine kontinuierliche Betreuung der Kinder nicht gewährleistet ist, dem Wohlergehen der in der Regel emotional unterversorgten Kinder nicht in wünschenswertem Maß dienen. Solche Heime sind somit trotz hoher Kosten und großer Anstrengungen des Personals gerade für in Not geratene Kinder ein unzureichender Lebensort. Wahrscheinlich hat aus diesem Grund in den Jugendämtern mittlerweile die Unterbringung von Minderjährigen und vor allem von Kindern in Pflegestellen Vorrang vor Unterbringungen in Heimen. Mit gutem Grund wird nun auch wieder die Forderung nach mehr kontinuierlicher Betreuung im Heim erhoben. Dieses Ziel soll diesmal durch eine radikale Veränderung der Arbeitszeiten und der Personalstruktur erreicht werden.[154]

Kind, Elternhaus, Familie

Nach den amtlichen statistischen Daten erhielt 1989 mit steigender Tendenz gut eine Million Minderjähriger erzieherische Hilfen im Rahmen der Jugendhilfe. Die exakte Anzahl der Familien, die von diesen Maßnahmen betroffen sind, läßt sich aus den statistischen Daten nicht sicher ermitteln.[155] Es ist aber nach diesem Zahlenmaterial anzunehmen, daß 1989 weit mehr als eine halbe Million Familien erzieherische Hilfen in Anspruch genommen beziehungsweise erhalten haben.

Trotz vielfältiger Störungen in der Familie stellt die Lebenseinheit von Kind und Elternhaus in der Familie in unserem Kulturkreis nach wie vor die primäre und wichtigste Sozialisationseinheit für Kinder dar.

Für eine gedeihliche Entwicklung der Kinder hat dabei der formale Status der Familie (ehelich, nichtehelich, alleinerziehend, Stiefelternfamilie) oder der rechtliche Status der Verbindung der Eltern beziehungsweise die formale Seite der Kind-Eltern-Beziehung keine besonders herausragende Bedeutung. Ausschlaggebend ist die gelebte Kind-Eltern-Beziehung und die Art und Weise, wie dieser Personenverband tatsächlich zusammenlebt, welche Formen von Beziehungen, welche Regeln des Verhaltens gelten und gefördert werden und welche Werte und Rollen Kinder kennenlernen, annehmen und für ihre eigene Lebensgestaltung nutzen. Von dieser Gestaltung des alltäglichen Miteinander-Umgehens hängt es ab, ob Kinder die Erfahrungen und Regeln, die ihnen von den Eltern beziehungsweise in der Familie vermittelt wurden, auch in anderen sozialen Lebensbereichen sinnvoll und erfolgreich anwenden können.

Wie gut beispielsweise Kinder mit anderen Menschen zurechtkommen, hängt von der Qualität innerfamiliärer Beziehungen ab.

Ein günstiger Sozialisationsverlauf wird nach derzeitigem sozialwissenschaftlichen Erkenntnisstand angenommen, wenn das Elternhaus beziehungsweise die Familie den Kindern eine gewisse Ausgewogenheit zwischen festen Regeln und spontanen Möglichkeiten in und außerhalb der Familie eröffnet, wenn in der Kind-Eltern-Beziehung zwischen gefühlsmäßiger Nähe und Distanz ein ausgeglichenes Verhältnis besteht und wenn in der Familie die Fähigkeit zur Abgrenzung ebenso wie zur Öffnung gegenüber Außeneinflüssen erworben wird.

Störungen dieses schwierigen Balanceaktes treten vornehmlich bei finanzieller Not der Eltern, Arbeitslosigkeit, Verlust der Wohnung, Gewalt, Alkoholismus, Süchten anderer Art oder bei schwerer körperlicher und seelischer Erkrankung auf. Daraus resultierende Symptome dieser Nöte gehen besonders häufig bei einem chronifizierten Verlauf zu Lasten der Kinder und können sich in körperlichen und seelischen Mißhandlungen, sexuellem Mißbrauch und Verwahrlosung zeigen.

Dabei zeichnen sich gerade kritische Lebensereignisse der oben genannten Art, zu denen im übrigen auch Trennungen und Scheidungen gehören, durch Unvorhersagbarkeit und Unkontrollierbarkeit aus. Alle kritischen Lebensereignisse erfordern vielfältige und komplexe Anpassungsprozesse von seiten der Betroffenen, die häufig professionelle Hilfen erforderlich machen. Diese Anpassungsprozesse, die entweder durch sogenannte Selbstheilungskräfte der betroffenen Personen oder Personengruppen möglich werden und/oder durch professionelle Hilfen, sind auf Erklärung und Sinnfindung des Geschehens ausgerichtet, auf Wiederherstellung der innerfamiliären und eigenen Handlungsfähigkeit und auf Stabilisierung des Selbstwertgefühls.

Dennoch reichen insbesondere nach längeren Krisen strukturelle Verbesserungen allein, aber auch die verbliebenen Selbstheilungskräfte und die professionellen Hilfen oft nicht mehr aus, um für Kinder einen wirksamen Schutz sicherzustellen. Zumindest eine vorübergehende Herausnahme des Kindes aus dem Elternhaus scheint dann unter Abwägung aller Gesichtspunkte die am wenigsten schädliche Alternative zu sein.

Kind, Jugendamt und Vormundschaftsgericht

Bei einem hohen Anteil der Pflege- und Heimkinder geht die Fremdunterbringung auf eine richterliche Entscheidung zurück.[156] Exakte Zahlen sind jedoch statistisch nicht erfaßt. Für den Pflegekinderbereich werden beispielsweise Schätzzahlen in Höhe von 30 % bis 50 % genannt.[157]

Wie im Fall der Trennung, Scheidung oder Adoption hat auch im Rahmen einer familiengerichtlichen oder vormundschaftsgerichtlichen Unterbringungsmaßnahme das Gericht stets das Jugendamt, die Eltern und grundsätzlich auch das Kind anzuhören.[158] Nur bei Gefahr in Verzug kann das Gericht im Wege der einstweiligen Anordnung zunächst auf Anhörungen verzichten, die allerdings so schnell wie möglich nachzuholen sind. Im Gesetz sind hierfür aber keine Fristen genannt.

Auch im Fall einer Fremdunterbringung hat das Jugendamt das Vormundschaftsgericht – wie auch im Sorgerechtsverfahren oder umgangsrechtlichen Verfahren das Familiengericht – „insbesondere" über angebotene und erbrachte Leistungen zu unterrichten und erzieherische und soziale Gesichtspunkte zur Entwicklung des Kindes einzubringen.[159]

Das Vormundschaftsgericht hat im Rahmen der Anhörung des Minderjährigen, vergleichbar der Anhörung des Minderjährigen vor dem Familiengericht, dessen Neigungen, Bindungen und Willen zu berücksichtigen und zu würdigen. Das Gericht hat sich somit auch und gerade bei Unterbringungen einen persönlichen Eindruck vom Kind zu verschaffen.

Mehr als im familiengerichtlichen Verfahren – bei der anstehenden Regelung der elterlichen Sorge oder des Umgangsrechts – wird in Unterbringungssachen der Richter mit dem Kind zurückliegende, unter Umständen das Wohl des Kindes nachhaltig berührende Ereignisse besprechen, um zu einem in Anbetracht der Schwere des Eingriffs sachgerechten Urteil zu kommen. Unterbringungen von Kindern durch Gerichtsbeschluß bedeuten eine Herausnahme des Kindes aus dem Elternhaus. Sie sind immer auch Maßnahmen zum Schutz des Kindes. Bei diesen Fallkonstellationen wird man dem Willen des Kindes, wo und bei wem es beispielsweise wohnen und leben möchte, einen anderen Stellenwert beimessen müssen als zum Beispiel bei einem Sorgerechtsverfahren. Normalerweise wird das Kind nicht in der Lage sein, die Tragweite und Notwendigkeit einer Herausnahme zu erfassen. Der Wille des Kindes wird somit in aller Regel darauf ausgerichtet sein, im Elternhaus zu bleiben, obwohl gerade dort sein Wohlergehen beeinträchtigt ist, während im Sorgerechtsverfahren das Kind – selbst bei streitenden Eltern – normalerweise zwischen mehreren Alternativen und Lösungen wählen kann.

Bei Fallkonstellationen mit akuten Gefährdungen des Kindes muß unter Umständen sein Wille, bei den Eltern zu bleiben, übergangen werden.

Anders sieht es aus, wenn das Kind zum Beispiel seit längerer Zeit in einer Pflegefamilie lebt: Bei der gerichtlichen sogenannten Verbleibensanordnung,[160] wenn also Kinder über einen längeren Zeitraum in einer Pflegefamilie wohnen und leben, sich dort eingewöhnt haben und feste Beziehungen und neue Bindungen entstanden sind, ist eine sachgerechte Entscheidung nur denkbar, wenn dem vom Kind geäußerten Willen, bei den Pflegeeltern zu bleiben, Rechnung getragen wird.

Das Herausstellen der Rechte der leiblichen Eltern, wie es lange Zeit im bundesdeutschen Recht üblich war, bedeutete in der Vergangenheit häufig eine Mißachtung der Rechte des Kindes auf Erhaltung bestehender und neu gewachsener Beziehungen und Bindungen. Der Vorrang der Rechte der leiblichen Eltern gegenüber den Pflegeeltern führte nicht selten zu einer Herausnahme des Kindes bei den Pflegeeltern, ohne daß das Kindeswohl oder die Rechte des Kindes genügend beachtet wurden.

Eine Rückkehr des Kindes zu den leiblichen Eltern sollte in aller Regel nach Ablauf eines Jahres nur nach sorgfältigen Reintegrationsschritten eingeleitet werden. Sollte jedoch das Aufrechterhalten enger und stabiler Beziehungen und Bindungen des Kindes an seine sozialen oder faktischen Eltern mehr seinem Wohl dienen als eine Rückkehr zu den leiblichen Eltern, darf eine Reintegration zu den leiblichen Eltern unter Umständen nicht mehr erfolgen.

Die Rechtsprechung setzt als entscheidenden Maßstab im Rahmen einer Verbleibensanordnung nicht ein weiteres Fehlverhalten der leiblichen Eltern voraus, sondern ausschließlich eine durch die erneute Herausnahme des Kindes eintretende Gefährdung seines Wohlergehens.

Den leiblichen Eltern wird somit das Aufenthaltsbestimmungsrecht für ihr Kind nach längerer Verweildauer in einer Pflegefamilie nicht verwehrt, weil sie das Sorgerecht mißbrauchen, sondern weil durch eine erneute Herausnahme das Wohl des Kindes eventuell gefährdet wäre. Den leiblichen Eltern wird also im Interesse des Kindes ein Opfer abverlangt.[161]

Unter verfassungsrechtlichen Gesichtspunkten wird von rechtswissenschaftlicher Seite angeführt, daß das Persönlichkeitsrecht des Kindes mit zunehmender Selbstbestimmungsfähigkeit die im Elternrecht wurzelnden Rechtsbefugnisse einschränkten.[162] Darüber hinaus seien immer auch im

Spannungsverhältnis zwischen leiblichen Eltern, Pflegeeltern und Kind die nach dem Grundgesetz[163] den Pflegeeltern erwachsenen und zustehenden Grundrechte zu beachten, durch die eine Herausnahme des Kindes zur Unzeit verhindert werden muß.[164] Damit wird offensichtlich nach dieser Sicht bei unpassenden Herausgabebemühungen der leiblichen Eltern gerade in der Nichtberücksichtigung der entstandenen Beziehungen und Bindungen des Kindes zu seinen Pflegeeltern eine Kindeswohlgefährdung angenommen.

Alle anderen durch das Jugendamt in die Wege geleiteten und somit nicht durch das Gericht beschlossenen Unterbringungen Minderjähriger erfolgen auf freiwilliger Grundlage, auf Antrag und in Absprache mit den Eltern unter Einbeziehung der Kinder.

Maßnahmen der Reintegration

Eltern und Kinder sollten sich möglichst nicht als Opfer von Maßnahmen des Jugendamtes oder des Vormundschaftsgerichts erleben.

Deshalb ist in den einschlägigen Vorschriften im BGB und vor allem im neuen Kinder- und Jugendhilferecht vorgesehen, während und nach einer Maßnahme zur Unterbringung von Kindern den Eltern und Kindern Hilfe und Unterstützung anzubieten. Insbesondere bei „KJHG-Unterbringungen" soll den Eltern auf freiwilliger Grundlage umfassende Beratung angeboten werden. Das Jugendamt hat den Eltern gegenüber sogar umfassende Beratungs- und Informationspflichten.

Eltern und Kinder sollen nach diesen Vorstellungen und nach dem Sinngehalt der einschlägigen gesetzlichen Vorschriften während des gesamten Prozesses der Unterbringung möglichst Entscheidungsbeteiligte bleiben. So sind zum Beispiel Eltern und Minderjährige auch an der Erstellung des sogenannten Hilfeplans und an der Auswahl der Pflegestelle oder des Kinderheims zu beteiligen.[165]

Das Jugendamt hat die Eltern ferner über die Rechtsfolgen der Fremdunterbringung zu unterrichten und trotz der im Gesetz vorgesehenen grundsätzlichen Rückkehroptionen in das Elternhaus darauf hinzuweisen, daß Eltern ihr Kind insbesondere dann nicht mehr nach Belieben von einem Ort zum anderen bringen können, wenn es längere Zeit in einer Pflegefamilie oder in einem Kinderheim verbracht hat (im Sinne der oben bereits ausführlicher behandelten Verbleibensanordnung).

Das Jugendamt hat die Maßnahme der Fremdunterbringung in regelmäßigen Zeitabständen von Amts wegen zu überprüfen. Es hat festzustellen, ob die gewählte Hilfeart weiterhin geeignet und notwendig ist.[166]

Will man nicht in Kauf nehmen, daß die gesetzlich vorgeschriebenen Überprüfungen nur routinemäßig verlaufen, müßten in Zukunft die betreffende Einrichtung oder die Pflegefamilie regelmäßig vom zuständigen Sozialarbeiter aufgesucht und mit den derzeitigen Betreuungspersonen, den Eltern und dem Kind Kontakte aufgenommen, Beobachtungen gemacht und Gespräche geführt werden.

Bei konkreten Rückkehrbemühungen ist zu beachten, daß sich häufig die leibliche Familie, in die das Kind reintegriert werden soll, durch das Ausscheiden oder Hinzukommen von Familienmitgliedern wesentlich verändert hat. Wenn solche Veränderungen nicht beachtet werden, treten bei einer Reintegration in diese Familie fast unweigerlich Schwierigkeiten auf, die zu einer erneuten Herausnahme führen können. Auf alle Fälle sollten bei einer Rückkehr des Kindes in seine leibliche Familie zumindest die Gründe, die früher zur Unterbringung geführt haben, entfallen sein; zudem sollten die Dauer der Unterbringung, das Alter des Kindes, sein Wille, die bestehenden Beziehungen und Bindungen aufrechterhalten, der psychosoziale Entwicklungsstand und die soziale und psychische Verfassung der Herkunftsfamilie beachtet werden.

Ausblick

Kommt nach längerer Fremdunterbringung eine Rückkehr des Kindes in seine Ursprungsfamilie nicht in Frage, muß das Vormundschaftsgericht eine Entscheidung treffen, mit der ein dauerhafter Verbleib des Kindes sichergestellt wird. Es hat sich dabei am Bedürfnis des Kindes nach Aufrechterhalten der neu entstandenen und gewachsenen Beziehungen und Bindungen zu orientieren.

Über die Modalitäten und Prioritäten – Rechte des Kindes, Rechte der Pflegeeltern, Rechte der leiblichen Eltern – einer Herausnahme des Kindes aus einem Betreuungsverhältnis außerhalb der Herkunftsfamilie wird seit Jahrzehnten erbittert in der Alltagspraxis, Wissenschaft und Rechtsprechung gestritten: Wie oft, wenn Erwachsene und Behörden *über* Kinder streiten, findet das Wohlergehen des Kindes dann zu wenig Beachtung.

Zeitgeist und Theorie spielen für diese Entscheidungen eine zentrale Rolle, wenn sie zum Beispiel eher biologisch auf die leiblichen Eltern konzentriert oder eher sozialpsychologisch an den faktischen Eltern orientiert sind.

So wurde bis Anfang der achtziger Jahre bei der Diskussion zu Fragen des Aufrechterhaltens von Bindungen und Beziehungen zwischen Kind und Erwachsenem die sogenannte faktische oder soziale Elternschaft favorisiert: Nicht das Aufrechterhalten der biologischen und somit leiblichen Verbindung zwischen Kind und Eltern war nach dieser Sicht ausschlaggebend, sondern das Aufrechterhalten gelebter Beziehungen und Bindungen in einer sozialen oder faktischen Elternschaft (sogenannte psycho-soziale Perspektive).

Mittlerweile werden in Wissenschaft und Öffentlichkeit wieder vermehrt Überlegungen angestellt, wonach weniger soziale als vielmehr biologische Verwandtschaftsbeziehungen den höheren Stellenwert haben sollen. Damit gewinnt das Faktum der leiblichen oder biologischen Elternschaft gegenüber der sozialen Elternschaft wieder größere Bedeutung. In der Wissenschaft spricht man neuerdings bei der Analyse zwischenmenschlicher Beziehungen und Bindungen statt von der sogenannten psycho-sozialen von der sogenannten bio-psycho-sozialen Perspektive.

Für ein Kind sind die gelebten und gewachsenen Beziehungen und Bindungen mit den faktischen oder sozialen Pflegeeltern nach Ablauf einer gewissen Zeit normalerweise bedeutsamer als abgebrochene oder nur durch gelegentliche Kontakte aufrechterhaltene Verbindungen mit den leiblichen Eltern.

Grundsätzlich sollte ein erneuter Wechsel eines Kindes unter vier Jahren nach mehr als einem Jahr nicht mehr statthaft sein.

Nach einer neueren Untersuchung tendiert im Gegensatz zu dieser Vorstellung die Rechtsprechung allerdings dazu, eine Herausnahme des Kindes erst nach Ablauf von mehr als zwei Jahren nicht mehr zu gestatten.[167]

Kind und nichteheliche Lebensgemeinschaft

Formen des Zusammenlebens von Mann und Frau ohne staatlichen oder kirchlichen Segen, also ohne Eheschließung, existieren so lange, wie es die Ehe gibt.[168] Eine erhebliche Zunahme nicht verheirateter Lebensgemeinschaften ist seit Ende des Zweiten Weltkrieges und vor allem mit Beginn der siebziger Jahre in fast allen Industriestaaten zu beobachten.[169] Die Zunahme nichtehelicher Lebensgemeinschaften steht mit ökonomischen und moralischen Umwälzungen im Zusammenhang, die die Struktur und Wertmaßstäbe von Ehe und Familie grundlegend veränderten.[170]

Lebensgemeinschaften nicht Verheirateter hätten beispielsweise nicht in dem seit etwa 20 Jahren bekannten Ausmaß anwachsen können, so lange moralische, ethische und kirchliche Maßstäbe und Ideologien die Ehe als einzig denkbare Lebensform herausstellten. Zudem verhinderte lange Zeit nach der industriellen Revolution die ökonomische Abhängigkeit der Frauen von den Männern eine im gesamtgesellschaftlichen Ausmaß relevante Entwicklung und Etablierung der rechtlich und finanziell unsicheren Lebensform nicht Verheirateter.

Inzwischen hat sich die nichteheliche Lebensgemeinschaft als allgemein zur Kenntnis genommene und von weiten Teilen der Bevölkerung akzeptierte Lebensform etabliert.[171] So nahmen bereits 1981 sieben von zehn Bundesbürgern keinen Anstoß am unverheiratetem Zusammenleben. Der Grad der Akzeptanz und Befürwortung war in der Altersgruppe der Befragten unter 30 Jahren mit neun von zehn besonders hoch.[172]

Der wohl geläufigsten Definition der nichtehelichen Lebensgemeinschaft zufolge leben zwei erwachsene Personen verschiedenen Geschlechts in einem gemeinsamen Haushalt unter eheähnlichen Bedingungen zusammen, ohne ihre Beziehung durch Eheschließung legitimiert zu haben.[173]

Nach den neuesten statistischen Angaben lebten im April 1989 im früheren Bundesgebiet 842 000 Paare unverheiratet zusammen, davon 97 000 mit Kindern.[174]

Insgesamt hat sich die Zahl der nichtehelichen Lebensgemeinschaften in den letzten 15 Jahren verfünfeinhalbfacht und die mit Kindern fast vervierfacht.[175]

Eine eindeutige soziale Schichtung läßt sich nicht erkennen.[176] Obwohl von einem höheren Bildungsstand als in der Vergleichsgruppe der befragten Ehepaare berichtet wird,[177] ist die „Ehe ohne Trauschein" keineswegs eine bevorzugte Lebensform der Akademiker.[178]

Für viele Paare ist offensichtlich der Status des ohne Heirat Zusammenlebens eine Durchgangsform und vor allem bei jüngeren Paaren eine Art Vorstufe zur Ehe, während es sich bei den über Dreißigjährigen eher um eine Alternative zur herkömmlichen Ehe handelt: Man heiratet kaum noch nach den ersten drei Jahren des Zusammenlebens.[179]

Das Wertkonzept in bezug auf Treue, Verantwortlichkeiten oder in bezug auf Festlegung der Rollen ähnelt dem der Ehe.[180]

Die Quote unehelicher Geburten lag 1989 bei knapp 10 % in den alten Bundesländern (69 668 unehelich geborene Kinder von insgesamt 681 537 Geborenen) und im Gebiet der ehemaligen DDR bei knapp 30 % (66 914 uneheliche geborene Kinder zu insgesamt 198 922 Geborenen).[181]

Rund 25 % der im alten Bundesgebiet in einem Haushalt unverheiratet zusammenlebenden Paare hatten Kinder aus früheren Beziehungen, von denen allerdings nur etwa ein Drittel in diesem Haushalt lebte.[182]

In 10 % bis 15 % aller nichtehelichen Lebensgemeinschaften leben Kinder, wobei der Anteil gemeinsamer Kinder mit etwa 4 % eher gering ist.[183] Die Gesamtzahl der Kinder, die zumindest vorübergehend in nichtehelichen Lebensgemeinschaften ihrer Bezugspersonen leben, wird sich, so schwer es ist, exakte Zahlen anzugeben, nach den vorliegenden Unterlagen bei einer angenommenen Gesamtzahl von etwa 100 000 Paaren mit Kindern auf eine Kinderzahl von 150 000 bis 200 000 belaufen. Auch der den Daten des Statistischen Bundesamtes zugrunde gelegte

Mikrozensus von April 1989 geht von knapp 100 000 Paaren aus, die nicht verheiratet sind und Kinder zu versorgen haben.[184]

Rechtliche Grundlagen und sozialwissenschaftliche Erkenntnisse

Bei Definitionen und Fragen zur rechtlichen Ausgestaltung interpersonaler Beziehungen in nichtehelichen Lebensgemeinschaften verlieren ehemals unterschiedliche Auffassungen zunehmend an Bedeutung. Auch Aussagen psychologisch-sozialwissenschaftlicher und rechtswissenschaftlicher Provenienz weisen mittlerweile mehr Gemeinsamkeiten als Unvereinbarkeiten auf.

So steht beispielsweise für die Sozial- und Humanwissenschaftler und wohl auch für die meisten Rechtswissenschaftler mittlerweile außer Frage, daß es sich bei zusammenlebenden Personen in nichtehelichen Lebensgemeinschaften mit Kindern um eine Familie handelt, gleichgültig ob beide Elternteile leibliche Eltern sind oder nicht.

Auch in der Rechtsprechung wird heute grundsätzlich die Auffassung vertreten, zumindest bei einer nichtehelichen Lebensgemeinschaft mit *leiblichen* Kindern handele es sich um eine Familie.

Das Bundesverfassungsgericht definiert ebenfalls seit Jahren „Familie" als eine aus Eltern und Kindern zusammengesetzte Hausgemeinschaft.[185] Diese Definition trifft auch für nichteheliche Lebensgemeinschaften zu, zumal auch die Lebenseinheit von Mutter mit nichtehelichem Kind beziehungsweise Vater und nichtehelichem Kind als Familie im Sinne des Grundgesetzes angesehen wird.[186] Sollten alle – Mutter, Vater, Kind(er) – zusammenwohnen, wäre es unerklärlich und unlogisch, in bezug auf diese erweiterte Lebensgemeinschaft nicht mehr von Familie zu sprechen.

Die noch anhaltenden Kontroversen konzentrieren sich somit nicht auf den Familienbegriff, sondern eher auf Fragen der Amtspflegschaft, die nichtehelichen Kinder betreffend, des Sorgerechts, der gemeinsamen elterlichen Sorge, der Ehelicherklärung, der Adoption durch beide Elternteile und des Umgangsrechts.

Nach geltendem Recht steht der Mutter allein die elterliche Sorge zu.[187]

Selbst nach dem Beschluß des Bundesverfassungsgerichts vom 7.5.1991, der bisher nur auf wenig grundsätzliche Kritik stieß,[188] ändert sich ohne Antragstellung der Eltern an der (sorge)rechtlichen Stellung des Kindes nichts. Nur wenn beide Partner beim Vormundschaftsgericht einen Antrag stellen, können sie nach Ehelicherklärung des Kindes die gemeinsame elterliche Sorge ausüben, wenn

1. sie mit dem Kind zusammenleben,
2. beide bereit und in der Lage sind, die elterliche Verantwortung zu übernehmen und
3. dieses Arrangement dem Kindeswohl entspricht.[189]

Aber auch diese Möglichkeit besteht erst nach einer Gesetzesänderung, die nicht vor Mitte der neunziger Jahre zu erwarten ist.

Das nichteheliche Kind erhält den Familiennamen der Mutter.[190]

Die Vaterschaft kann durch Anerkennung des Vaters oder durch gerichtliche Entscheidung festgestellt werden.[191]

Die Rechtsfolgen hatten bisher ausschließlich unterhaltsrechtliche Bedeutung.[192]

Solange die Mutter das Sorgerecht innehat und behalten möchte, hatte der Vater bis zu der obengenannten Entscheidung des Bundesverfassungsgerichts rechtlich keine Möglichkeit, während und nach der Partnerschaft Sorgerechtsinhaber zu werden.

Selbst wenn die Mutter stirbt oder ihr das Sorgerecht entzogen wird, hat bisher der uneheliche Vater im Gegensatz zur Rechtsausgestaltung in ehelichen Lebensgemeinschaften kein gesetzlich garantiertes Vorrecht, Sorgerechtsinhaber zu werden.[193]

Schon zu Lebzeiten kann die Mutter das Verwandtschaftsverhältnis zwischen Vater und Kind durch eigene Adoption zum Erliegen bringen.[194]

Auch bei einer von der Mutter beabsichtigten Fremdadoption

greift, wie oben schon dargestellt wurde, der dort vorgesehene Vorrang des Vaters nicht, sobald die Mutter die Einwilligung zu einer Adoption an Dritte gegeben hat und gleichzeitig der Ehelichkeitserklärung oder Adoption des Kindes durch den Vater widerspricht: Denn der uneheliche Vater kann grundsätzlich nur mit Einwilligung der Mutter eine Ehelichkeitserklärung oder eine Adoption des Kindes erreichen.[195] Bei beiden Modalitäten wird die Sorgerechtszuständigkeit umgekehrt, so daß bei diesen Regelungen in jedem Fall die Mutter das Sorgerecht verliert.

Auch die Ausgestaltung des Umgangsrechts bei ehelichen und nichtehelichen Lebensgemeinschaften nach Trennungen ist nach wie vor unterschiedlich geregelt. Anders etwa als bei der Regelung des Umgangsrechts nach Trennung und Scheidung von Eheleuten, nach der ein Umgangsrecht nur eingeschränkt oder ausgeschlossen werden kann, wenn es das Wohl des Kindes gebietet,[196] entscheidet grundsätzlich die uneheliche Mutter allein über das Umgangsrecht.[197] Nach dieser Vorschrift kann das Vormundschaftsgericht gegen den Willen der Mutter dem Vater eine Befugnis zum Umgang nur zusprechen, wenn positiv festgestellt wird, daß der persönliche Umgang mit dem Vater dem Wohl des Kindes dient.

Trotz der eindeutigen Gesetzeslage gerade in bezug auf das Umgangsrecht bei Trennungen nichtehelicher Lebensgemeinschaften und der mehrfach erfolgten Bestätigung durch nationale und europäische höchstrichterliche Rechtsprechung[198] – wird mit Nachdruck seit Jahren eine Gesamtreform des Nichtehelichenrechts gefordert.[199]

Aus sozialwissenschaftlicher Sicht wird angeführt, daß gerade Väter in nichtehelichen Lebensgemeinschaften sich am stärksten an der Pflege und Erziehung der Kinder beteiligen und somit ein besonders stark ausgeprägtes Interesse am Leben ihrer Kinder haben. Insgesamt sei die Beziehung des Vaters in dieser Konstellation enger als in allen anderen Familienformen.[200] Nicht zu Unrecht wird kritisiert, daß durch die feste Zuordnung des Kindes zur Mutter gerade im Fall der Auflösung der nichtehelichen Familie der Kindeswohlbegriff zu einer Leerformel erstarre.[201]

Nach wie vor ist es nicht möglich, nach Trennung und Auflösung einer nichtehelichen Lebensgemeinschaft das Sorgerecht bei beiden Eltern zu belassen oder die elterliche Sorge entsprechend der Kindeswohlmaxime der Mutter *oder* dem Vater zu übertragen.

Dagegen gibt es in der Schweiz[202] und in Norwegen[203] keine rechtlichen Differenzierungen und Unterschiede mehr zwischen unehelichem und ehelichem Kind.

In Österreich, der Schweiz, Frankreich, Portugal und Schweden kann die elterliche Sorge bei Verhinderung der Mutter oder Vorliegen von sonstigen Gründen, die für das Wohl des Kindes sprechen, dem Vater übertragen werden. Die gemeinsame elterliche Sorge kann insbesondere im Fall des Zusammenlebens in Frankreich, Italien, Portugal und Schweden ausgeübt werden.[204] Auch in den meisten Bundesländern der USA wird in nichtehelichen Lebensgemeinschaften die gemeinsame elterliche Sorge für möglich erachtet.[205]

Als wichtiges Argument in der bundesdeutschen Diskussion gilt, daß die Neuregelung des Nichtehelichenrechts das Verantwortungsgefühl des Vaters stärken wird.[206] Auch wenn dieses eher dürftige Argument in Anbetracht der immer wieder berichteten und dokumentierten Zurückhaltung der Väter, sich an alltäglichen Betreuungs- und Versorgungsaufgaben der Kinder zu beteiligen,[207] für sich genommen eine Rechtsreform kaum rechtfertigen dürfte, sollte aus *Kindeswohlgründen* eine umfassende Neuregelung des Nichtehelichenrechts erfolgen: Kindern sollte nicht nur während des Zusammenlebens beider Eltern das rechtlich sichere Band der gemeinsamen elterlichen Sorge zugute kommen. Ihnen sollten, wenn möglich, durch das Rechtsband der gemeinsamen elterlichen Sorge verstärkt auch nach einer Trennung der Erwachsenen beide Eltern als wichtige Bezugspersonen erhalten bleiben. Kann man diese Auffassung teilen, sollte nicht nur faktisch, sondern auch rechtlich abgesichert die Ausübung der gemeinsamen elterlichen Sorge nach einer Trennung unverheirateter Partner möglich werden.

Weiterhin sollte es möglich sein, auch dem Vater, vergleichbar der Regelung im Ehelichenrecht, im Rahmen der Alleinerziehung nach einer Trennung die elterliche Sorge zuzusprechen.

Auch der Tod der Kindesmutter oder deren Unfähigkeit, das Kind angemessen zu versorgen und zu betreuen, sollte dem Vater die Möglichkeit eröffnen, die elterliche Sorge für das Kind auszuüben.

Auch ein modifiziertes Umgangsrecht des Kindes mit dem nichtehelichen Vater nach einer Trennung sollte den veränderten Lebensverhältnissen Rechnung tragen, wenn nichteheliche Väter bis zur Trennung mit ihren Kindern zusammenlebten. Gerade für Fälle einer tatsächlich gelebten Vater-Kind-Beziehung ist das bisher nach geltendem Recht eingeschränkte Umgangsrecht für nichteheliche Väter mit dem Kindeswohlargument schwerlich aufrechtzuerhalten.

Allerdings sollte aufgrund einer nur biologisch bestehenden und nicht gelebten Verbindung zwischen Vater und Kind dem Vater nicht ohne gewichtige Kindeswohlgründe ein Umgangsrecht zugesprochen werden. Immerhin kennen nach einer aus dem Jahre 1985 vorgelegten Untersuchung nur 25 % aller Kinder lediger Mütter ihren Vater persönlich; und von einer aktiven Teilnahme am Leben der Kinder kann nur bei 7 % der Väter ausgegangen werden.[208]

Rechtsänderungen und das Recht selbst werden allerdings immer nur dann eine gesellschaftliche Verbindlichkeit erlangen können, wenn deren Normen von möglichst weiten Kreisen der Bevölkerung akzeptiert werden.[209]

Eine zeitgemäße rechtliche Regelung der elterlichen Sorge und des Umgangsrechts sollte folgende Grundsätze berücksichtigen:
- Grundsätzlich sollte wie bisher die Mutter bei der Geburt des nichtehelichen Kindes die elterliche Sorge erhalten.
- Beim Zusammenleben bekommen die Eltern nach der Vorgabe der Entscheidung des Bundesverfassungsgerichts vom 7.5.1991 auf Antrag das gemeinsame Sorgerecht.
- Leben die Eltern nicht zusammen, kann auf Antrag des Vaters und der Mutter der Vater alleiniger Sorgerechtsinhaber werden. Sollte sich die Mutter weigern, einen Antrag dieser Art zu stellen, überträgt das Gericht dem Vater die elterliche Sorge, wenn er sich besser als die Mutter zur Pflege und Erziehung des Kindes eignet.

– Sind keine Anträge gestellt und ist die Mutter an der Ausübung der alleinigen elterlichen Sorge gehindert, kann das Gericht dem Vater die elterliche Sorge übertragen, sofern diese Regelung nicht dem Kindeswohl widerspricht.

– Üben die Eltern die gemeinsame elterliche Sorge aus und scheitert die Gemeinschaft, bleibt das gemeinsame Sorgerecht für beide Eltern bestehen. Auf Antrag des Vaters, der Mutter oder beider Eltern kann das Gericht aus Kindeswohlgründen eine andere Regelung treffen.

– Das „Umgangsrecht" sollte grundsätzlich zu einem *Recht des Kindes auf Kontakt* mit beiden Elternteilen umdefiniert werden. Dieses Recht des Kindes müßte mit einer *Verpflichtung beider Elternteile* auf Gewährung und Wahrnehmung der Kontakte mit dem Kind korrespondieren.

Der Entwurf des Bundesministers der Justiz vom 1. 3. 1988 zur Reform des Umgangsrechts im Nichtehelichenrecht zeigt bisher nur auf, daß dem Vater ein Umgangsrecht eingeräumt werden *kann*, wenn es dem Wohl des Kindes *nicht widerspricht* (nach geltendem Recht muß das Umgangsrecht dem Wohl des Kindes *dienen*).[210]

Eine umfassende Regelung des Rechts der elterlichen Sorge und des Umgangsrechts in nichtehelichen Lebensgemeinschaften müßte die bisher noch vorhandenen Unterschiede und Ungerechtigkeiten zwischen ehelichen und nichtehelichen Kindern beseitigen.

Kind, Elternhaus und Familie

Die bewußt eingegangene Lebensform der nichtehelichen Lebensgemeinschaft wird im Vergleich zur Ehe in der Regel um größerer Selbstentfaltung, Unabhängigkeit und Partnerschaftlichkeit willen gewählt. Vor allem sollen tradierte Rollen und Rollenerwartungen bei Mann und Frau abgebaut werden.[211] Aus diesem Grunde wäre auch zu erwarten, daß sich der Mann und Vater mehr als in der traditionellen ehelichen Gemeinschaft an der Versorgung des Haushalts und der Betreuung der Kinder beteiligt. In der Tat werden in der Literatur Untersuchungen erwähnt, nach denen Mitglieder von unehelichen Lebensgemeinschaften viel zusammen unternehmen, die Kinder zu ihrem Vater enge Beziehungen haben, die Väter eher Pflegetätigkeiten übernehmen als in traditionellen Familien und die Geschlechtsrollenstereotypien nicht so stark ausgeprägt sind wie dort.[212]

Nicht zuletzt aus diesem Grund wird von der „Heraufkunft der neuen Väter" gesprochen, die sich im neuen Selbstverständnis der unehelichen Väter zeige und an der neuen „Väterbewegung" festmache.[213]

In diesem Zusammenhang wird darauf hingewiesen, daß die steigende Zahl der freiwilligen Vaterschaftsanerkenntnisse und die Tatsache, daß immer mehr Väter im gerichtlichen Verfahren um die Durchsetzung ihrer Rechte kämpfen, eine veränderte Einstellung der unehelichen Väter dokumentiere.[214]

Andere Auffassungen und Untersuchungen vermitteln ein skeptischeres Bild in bezug auf ein sich möglicherweise veränderndes Rollenverhalten von Männern in nichtehelichen Lebensgemeinschaften.[215] Allenfalls könne eine alternative Partnerschaftsstruktur und eine größere Rollenflexibilität in der nichtehelichen Lebensgemeinschaft überkommene Rollenaufteilungen lockern.[216]

Mangels eindeutiger empirischer Befunde kann nicht definitiv beantwortet werden, ob der in unehelicher Lebensgemeinschaft lebende Vater tatsächlich mehr Verantwortung für die Kinder und die Haushaltsführung trägt.

Wenn in nichtehelichen Lebensgemeinschaften Kinder leben, sind es in erster Linie Kinder der Frauen.[217]

Insbesondere die in nichtehelichen Gemeinschaften lebenden Mütter legen auf Gleichberechtigung zwischen Mann und Frau und partnerschaftliches Verhalten großen Wert. Dabei bilden gerade die Frauen den harten „ehefeindlichen" Kern, um einerseits eine eigene berufliche Identität sicherzustellen und andererseits ein partnerschaftliches Verhalten des Mannes zu erreichen.[218]

Insbesondere wenn Kinder mit in die Gemeinschaft gebracht werden, erfüllt sich die Forderung der Frauen nach Bewahrung und Entwicklung von Individualität in der nichtehelichen Lebensgemeinschaft nur schwer, wenn bei dieser Konstellation nach wie vor eher traditionelle Rollen der Frauen und Männern eingenommen werden.[219]

Umfassende Berichte oder gar repräsentative Untersuchungen über Kinder in nichtehelichen Lebensgemeinschaften liegen im deutschen Sprachraum nicht vor.

Als gesichert kann jedoch gelten, daß im Fall einer Trennung bisher zusammenlebender Eltern Kinder aus nichtehelichen Lebensgemeinschaften die gleichen Trennungserfahrungen machen wie eheliche Kinder, die bei beiden Konstellationen traumatisch sein können. Im Trennungserleben der Kinder macht es keinen Unterschied, ob die Eltern verheiratet waren oder nicht.

Kind, Jugendamt und Vormundschaftsgericht

Bei Streitigkeiten der Eltern nichtehelicher Lebensgemeinschaften nach einer Trennung beginnt für das Kind unter Umständen die gleiche problematische Prozedur zum Erreichen des Umgangsrechts im Jugendamt und Gericht wie bei ehelichen Kindern. In Zukunft ist sogar nach einer neuen gesetzlichen Regelung damit zu rechnen, daß nach einer Trennung auch um die elterliche Sorge gestritten wird.

Nach geltendem Recht hört das Vormundschaftsgericht das Jugendamt nur vor einer Entscheidung zur Regelung des Umgangsrechts an.[220]

Für den Ablauf und das Verfahren vor dem Jugendamt und dem Vormundschaftsgericht gelten prinzipiell die gleichen Grundsätze, die bereits im Kapitel „Das Kind vor dem Familiengericht" dargelegt wurden.

Nach der Entscheidung des Bundesverfassungsgerichts vom 7.5.1991 ist zu erwarten, daß der Gesetzgeber in absehbarer Zeit – möglicherweise noch in dieser Legislaturperiode – gesetzliche Regelungen für die Zuerkennung der gemeinsamen elterlichen Sorge für die Zeit des Zusammenlebens trifft.[221]

Ob auch für die Zeit nach einer Trennung gesetzliche Regelungen in bezug auf den Beibehalt der gemeinsamen elterliche Sorge oder der Zusprechung der alleinigen elterlichen Sorge an Mutter oder Vater realisiert werden, steht noch nicht fest.

Ausblick

Nicht zuletzt wegen der noch unterschiedlichen erbrechtlichen Regelungen und der Regelungen zur sogenannten Amtspflegschaft im ehemaligen Gebiet der DDR und in den alten Bundesländern werden umfassende Reformen des Nichtehelichenrechts in absehbarer Zeit schon aus Gründen der Rechtsangleichung erfolgen müssen. In bezug auf das Unterhaltsrecht, Sorge- und Umgangsrecht stehen als weiteste Lösung grundlegende gesetzliche Änderungen zur Angleichung des Rechts nichtehelicher Kinder an die rechtlichen Gegebenheiten ehelicher Kinder zur Debatte. Alle anderen Lösungen wie nur eine Änderung des Rechts der sogenannten Ehelicherklärung oder ein besonderes Recht der gemeinsamen elterlichen Sorge für Eltern nichtehelicher Kinder stellen nur partielle Änderungen dar. Ob allerdings umfassende Reformvorhaben noch in dieser Legislaturperiode abgeschlossen werden, um endlich den Makel ungleicher und unzureichender gesetzlicher Regelungen für nichteheliche Kinder zu beseitigen, muß nach dem derzeitigen Stand der Diskussion bezweifelt werden.[222]

Das Kind und das Strafverfahren

Kinder, nach deutschem Recht Personen unter 14 Jahren, sind strafunmündig.[1] Sie können somit für strafbare Handlungen wegen Schuldunfähigkeit *strafrechtlich* nicht belangt werden können.

Die aus der Schuldunfähigkeit resultierende Strafunmündigkeit hat in jeder Verfahrenslage zur Folge, daß ein Kind mangels strafrechtlicher Verfolgbarkeit niemals Beschuldigter sein kann.[2] Demnach darf sich auch kein strafrechtliches Ermittlungsverfahren gegen Kinder richten.

Kinder können aber als Täter strafbarer Handlungen angezeigt und als Zeugen vernommen werden, wenn sie Opfer von Straftaten geworden sind.[3]

Im Fall einer Strafanzeige zu Lasten eines Kindes ist die Staatsanwaltschaft gehalten, in „geeigneten" Fällen den Vormundschaftsrichter, das Jugendamt, die Schulbehörde oder andere Stellen zu benachrichtigen. Ferner hat die Staatsanwaltschaft zu prüfen, ob gegen die Aufsichtspflichtigen (Eltern oder andere Personensorgeberechtigte) unter Umständen wegen Verletzung der Aufsichtspflicht einzuschreiten ist.[4]

Nach Überprüfung des Sachverhalts hat der Staatsanwalt das Verfahren einzustellen. Kinder bis 14 Jahren können somit nicht als *beschuldigte Täter* vor Gericht gestellt werden.

Kinder als Täter werden aber in die gesetzlich vorgeschriebenen Maßnahmen der Strafverfolgung durch Polizei, Kriminalpolizei und Staatsanwaltschaft miteinbezogen und können in der Hauptverhandlung bei Tatbeteiligungen mit jugendlichen, heranwachsenden oder erwachsenen Straftätern als *Zeugen* vernommen werden.

In der Rechtswissenschaft ist umstritten, ob ein Kind nach einer strafbaren Handlung von der Polizei vorläufig festgenommen, erkennungsdienstlich behandelt oder einer Wohnungsdurchsuchung unterzogen werden darf.[5] Ferner ist zweifelhaft, ob polizeiliche Ermittlungsunterlagen und eine aktenmäßige Erfassung, ein Kind betreffend, gespeichert und in späteren Strafverfahren verwertet werden dürfen.[6]

Obwohl rechtlich fraglich, erfolgt normalerweise nach einer Anzeige von „Kinderdelikten" die Vernehmung des Kindes; die Polizei nennt sie auch „formlose Anhörung".

Weitere Maßnahmen wie Durchsuchungen, auch Wohnungsdurchsuchungen, Beschlagnahme, Zeugenvernehmung, gegebenenfalls erkennungsdienstliche Behandlung, Aufnahme des Namens in ein täterbezogenes Informationssystem und bei angenommener krimineller Gefährdung des Kindes Mitteilung an das Jugendamt gehören zum Alltag polizeilicher Ermittlungstätigkeit gegen Kinder.

Wie schon erwähnt, können Kinder im Strafverfahren als Zeugen geladen, gehört und vernommen werden, gleichgültig ob sie Opfer von Straftaten geworden sind oder in spezifischen Fallkonstellationen (Mit)Täter waren.

Das Kind als Opfer strafbarer Handlungen

Grundsätzlich können Kinder genauso wie Jugendliche, Heranwachsende und Erwachsene Opfer aller nach dem Strafgesetzbuch nur denkbaren Straftaten werden. Dennoch sind einige
gesetzliche Vorschriften im Strafgesetzbuch spezielle Schutzvor-
schriften für Kinder und dokumentieren somit Delikte, die nur
an Kindern und Jugendlichen begangen werden können.[7]

Im folgenden werden die Ursachen und Folgen bei sexuellem
Mißbrauch[8] und Kindesmißhandlung[9] unter Beachtung einiger
wichtiger kriminologischer, pädagogischer und psychologischer
Gesichtspunkte dargestellt. Bei beiden Deliktsarten handelt es
sich um die bei uns mit Abstand am weitesten verbreiteten Ge-
waltarten gegen Kinder.

Mehr am Rande werden, soweit es eine sachgerechte Darstellung erfordert, einige andere strafbare Handlungen beziehungsweise Deliktsgruppen dargestellt, die sich meist nicht wie beim
sexuellen Mißbrauch oder der Kindesmißhandlung im emotionalen Nahraum zwischen Kind und vertrauter Bezugsperson abspielen.

Das Kind als Opfer von Mißbrauch und Mißhandlung

Alle unmittelbaren Gewalthandlungen von Menschen gegen
Menschen sind Vorgänge, bei denen mindestens ein Mensch unter Einsatz von körperlichen Zwangsmitteln einen anderen Menschen schädigt, und zwar in der Absicht, dem anderen körperliche oder seelische Schmerzen und Verletzungen zuzufügen oder
sie doch in Kauf zu nehmen.

Psychische Beeinträchtigungen eines anderen kommen zum
Beispiel durch Bedrohungen, Beschimpfungen, Beleidigungen,
Erpressungen, Ignorieren oder Liebesentzug vor. Gewalttätig-

keiten dieser Art gegen Minderjährige werden der körperlichen Mißhandlung entsprechend als seelische Mißhandlung klassifiziert.[10]

Eine eher indirekte Form von Gewalt stellt die körperliche, seelische oder soziale Vernachlässigung dar. Hierunter kann man die bewußte oder fahrlässige Mißachtung elementarer Bedürfnisse Minderjähriger verstehen (zum Beispiel Fehlen von ausreichender Ernährung, witterungsgemäßer Kleidung, angemessener Gesundheitsvorsorge usw.). Man spricht von Vernachlässigung, wenn Mängel dieser Art eine gesunde körperliche, seelische oder psychosoziale Entwicklung des Kindes erschweren oder verhindern.

Das im Elternhaus sexuell mißbrauchte Kind

Unter sexuellem Mißbrauch wird im allgemeinen die erotische oder sexuelle Inanspruchnahme von abhängigen, entwicklungsmäßig unreifen Kindern für sexuelle Handlungen verstanden, wobei das Kind die Tragweite der erotischen oder sexuellen Inanspruchnahme durch einen Dritten aufgrund seines Entwicklungsstandes oder aufgrund inzestuöser Verstrickungen in der Familie nicht begreifen kann. Aus diesem Grunde ist es auch außerstande, „freiwillig" in die sexuellen Handlungen einzuwilligen.[11]

Zahlen aus der Dunkelfeldforschung[12] zum *sexuellen Mißbrauch* deuten an, daß in den alten Bundesländern jährlich bis zu 300000 Fälle sexuellen Mißbrauchs an Kindern[13] vorkommen,[14] obwohl nach den letzten verfügbaren amtlichen statistischen Daten 1989 „nur" 11 851 Straftaten sexuellen Mißbrauchs von Kindern angezeigt worden sind. Von den knapp 12 000 bekanntgewordenen Fällen wurden 1989 6974 (58,8 %) Fälle aufgeklärt. Davon wurden 3756 erwachsene männliche Tatverdächtige ermittelt, 54 erwachsene weibliche Tatverdächtige, 325 männliche Heranwachsende, drei weibliche Heranwachsende, 582 männliche Jugendliche und sechs weibliche Jugendliche. Es wurden demnach insgesamt 4726 Tatverdächtige ermittelt, von denen 1989 1520 verurteilt wurden (1987 1341, 1988 1144).[15]

Noch vor einigen Jahren wurde angenommen, daß, von wenigen Ausnahmen abgesehen, in der Regel nur Mädchen von Männern sexuell mißbraucht werden. Mittlerweile ist bekannt, daß von allen sexuell mißbrauchten Kindern bis zu 30 % Jungen betroffen sind.

Als Täter werden nach wie vor 90 % bis 95 % Männer genannt denen 5 % bis 10 % Frauen gegenüberstehen.

Vereinzelt wird in der Literatur inzwischen ein höherer Anteil von Frauen angenommen, obwohl auch dort an der signifikanten Geschlechtsspezifität des sexuellen Mißbrauchs keinerlei Zweifel angemeldet werden: Da der Mißbrauch von Frauen sich in seinen Formen von denen der Männer unterscheide, weniger aggressiv sei und häufig im Gewand „normaler" mütterlicher Betreuung erscheine, werde er häufig nicht als Mißbrauch wahrgenommen. Deshalb sei der Bekanntheitsgrad und das Wissen um sexuellen Mißbrauch durch erwachsene Frauen sehr niedrig.[16]

Aus meiner gutachterlichen und therapeutischen Praxis sind mir 1990/1991 von insgesamt 16 Fällen sexuell mißbrauchter Kinder zwei bekanntgeworden, bei denen Mütter ihre Jungen sexuell mißbrauchten.[17] In einem Fall hat die Mutter ihre zwei vier und sechs Jahre alten Jungen, „um die Kinder zu stillen", an die Brust gelegt. In dem anderen Fall praktizierte die Mutter allabendlich mit ihrem vierjährigen Sohn intensive, sexuell eindeutige, „hygienische" Reinigungsrituale in der Badewanne.

Wie oben schon erwähnt, spricht man am ehesten von sexuellem Mißbrauch eines Kindes, wenn Kontakte zwischen Kind und Erwachsenem der Befriedigung sexueller Bedürfnisse des Erwachsenen dienen. Denkbar sind aber auch ausbeuterische sexuelle Kontakte zwischen Kindern oder Kind und Jugendlichem.

Dabei ist der sexuelle Mißbrauch immer mit körperlicher und/oder seelischer Gewalt verbunden: Selbst ältere Kinder sind zu einer vom „freien" Willen getragenen Zustimmung zu sexuellen Handlungen insbesondere mit Erwachsenen oder deren Ablehnung kaum in der Lage.

Die erwachsenen Täter oder in selteneren Fällen auch erwachsene Täterinnen stammen meist aus dem sozialen Nahraum des Kindes.

90 % bis 95 % der Täter bei sexuellem Mißbrauch von Mädchen und etwa 80 % der Täter bei sexuellem Mißbrauch von Jungen sind Männer; 60 % bis 70 % der Täter und Opfer waren vor der Tat miteinander bekannt; besonders häufig sind Täter Familienangehörige, wie Vater, Großvater, Pflege- und Stiefvater, älterer Bruder, oder es sind Hausmitbewohner, Nachbarn, Freunde der Eltern oder Autoritätspersonen, wie Lehrer oder Pfarrer.[18]

Beim sexuellen Mißbrauch im emotionalen Nahbereich des Kindes liegt normalerweise keine Einzeltat vor; vielmehr wiederholt sich der sexuelle Mißbrauch oft jahrelang als fortgesetzte Tat.[19] Der sexuelle Mißbrauch durch Väter, Stief- und Pflegeväter gehört offensichtlich meist zu den schwereren Fällen sexuellen Mißbrauchs. Diese Auffassung wird in einer neueren Untersuchung belegt, nach der bei 12,5 % der in ihrer Kindheit sexuell mißbrauchten Frauen ein „leichter" Mißbrauch vorlag (zum Beispiel lästiges Berühren), bei 43,1 % ein „mittlerer" Mißbrauch (zum Beispiel ein- oder mehrmaliges Betasten der Genitalien) und bei 44,4 % ein „schwerer" Mißbrauch (zum Beispiel mehrmaliger Geschlechtsverkehr in Verbindung mit Drohungen und Gewaltanwendung).[20]

In der sogenannten inzestuösen Familie, in der etwa alle nur denkbaren Arten von Grenzüberschreitungen üblich sind, kommt es dagegen weniger zu manifesten sexuellen Übergriffen als vielmehr zu beiläufigen sexuellen Kontakten. Im Vordergrund steht innerhalb der nach außen scharf abgegrenzten Familie eine chronifizierte Atmosphäre von Verlockung, Verleugnung, Diffusität und sexualisiertem Verhalten.[21]

Die Ausführungshandlungen beim sexuellen Mißbrauch eines Kindes umfassen das gesamte zwischen Menschen mögliche Spektrum taktiler, visueller, genitaler, oraler, analer, sadistischer oder masochistischer sexueller Aktivitäten.

Besonders oft werden Kinder im Alter der Vorpubertät von zehn bis zwölf Jahren zu Opfern, obwohl Kinder auch von Geburt an sexuell mißbraucht werden.

Stieftöchter sind fünfmal häufiger Opfer als leibliche Töchter.[22]

Folgende innerfamiliäre Inzesttypen werden in jüngster Zeit in der Literatur erwähnt und diskutiert:
- beiläufiger sexueller Kontakt,
- ideologischer sexueller Kontakt,
- psychotischer Übergriff,
- sexuelle Übergriffe aufgrund geographischer Isolation,
- echter endogamer Inzest,[23]
- frauenfeindlicher Inzest,
- beherrschender Inzest,
- Inzest als Vergewaltigung,
- pädophiler Inzest,
- pornographischer Inzest.[24]

Das im Elternhaus mißhandelte Kind

Kindesmißhandlung hat es in der Menschheitsgeschichte schon immer gegeben. Kinder werden mit allen nur denkbaren Gegenständen geschlagen oder sonstwie gequält und verletzt. Kinder läßt man verhungern oder auch durch Vernachlässigung verkommen.

„Zweijähriges Kind in der Badewanne schwer verbrüht... Mit schwersten Verbrühungen wurde am Dienstag abend ein zweijähriger Junge ... in die Charité gebracht. Für die fürchterlichen Verletzungen macht die Polizei den 47jährigen Lebensgefährten der Mutter verantwortlich. Der Mann wurde gestern nachmittag dem Haftrichter vorgeführt, der ihn wieder auf freien Fuß setzte. Nach den Ermittlungen der Polizei wurde das Kleinkind von dem Mann absichtlich in der Wohnung der Mutter in die Badewanne mit fast kochendem Wasser gesetzt. Das Kind erlitt dabei Verbrühungen auf rund 80 Prozent der Haut, die zunächst als lebensbedrohlich eingestuft wurden... Dieser Fall ist binnen kurzer Zeit erneut einer, in dem ein Kind mit besonderer Grausamkeit mißhandelt wurde. Mitte November vergangenen Jahres starb ein neunjähriger behinderter Junge... an den Folgen von ‚Disziplinarmaßnahmen‘, die die 30jährige Freundin seines Vaters ausgeübt hatte. Die Frau hatte das Kind mit heißem Wasser abgeduscht..."[25]

Jährlich wurden in der alten Bundesrepublik 600 bis 1000 Kinder von ihren Eltern getötet. Schätzungen gehen davon aus, daß in den alten Bundesländern jährlich bis zu 400 000 Kindesmißhandlungen (sexuelle Mißhandlungen nicht eingeschlossen) stattfinden. Andere Schätzungen nennen Zahlen von 20 000 bis 240 000 jährlich.[26]

Die bei Kindesmißhandlungen und sexuellem Mißbrauch in Literatur und Wissenschaft genannten unterschiedlichen Zahlen beruhen in der Regel auf statistischen Erhebungen der Dunkelfeldforschung und sind bis auf die Zahlenangaben in den Anzeige- und Verurteiltenstatistiken der Strafverfolgungsbehörden Schätzungen.

Die unterschiedlichen Zahlenangaben machen auch deutlich, daß offensichtlich nicht nur Unsicherheiten über das tatsächliche Ausmaß bestehen, sondern auch unterschiedliche Definitionen benutzt werden.

Nehmen wir die Kindesmißhandlung als Beispiel: So banal es klingt, offensichtlich beginnt für einige die Mißhandlung bereits mit einem leichten Klaps oder einer Ohrfeige, während andere erst das Schlagen mit Gegenständen als Mißhandlung ansehen.

Um diese Problematik besser erläutern zu können, greife ich einige Definitionen auf: Eine Gruppe von Experten versteht unter Kindesmißhandlung eine nicht zufällige, gewaltsame physische und/oder psychische Beeinträchtigung oder Vernachlässigung des Kindes durch die Eltern oder Erziehungsberechtigten, die das Kind schädigen, verletzen, in seiner Entwicklung hemmen und gegebenenfalls zu Tode bringen.[27]

Von diesem Mißhandlungsbegriff werden somit körperliche und seelische Mißhandlungen sowie die Vernachlässigung und der sexuelle Mißbrauch von Kindern erfaßt.

Andere Fachleute verstehen unter Kindesmißhandlung in Abgrenzung zum sexuellen Mißbrauch den vorsätzlichen Gebrauch körperlicher Kraft durch eine Sorge- und Erziehungsperson gegen ein Kind, der darauf abzielt, dem Kind

Schmerzen zuzufügen, es zu verletzen oder gesundheitlich zu schädigen.[28]

Das Berliner Kinderschutzzentrum definiert Kindesmißhandlung als eine bewußte oder unbewußte gewaltsame körperliche oder seelische Schädigung, die zu Verletzungen, zu Entwicklungshemmungen oder zum Tode führt und die das Wohl und die Rechte eines Kindes beeinträchtigt oder bedroht.[29]

Diese recht weiten Definitionen umfassen somit auch leichtere Verletzungen der persönlichen Integrität von Kindern, wie durch Ohrfeigen oder Klapse. Sie erscheinen mir sinnvoll, weil damit auf die Gewaltförmigkeit jeder dieser Handlungen hingewiesen wird. Einige Forscher meinen allerdings, daß besonders schwere Mißhandlungen und Verletzungen bei dieser Art von Definition in der Masse der „Bagatellhandlungen" untergehen.

Die polizeiliche Statistik erfaßt mit jährlich etwa 1200 bis 1700 Fällen wahrscheinlich nur die schwereren Fälle von Kindesmißhandlungen. Einige Experten meinen, daß nur 5 % dieser Mißhandlungen angezeigt werden. Damit würde die Quote schwererer Mißhandlungen bei jährlich 34 000 Fällen liegen.

Zahlen aus dem Dunkelfeld umfassen dagegen offensichtlich auch alle „leichteren" Fälle, bei denen Kinder häufig beschimpft, geschlagen oder auf andere Weise bestraft werden, ohne daß jedoch schwerere, äußerlich sichtbare, körperliche Verletzungen auftreten.[30]

Einige Professionelle – vor allem systemtheoretischer Provenienz – verzichten ganz auf pathologische, soziologische oder psychosoziale Erklärungsansätze und definieren Kindesmißhandlung, Kindesvernachlässigung und sexuellen Mißbrauch in einem Gesamtkontext als Störung der Interaktion des Kindes mit seinen Eltern.[31]

Eine eindeutige und klare definitorische Aussage und Eingrenzung der Kindesmißhandlung bereitet somit große Schwierigkeiten, zumal einem wie auch immer gearteten Mißhandlungsbegriff kulturell und gesellschaftlich sich wandelnde Wert- und Moralvorstellungen zugrunde liegen.

Darüber hinaus existieren keine nationalen oder gar weltweit anerkannten Standards für gewaltfreie Umgangsformen mit

Kindern, wie gewaltfreie Umgangsformen auf struktureller und interpersonaler Grundlage mit Kindern auszusehen haben und welche Umgangsformen für Kinder als günstig, optimal und damit als entwicklungsfördernd erachtet werden.

Mittlerweile herrscht weitgehend Übereinstimmung in der pädagogischen Literatur, daß Kindesmißhandlungen nicht allein schichtenspezifisch erklärbar sind,[32] während in der kriminologischen Literatur herausgestellt wird, daß Täter der bekanntgewordenen Fälle fast immer aus den sozialen Unterschichten stammen.[33] Nach dieser Sicht gelten Kinder aus sogenannten Multiproblemfamilien, die durch Arbeitslosigkeit, Alkoholismus, hohe Kinderzahl und schlechte Wohnverhältnisse gekennzeichnet sind, sicher nicht zu Unrecht als besonders gefährdet.[34]

Nach sozialwissenschaftlichen Erkenntnissen sind bezüglich der gesellschaftlichen Schichten allenfalls in der Art und Weise der Tatausführung Unterschiede feststellbar, wenn zum Beispiel in der Unterschicht eher physisch mißhandelt wird und in der Mittel- und Oberschicht eher psychische Mißhandlungen vorkommen.[35]

Weiterhin ist bekannt, daß Frauen und Männer gleichermaßen ihre Kinder mißhandeln, was allerdings nicht bedeuten muß, daß Kindesmißhandlung kein Delikt mit geschlechtsspezifischem Hintergrund ist. Von Frauenforschungsseite wird beispielsweise bei Gewalthandlungen aller Art auf strukturelle und interpersonale Wirkmechanismen hingewiesen und eine Ursachenkette angenommen, die patriarchalisch gefärbt sei.

Eine der letzten umfassenden Untersuchungen aus dem Jahre 1968 zeigt auf,[36] daß von den untersuchten Tätern

38,8 % aus ungünstigen Verhältnissen kommen,

30,2 % aus geordneten Verhältnissen,

13,2 % aus geschiedenen Ehen stammen und

17,8 % unehelich geboren sind.

Jungen und Mädchen sind gleichermaßen von Kindesmißhandlungen betroffen, wobei in der Untersuchungsgruppe von den nichtehelichen Kindern mehr als die Hälfte und von den Stiefkindern sogar 68 % mißhandelt wurden. Nach Altersgrup-

pen aufgeteilt waren die Kinder nach der oben genannten Untersuchung:[37]

0,6 bis   3 Jahre 18,5 %
3 bis   6 Jahre 19,0 %
6 bis   10 Jahre 32,0 %
10 bis   14 Jahre 17,5 %
mehr als 14 Jahre 13,0 %

Neueren Untersuchungen zufolge werden jedoch eheliche
Kinder genauso häufig mißhandelt wie uneheliche oder Stiefkin-
der.[38]

Nach wie vor werden nicht nur in den sogenannten Entwicklungsländern, sondern auch in allen Industriestaaten körperliche
Züchtigungen als häufig angewandtes und gebilligtes Erzie-
hungsmittel vorgenommen, wobei die vorherrschenden Wert-,
Moral- und Verhaltensvorstellungen und weltweit die meisten
Gesetze Gewalt dieser Art gegen Kinder tolerieren oder sogar
ausdrücklich erlauben.[39]

Auch die höchstrichterliche Rechtsprechung in Deutschland
geht nach wie vor davon aus, daß das Wohl des Kindes und die
Wahrung seiner Würde trotz Züchtigungsmaßnahmen seitens
der Eltern gewahrt bleibt, wenn die Züchtigungs- und Erzie-
hungsmittel der Erziehungssituation angemessen sind und auf
die Gesundheit, die seelische Verfassung, den Charakter und die
Reife des Kindes Rücksicht nehmen.[40] Unzulässig sind allerdings
körperliche Züchtigungen, wenn sie keine Ahndung kindlichen
Ungehorsams sind, sondern Abreaktion elterlicher Affekte oder
wenn die Züchtigungen in einer unverhältnismäßigen Relation
zum kindlichen Ungehorsam stehen (nach dieser Ansicht: zum
Beispiel über Tage wiederholte Schläge wegen einer einmaligen
Handlung des Kindes). Unzulässig sind nach dieser Sicht auch
Ohrfeigen für das fast volljährige Kind vor Dritten, an deren
Achtung ihm gelegen ist; Kurzschneiden der Haare; Fesseln und
Festbinden an ein Bett.[41]

Einen Weg in Richtung international anerkannter, geforderter
und nunmehr auch kodifizierter gewaltfreier Umgangsformen
mit dem Kind zeigt die bereits im ersten Kapitel „Das Kind vor
dem Familiengericht" behandelte UN-Kinderrechtskonven-

tion, nach der Kindern das Recht zugebilligt wird, vor Gewalttätigkeiten geschützt zu werden und frei von Mißhandlungen und Ausbeutungen zu sein.[42]

Ebenso gewinnen in der nationalen Diskussion, trotz zögernder Haltungen[43] derzeit die Stimmen mehr an Gewicht, die jegliche körperliche Züchtigungen des Kindes von Gesetzes wegen unterbinden möchten. So hat die vom Bundestag eingerichtete „Kommission zur Wahrung der Belange der Kinder" eine Gesetzesänderung geplant, nach der Körperstrafen und seelisch verletzende Sanktionen (zum Beispiel Mißachtung des Kindes, Liebesentzug, ständiges Herummäkeln, Angstmachen, Herabsetzen) in Zukunft für unzulässig erklärt werden sollen.[44]

Die Länder-Justizminister schlagen im Rahmen einer gesetzlichen Regelung vor, daß Kinder gewaltlos zu erziehen und entwürdigende Erziehungsmaßnahmen, insbesondere körperlich oder seelisch verletzende Strafen, unzulässig sind.[45]

Das im Umfeld des Elternhauses sexuell mißbrauchte Kind

Obwohl sexuelle Mißbrauchshandlungen zu 93,8 % im häuslichen, verwandtschaftlichen oder freundschaftlichen Nahraum des Kindes stattfinden und somit zu den sogenannten Beziehungsdelikten zu rechnen sind, gehören Delikte dieser Art durch nur entfernt bekannte oder fremde Täter zu den ebenfalls bekannten Erscheinungsformen.[46]

Nach den vorliegenden Befunden haben offensichtlich Taten durch Fremde und hier wiederum vor allem einmalige Taten weniger tiefgreifende und nachhaltige Störungen der Persönlichkeitsentwicklung zur Folge als wiederholte Taten im emotionalen Nahraum des Kindes.[47] Diese Aussage trifft – aus psychologischer Sicht nicht unerwartet – vor allem bei „normal" entwickelten und in unauffälligen Verhältnissen aufwachsenden Kindern zu.

Dennoch sollte bei präventiven Maßnahmen und Kinderschutzmaßnahmen in Rechnung gestellt werden, daß Kinder auch von Fremden sexuell mißbraucht werden können. Bei 6,2 % aller Taten, die nur entfernt Bekannte oder Fremde begehen, und bei einer Dunkelfeldannahme von insgesamt 300 000 Fällen jährlich würden somit jährlich mehr als 16 000 Kinder von einem sexuellen Mißbrauch durch fremde Täter betroffen sein. Soll die Warnung vor Fremden nicht von dem mit dem Kind vertrauten Täter ablenken, macht sie bei der Aufklärung von Kindern durchaus Sinn, selbst wenn außer Zweifel steht, daß die überwältigende Mehrheit aller Mißbrauchsfälle im sozialen Nahraum des Kindes passieren.

Das Kind als Opfer sonstiger strafbarer Handlungen

Das Strafgesetzbuch benennt neben dem sexuellen Mißbrauch und der Kindesmißhandlung noch weitere Delikte, die nur an Kindern oder Jugendlichen begangen werden können, wie beispielsweise die Kindestötung oder die Kindesaussetzung, die Mißhandlung von Schutzbefohlenen oder die Kindesentziehung.[48]

Des weiteren kann das Kind neben diesen Delikten auch Opfer von Straftaten werden, die gegen alle anderen Personen auch begangen werden können. In den letzten Jahren wurden Kinder sogar mit steigender Tendenz Opfer von Körperverletzungen, Diebes-, Raub- oder Erpressungshandlungen durch Erwachsene oder Gleichaltrige beziehungsweise Minderjährige.

Eine Studie aus Baden-Württemberg zeigte beispielsweise, daß mehr als 50 % aller registrierten Körperverletzungen an Kindern und Jugendlichen bis 17 Jahre begangen wurden.[49]

Es gibt allerdings bisher keine wissenschaftlich abgesicherten Belege dafür, ob es bei einer Mehrheit von Kindern und Jugendlichen zu einer Zunahme von aggressiven und gewalttätigen Handlungen zu Lasten anderer Kinder kommt. Neuere Befunde deuten jedoch an, daß es zu einer Veränderung der Intensität von Gewalthandlungen bei einer Minderheit von Kindern und Jugendlichen gekommen ist, die sich beispielsweise vermehrt im Bereich und Umfeld der Schule abspielen. Der insgesamt sehr kleine Anteil von besonders heftigen Aggressionshandlungen hat dabei überdurchschnittlich stark zugenommen.[50]

Besondere Beachtung finden in der Öffentlichkeit immer die erpresserischen Kindesentführungen, weil sie als äußerst hinterhältig und abscheulich gelten, obwohl sie statistisch im Vergleich zu anderen strafbaren Handlungen unbedeutend sind. Nach der Terminologie des Strafgesetzbuches handelt es sich meist um eine Geiselnahme.[51] Bei dieser Art der Kindesentführung liegt in der Regel ein spektakuläres Verbrechen vor, das meist mit großem publizistischen Aufwand kommentiert und bis zum Abschluß des Strafverfahrens begleitet wird. Es kommt in der Kriminalstatistik und auch in der Realität nur selten vor. Zahlreicher sind Drohungen mit Kindesentführung oder Entführungen, aufgrund derer sofort ein Lösegeld gezahlt wird und von denen die Öffentlichkeit oder die Polizei nichts erfährt.

Die klassische Kindesentführung wird aus finanziellen Motiven begangen. Allerdings spielen auch andere Motive, wie sexuelle oder finanzielle und sexuelle, also vermischte Motive bei der Durchführung einer Kindesentführung eine große Rolle.

Theoretische Aspekte von Gewalttätigkeiten gegen Kinder

In der kriminologischen Forschung wird seit dem Ende des 19. Jahrhunderts angenommen, daß es eine „antisoziale Persönlichkeit" gebe, die Straftaten aller Art begehe. Die Qualität dieser Persönlichkeit habe sich bereits in der Kindheit durch harte oder unberechenbare disziplinarische Maßnahmen und grausames, passives oder vernachlässigendes elterliches Verhalten herausgebildet, die bis ins Erwachsenenalter weiterbestehe und sich in vielen unterschiedlichen Verhaltensweisen, einschließlich Gewalt und Straftaten, manifestiere.[52] Die „antisoziale Persönlichkeit" wird als bindungs- und beziehungsarme, impulsive und leicht die Fassung verlierende Persönlichkeit beschrieben, die wenig im Beruf leiste, Straftaten aller Art begehe und sich und ihre Angehörigen häufig in finanzielle Not bringe.

Nach anderen psychopathologischen Ansätzen und Befunden wird beispielsweise vermutet, daß Kinder mißhandelnde oder sexuell mißbrauchende Täter unter Psychosen, hirnorganischen

Schäden, Persönlichkeitsstörungen anderer Art oder unter erworbenen abnormen Persönlichkeitszügen leiden.

Leicht ist zu erkennen, daß Täter, die Kinder sexuell mißbrauchen oder auch körperlich mißhandeln, in der Regel weder dem Bild der sogenannten antisozialen Persönlichkeit noch anderen pathologischen Krankheitsbildern entsprechen. Somit können die Erklärungsansätze, die von einer krankhaften Täterpersönlichkeit ausgehen, nicht überzeugen.

Nach den vorliegenden psychopathologischen Befunden werden sexuelle Mißbraucher als introvertiert, eher passiv, ansonsten eher heterosexuell und auch sonst normal angepaßt beschrieben.[53]

Kriminologische Theorien,[54] die sozialpathologische oder eher konflikttheoretische Erklärungsansätze wie die Anomietheorie (eine Theorie, die sich zum Beispiel mit den Phänomenen sozialer Isolierung und Orientierungslosigkeit befaßt) oder die Theorie der sozialen Desorganisation berücksichtigen, können alle nicht befriedigen. Sie sind beispielsweise nicht in der Lage zu erklären, warum nur einige, längst aber nicht die Mehrheit oder alle von diesen Störungen betroffenen Personen oder Personengruppen derartige Handlungen begehen.

Ebenso unzureichend ist der sogenannte Etikettierungsansatz nach der Labeling-Perspektive, der nicht auf die Beziehungsdynamik zwischen Täter und Opfer abstellt, sondern mehr oder weniger ausschließlich die stigmatisierenden oder etikettierenden Instanzen sozialer Kontrolle, wie Polizei, Justiz und Strafvollzug, im Zentrum seiner Betrachtungen hat und als ursächlich für deviantes Verhalten ansieht.

Auch kriminologische Annahmen, die eine positive Funktion von Kriminalität hervorheben, wie die der gesellschaftlichen Stabilisierung, des sozialen Wandels, des wirtschaftlichen Nutzens, erhellen gerade die Problematik der Kindesmißhandlung und des sexuellen Mißbrauchs nicht.[55]

Eher gibt die in der Kriminologie nach wie vor weit verbreitete „Sündenbocktheorie" Hinweise, wenn sie meint, daß in jeder Gesellschaft zur Stabilisierung ihrer „ehrbaren" Bürger immer auch Sündenböcke oder „schwarze Schafe" benötigt werden.

Nach dieser Sicht stabilisiert sich beispielsweise der schlagende Vater, der unbestraft bleibt, weil er nicht mißhandelt hat, aufgrund der Tatsache, daß es mißhandelnde Täter gibt, die strafrechtlich sanktioniert werden.

Nach den schichtenspezifischen Ansätzen, der sogenannten ökonomischen Drucktheorie und der Ressourcentheorie stellen insbesondere in den untersten sozialen Schichten unzulängliches Einkommen, schlechte Wohnbedingungen, große Kinderzahl, Arbeitslosigkeit, ein niedriges Bildungs- und Berufsniveau und ein mangels anderer Alternativen (Ressourcen) gewaltorientierter Erziehungsstil Ursachenketten für eine etwaige Kindesmißhandlung dar.

Die Theorie der sozialen Verarmung oder der sozialen Isolation besagt, daß ein gestörtes soziales und emotionales Klima in der Mißbrauchs- und Mißhandlungsfamilie ursächlich für Mißhandlungen aller Art ist. Nach dieser Sicht lebt eine solche Risikofamilie in sozialer Isolation; sie ist nicht in ein soziales Netz von sicheren Beziehungen und Kontakten in der Nachbarschaft, weiterer Umgebung oder Verwandtschaft eingebunden. Es mangelt somit an stabiler zwischenmenschlicher Interaktion innerhalb und außerhalb der Familie.

Nach den sozialen Lern- und Interaktionstheorien entstehen sexueller Mißbrauch und Mißhandlungen in der Familie aufgrund eines gestörten Interaktionsprozesses zwischen Täter und Opfer. Bestimmte Beziehungsstrukturen, durch die die Familie in ihrer Funktionstüchtigkeit erheblich beeinträchtigt wird, ermöglichen Mißhandlungen und sexuellen Mißbrauch. Häufig wird die sexuelle Mißhandlung durch die dann entstehende und oft über Jahre fortdauernde Rollenkonfusion – Kind wird zum Partner des Mißbrauchers – aufrechterhalten.

Weitere Grundlagen dieses gestörten Interaktionsprozesses werden in einer immer weitergehend gestörten Sozialstruktur gesehen. Zudem würden durch gewaltbilligende soziale Normen ablehnende Gefühle der Eltern dem Kind gegenüber gefördert und insgesamt deren Gewaltbereitschaft erhöht. Diese ablehnenden Gefühle der Eltern würden häufig durch körperliche und geistige Behinderungen des Kindes, angeborene Krankheiten,

Verhaltensstörungen, wie Einkoten, Einnässen, Lügen, Stehlen, Weglaufen von zu Hause oder zu spätes Nachhausekommen verstärkt.

Festzuhalten bleibt, daß in bezug auf Kindesmißhandlung und sexuellen Mißbrauch keine spezifische Tätertypologie bekannt ist. Ebenso fehlen eindeutige und sichere Hinweise, ob zum Beispiel in bestimmten Familienkonstellationen Kinder häufiger sexuell mißbraucht oder auch sonst mißhandelt werden.

Trotz dieser Mängel sollten bei der Ursachenforschung und Analyse spezifischer Gewaltformen, wie bei der Kindesmißhandlung und sexuellen Gewalt, immer auch Erscheinungsformen und Ausprägungen von Gewaltbereitschaft und Gewalt in Staat, Gesellschaft und Familie beachtet werden.

Jedenfalls können innerhalb der Familie wechselseitige Abhängigkeiten und Auswirkungen bei Gewalthandlungen beobachtet werden: Je gewalttätiger beispielsweise Männer mit Frauen oder Männer und Frauen miteinander umgehen, desto gewaltförmiger ist in der Regel auch ihre Elternrolle den Kindern gegenüber. Je mehr dann die Eltern die Kinder auch tatsächlich mißhandeln, desto mehr schlagen die älteren Kinder auf ihre jüngeren Geschwister ein.[56]

Gewalt und Gewalttätigkeiten gegen Kinder sollten jedoch nicht nur unter dem Aspekt unmittelbarer interpersonaler Gewalt gesehen und analysiert werden. Immer spielen bei der Klärung von Gewalt und Abhängigkeit auch strukturelle Elemente eine bedeutsame Rolle. Beispielsweise kommen durch Krieg, Hunger, Mißwirtschaft, Raubbau an der Natur, Korruption, Drogenhandel und Ausbeutung armer Länder jedes Jahr Millionen Menschen zu Tode.

Ebenso haben bei strukturellen Gewaltformen Einstellungen, Ideologien und allgemein gebilligte Verhaltensweisen einen bedeutsamen Einfluß.

So sterben beispielsweise allein in den armen Ländern täglich 40 000 Kinder, das sind jährlich knapp 15 Millionen Kinder, an Unterernährung und mangelnder medizinischer Versorgung,[57] ohne daß sich die Mehrheit aller Menschen in den reichen westlichen Ländern über das Elend der Dritten Welt nachdrücklich empört und durch Einschränkung ihrer Ausgaben und ihres Konsums für Abhilfe sorgt.

Erklärungsansätze zu den Ursachen von Mißbrauch und Mißhandlung in der Familie

Bei den Theorien, die sich mit dem Phänomen und den Ursachen von Gewalt in der Familie, Kindesmißhandlung oder sexuellem Mißbrauch beschäftigten, liegt, wie oben schon angedeutet, das Zentrum der Betrachtung auf einzelnen Personen, wie Vater oder Mutter oder auf Personengruppen oder Subsystemen, wie Eltern und Geschwister oder der gesamten Familie.

Wenn bei der Ursachenforschung auch kulturelle und gesell-schaftliche Gegebenheiten mit in die Überlegungen einbezogen werden, wird von Frauenforschungsseite gerade beim sexuellen Mißbrauch gern auf patriarchalische Lebenszusammenhänge hingewiesen. Nach dieser Sicht wird hervorgehoben, daß Männer und Väter (ihre) Frauen und Kinder als ihren persönlichen Besitz betrachten. Aus diesem Bewußtsein resultiere die Forderung der Männer nach sexueller Verfügbarkeit ihrer Frauen und Töchter. Erfülle beispielsweise die Frau die sexuellen Bedürfnisse ihres Mannes nicht, greife er auf seine Tochter zurück. Dabei scheine von Männern auch der Einsatz von Gewalt als legitimes Mittel angesehen zu werden. Gerade sexuell von ihren Vätern mißbrauchte Mädchen erlebten die ungleiche Verteilung von Macht auf zweierlei Art: Einmal erführen sie bereits als Kind die Ohnmacht vor der Autorität der Eltern, zum anderen erlebten sie die schwache Stellung des Mädchens und der Frau gegenüber dem Mann[58] und ihre Ausbeutung durch ihn.

Tiefenpsychologische Erklärungsansätze verweisen gern auf generationsübergreifende familiendynamische Zusammenhän-ge. Sie vermuten bei sexuell mißbrauchenden und mißhandeln-den Tätern nicht unbedingt Persönlichkeitsdefekte, sondern emotionale und soziale Defizite. Nach dieser Sicht sind insbe-sondere mißhandelnde Mütter und Väter in ihrer eigenen Kind-heit nicht ausreichend versorgt, „bemuttert" und betreut worden. In einer Art Rollenumkehr erwarten diese bedürftigen Eltern oder Elternteile von ihren Kindern körperlich, seelisch und sexuell fürsorgliche Behandlung.

Werden die Wünsche der Väter und/oder Mütter nicht erfüllt, geraten die Kinder in Gefahr, weiteren Mißhandlungen ausgesetzt zu sein.

Auch wenn die Kinder wiederholt mißhandelt oder sexuell mißbraucht werden, wenden sich diese in der Regel keinesfalls von den Eltern oder dem betreffenden Elternteil ab. Vielmehr identifizieren sie sich mit ihnen.

Bei sexuell mißbrauchenden Tätern könne darüber hinaus angenommen werden, daß diese aus einer eher „grenzenlosen" Familie stammten, in der Grenzüberschreitungen aller Art üblich waren und dadurch fehlgelaufene Identifikationen mit den Elternfiguren erfolgten.

Festzuhalten bleibt nochmals, daß offensichtlich keine Theorie mit hinreichender Sicherheit und Plausibilität die Ursachen von sexuellem Mißbrauch und Mißhandlungen anderer Art aufzeigen kann. Offensichtlich kommen beim Entstehen der Kindesmißhandlung und des sexuellen Mißbrauchs vielfältige Ursachenketten in Frage, die alle in einem komplexen interaktionellen, also wechselseitigen, Zusammenhang zwischen Umwelt, Eltern und Kindern stehen.

Der sexuelle Mißbrauch ist somit ein zwischen Erwachsenem und Kind wechselseitig fehlgelaufener Interaktionsprozeß, in dem auch Rollen, Einstellungen und Verhaltensweisen immer wieder von neuem falsch definiert und interpretiert werden.

Versucht man die seelischen Symptome und Schäden festzustellen, die dem sexuell mißbrauchten oder körperlich mißhandelten Kind kurz-, mittel- und langfristig erwachsen, wird eine sichere Differentialdiagnose und Prognose oft nicht möglich sein.

Häufig dürften beispielsweise bei beiden Opfergruppen schon lange vor den Taten innerfamiliale emotionale Mangelsituationen vorgelegen haben, die einerseits Kinder besonders leicht zu Opfern werden lassen und die andererseits auch unabhängig vom Mißbrauch und/oder einer Mißhandlung bereits Schäden oder Verhaltensauffälligkeiten hervorgerufen haben.

Im übrigen spielen gerade beim Erfassen des seelischen Schadens das Alter des Opfers, die Art, Dauer und Intensität der Gewalt, das Alter des Täters und der Grad der Verwandtschaft eine Rolle. Zu Recht wird vermutet, daß ein sexueller Mißbrauch innerhalb der Familie für das Kind traumatisierender ist als ein sexueller Mißbrauch durch einen Fremden und daß der sexuelle Mißbrauch durch den leiblichen Vater schwerwiegendere Folgen für das Opfer hat, als es zum Beispiel Mißbrauchshandlungen eines älteren Stiefbruders haben.

Dementsprechend kann folgende Aussage getroffen werden: Je enger die verwandtschaftliche Beziehung oder die innerfamiliale Vertrauensbeziehung zwischen Täter und Opfer ist und je länger eine Mißhandlung oder ein sexueller Mißbrauch andauert, desto größer ist der seelische Schaden für das Kind.[59]

Für beide Opfergruppen gilt unabhängig vom Verwandtschaftsgrad gegenüber dem Mißhandler oder Mißbraucher, daß Dauer, Länge und Schwere der Taten, der Grad der Nähe zwischen Täter und Opfer und die Reaktion der nahen und vertrauten anderen Bezugspersonen von Bedeutung sind.

Die körperlichen Symptome wiederholter Mißhandlungen zeigen sich häufig in Knochenbrüchen verschiedener Heilungsstadien, in Hämatomen, Zellgewebsschwellungen, Hautprellungen, Quetschungen und so weiter. Die oft mit den Mißhandlungen einhergehenden Vernachlässigungen zeigen sich häufig im schlechten Pflegezustand und in Unterernährung des Kindes. Körperliche Mißhandlungen und Vernachlässigung können sogar zu einem plötzlichen Tod des Kindes führen.

Auf der Verhaltensebene des mißhandelten Kindes zeigen sich häufig im Leistungsbereich und im Spiel Konzentrationsmängel. Insgesamt fällt bei mißhandelten Kindern mangelnde Lebensfreude und mangelndes Engagement auf.

Mißhandelte Kinder meiden häufig Blickkontakt und wirken freudlos, mutlos, passiv, desinteressiert und leiden unter starken Schuldgefühlen.[60] Sie entfalten nur wenig Aktivitäten und haben kein Vertrauen zu sich und in ihre Fähigkeiten. Mißhandelte Kinder sind häufig hochgradig mißtrauisch und mitunter an ihrer „erstarrten, reglosen Wachsamkeit" zu erkennen.[61] In anderen Momenten können aggressive Verhaltensweisen abrupt mit distanzlos anklammerndem Verhalten abwechseln.[62]

Sexuell mißbrauchte Kinder leiden häufig unter Alpträumen, Angstzuständen, Schlaflosigkeit, Eßstörungen, vielfältigen psychosomatischen Störungen anderer Art, Depressionen und an geringer Selbstachtung. Sie neigen zu Selbsthaß, Schuldgefühlen oder Aggressionsdurchbrüchen, wobei im späteren Lebensalter schwere neurotische Fehlentwicklungen und sozial abweichendes Verhalten, wie Alkohol- und anderer Drogenmißbrauch, Promiskuität, Selbstmordversuche und vollendete Selbsttötungen auftreten können.[63] Je jünger sexuell mißbrauchte Kinder sind und je weniger sich bisher die Persönlichkeit des Kindes entwickeln und konsolidieren konnte, desto traumatischer wirkt der Mißbrauch. Säuglinge, Kleinstkinder und Kinder unter drei Jahren werden im wahrsten Sinne des Wortes mangels ausgebildeter beziehungsweise stabiler Ich-Funktionen ihrer Sinne beraubt, was zu trancesähnlichen traumatischen Situationen führen kann, zur vollkommenen Lähmung jeder Spontaneität und Denkarbeit und zu schockartigen oder komatösen Zuständen.[64]

Erwachsene Frauen, die in der Kindheit sexuell mißbraucht wurden, haben weitaus mehr psychische Probleme als nicht mißbrauchte Frauen. Sexuell mißbrauchte Frauen leiden verstärkt unter Ängsten, Konzentrationsproblemen, Depressionen, psychosomatischen Beschwerden, selbstzerstörerischem Verhalten, Alpträumen, Schlaf- und Eßstörungen und unter wiederkehrenden Erfahrungen mit sexueller und körperlicher Gewalt im Erwachsenenalter. Auch hier hängt die Intensität der Störungen mit dem Schweregrad und der Dauer des sexuellen Mißbrauchs und der emotionalen Nähe zwischen Täter und Opfer zusammen.[65]

Die kurz- und mittelfristigen Folgen sexuellen Mißbrauchs bei Kindern lassen sich beispielhaft in fünf Bereiche unterteilen und zusammenfassen:

1. Sexualverhalten: Altersuntypisches sexualisiertes Verhalten; auffällig häufiges Malen von Genitalien; exzessives Masturbieren; „zwanghafte" Doktorspiele und so weiter.

2. Sozialverhalten: Distanzlosigkeit; übergroße Anhänglichkeit; auffallender Trotz; nicht nachvollziehbare, scheinbar grundlose Aggressivität; Verschlossenheit; Weglaufen; Weigerung zu spielen; Ambivalenz gegenüber wichtigen Bezugspersonen und so weiter.

3. Verstandesleistung (Kognition): Konzentrationsstörungen; Sprachstörungen; Sprachverweigerung; Leistungsabfall; Entwicklungshemmungen im körperlichen und seelischen Bereich und so weiter.

4. Emotionalität: Angstzustände; häufiges Weinen; unangemessene Scham- und Schuldgefühle; Autoaggressionen (Selbstbeschädigungen); sogenanntes sekundäres Einnässen und Einkoten und so weiter.

5. Psychosomatik: Bauchschmerzen; Magersucht; Fettsucht; Hauterkrankungen und so weiter.[66]

Das Kind im Jugendamt

Das Jugendamt ist in aller Regel als erste Anlaufstelle für in Not geratene Kinder von größter Bedeutung. Hier werden häufig zu allererst die entscheidenden Weichen für geeignete Hilfen, unabdingbare Eingriffe oder sonstige Interventionen und Maßnahmen zum Schutz der Kinder eingeleitet.

Dabei hat sich die Arbeit des Jugendamts auch für diese Fälle ausschließlich nach der Kindeswohlmaxime zu richten.

Rachegedanken etwa oder Strafbedürfnisse dem Täter, den Eltern oder einem Elternteil gegenüber, die beispielsweise eine verfrühte Strafanzeige oder Herausnahme des Kindes mit sich bringen könnten, führen fast immer zu einer weiteren Belastung des kindlichen Opfers; es sind verständliche Regungen, die aber auf ihre Verträglichkeit mit dem Kindeswohl hin überprüft werden müssen.

Nach § 8 Abs. 2 und Abs. 3 KJHG haben Kinder und Jugendliche das Recht, sich in allen Angelegenheiten der Erziehung und Entwicklung an das Jugendamt zu wenden. Sie können sogar ohne Kenntnis des Personensorgeberechtigten beraten werden, wenn die Beratung aufgrund einer Not- und Konfliktlage erforderlich ist und solange durch die Mitteilung an den Personensorgeberechtigten der Beratungszweck vereitelt würde.

Dieses Recht des Kindes, sich in allen Angelegenheiten der Erziehung und Entwicklung an das Jugendamt wenden zu können, existiert nach Auffassung der Juristen unabhängig vom elterlichen Sorgerecht. Wenn also für das Kind eine Not- und Konfliktsituation vorliegt, wie beim sexuell mißbrauchten oder sonst mißhandelten Kind, und es im Jugendamt um Rat und Hilfe nachsucht, hat das Jugendamt gegenüber den Personensorgeberechtigten ein *Schweigerecht*, das so lange andauert, wie durch eine Mitteilung der Beratungszweck unterlaufen würde.[67] Im Fall eines Konflikts mit dem elterlichen Sorgerecht werden unter Umständen vormundschaftsgerichtliche Entscheidungen erforderlich.[68] Denkbar sind auch vorläufige Schutzmaßnahmen des Jugendamtes im Rahmen der sogenannten Inobhutnahme oder einer Herausnahme des Kindes.[69]

Das Kind vor den Strafverfolgungsbehörden und dem Gericht

In der Kriminologie,[70] Strafrechtswissenschaft und Justiz[71] werden vermehrt Überlegungen angestellt, wie insbesondere verhindert werden kann, daß minderjährige Zeugen durch wiederholte Vernehmungen, Anhörungen und Untersuchungen zur Glaubhaftigkeit im Rahmen polizeilicher, staatsanwaltlicher, richterlicher und sachverständiger Ermittlungen weiteren Schaden nehmen.

Die Kriminologie und hier die Lehre von der Täter-Opfer-Beziehung (Viktimologie) spricht in diesem Zusammenhang, wenn Verletzte oder Geschädigte ein weiteres Mal durch ein Ermittlungs- und Strafverfahren zum Opfer werden, von sekundärer Viktimisierung,[72] die Psychologie von sekundärer Traumatisierung.

Aus diesem Grunde sind auch von rechtswissenschaftlicher Seite Bestrebungen im Gange, das strafrechtliche und gerichtliche Vorgehen und die Rolle der mit der Strafverfolgung betrauten Polizeibeamten, Staatsanwälte und Richter zu überdenken und den gesamten prozessualen Verfahrensablauf zugunsten der Kinder abzuändern.[73]

In der Regel muß das mißhandelte und vor allem das vom sexuellen Mißbrauch betroffene Kind als Zeuge mehrere Vernehmungen bei der Polizei, möglicherweise auch bei der Staatsanwaltschaft und gegebenenfalls beim Ermittlungsrichter über sich ergehen lassen. Haben die Vernehmungsbehörden Zweifel am Wahrheitsgehalt und damit an der Glaubhaftigkeit („Glaubwürdigkeit" ist ein in der forensischen Psychiatrie noch gebräuchlicher, aber veralteter Begriff) der Aussage des Kindes, wird ein Psychiater oder Psychologe als Sachverständiger hinzugezogen, der das Kind erneut befragen und untersuchen wird. Schließlich muß das Kind im Rahmen der Hauptverhandlung meist erneut als Zeuge auftreten und wiederum über das Geschehene Bericht erstatten.

Es ist auch belegt, daß gerade im Rahmen wiederholter Vernehmungen bei Kindern durch die Fremdheit der befragenden und untersuchenden Personen Ängste und Schuldgefühle wiederaufleben.[74]

Eine besondere Problematik liegt vor allem dann im gesamten Ablauf des Strafverfahrens, wenn der Täter ein naher Angehöriger des Opfers ist: Das Kind kann sich nicht sicher sein, was infolge der Aussage mit der belasteten Person, seiner Familie oder ihm selbst passiert. Das Kind wird sich beispielsweise die Frage stellen, ob durch sein Verhalten der Vater ins Gefängnis kommt, ob möglicherweise die gesamte Familie auseinanderbricht oder ob es selbst ins Heim kommt.

Auch das nach dem Gesetz mögliche Zeugnisverweigerungsrecht[75] vermag das Kind nicht immer genügend zu entlasten. Besitzen Kinder die nach dem Gesetz zur Aussage geforderte Verstandesreife, werden sie möglicherweise bei Delikten aus dem emotionalen Nahraum von nahen Bekannten oder Verwandten unter Druck gesetzt, bei Gericht auszusagen oder nicht auszusagen.

Besitzt das Kind aufgrund seines Alters oder aufgrund bestimmter Entwicklungsrückstände noch nicht die geforderte Verstandesreife und stimmt der gesetzliche Vertreter oder der eingesetzte Pfleger der Aussage des Kindes zu, kann das Kind durch widerstreitende Interessen der Erwachsenen in ähnliche Konflikte geraten.

Nur wenn dem gesetzlichen Vertreter erlaubt ist, die Aussage im Namen des Kindes zu verweigern oder der gesetzliche Vertreter die Zustimmung zur Aussage verweigert, kann dem Kind die belastende Entscheidung zur Aussage abgenommen werden. Diese Entscheidung kann beispielsweise die Mutter nicht allein treffen, wenn ihr Ehemann, der der leibliche Vater des Kindes ist, der Tat verdächtig ist. Im Gesetz ist ausdrücklich vorgesehen, daß der gesetzliche Vertreter zur Aussage des Kindes kein Zustimmungsrecht hat, wenn der andere Elternteil der Beschuldigte ist.

Im übrigen steht dem Kind kein Zeugnisverweigerungsrecht zu, wenn der Tatverdächtige zwar aus dem sozialen und emotionalen Nahraum des Kindes stammt, aber nicht der Ehemann, sondern nur der Lebensgefährte der Mutter ist.

Radikale Lösungen zur Entlastung des Kindes sind nur denkbar, wenn eine generelle Herausnahme dieser Delikte aus der Strafjustiz erfolgen würde oder wenn eine Verurteilung des Täters ohne Vernehmungen des Kindes durch die Strafverfolgungsbehörden erfolgen könnte.

Der erste Gedanke einer Herausnahme von strafrechtlich bedeutsamen Delikten aus der Strafjustiz wurde mittlerweile in der Kriminologie von der vieldiskutierten Möglichkeit der sogenannten Diversion aufgegriffen. Diversion heißt, unter dem kriminologisch bedeutsamen Aspekt der außerstrafprozessualen Schlichtung und Entinstitutionalisierung auf eine strafrechtliche Ahndung zu verzichten, wenn zum Beispiel die Straftat amtlich festgestellt wurde oder der Tatverdächtige die Bereitschaft zur Schadenswiedergutmachung erklärt.

Diese Möglichkeiten einer Diversion könnten auch im Strafverfahren mit Kindern als Opfer strafbarer Handlungen genutzt werden. Bisher müssen Kinder in vielen Fällen aus strafprozessualen Gründen nach den Prinzipien der Mündlichkeit und Unmittelbarkeit als Zeugen angehört werden.

Im übrigen knüpft dieser Gedanke der Diversion und damit der Herausnahme von Delikten mit Kindern aus dem üblichen Ablauf eines Strafverfahrens nicht nur an einen effektiveren Opferschutz an, sondern greift auch die in der Kriminologie seit längerem vertretenen Gedanken nach einer grundsätzlichen Zurückdrängung der Freiheitsstrafe und Untersuchungshaft auf, die mit einem Ausbau von Alternativen zum Freiheitsentzug einhergehen und auch eine bessere Integration von Sozialarbeit und Psychologie in den Strafvollzug und eine Reform des Strafvollzugs zur Folge haben sollen.[76]

In geeigneten Fällen sollte also mit Zustimmung aller Beteiligten (Angeklagter, Opfer, Sorgeberechtigter, Staatsanwalt, Richter, Anwälte) ein alternatives und dann auch obligatorisches Schlichtungsverfahren möglich sein, in dessen Verlauf verbindliche Schlichtungsvereinbarungen getroffen werden (etwa Kontrollen durch das Jugendamt; Hilfen für die Familie; richterliche Anordnung, daß der Beschuldigte die Wohnung, in der die Tat erfolgt ist, verlassen muß; Absprachen und Vereinbarungen zur Behandlung und Therapie).

Kommt der Beschuldigte allerdings seinen Verpflichtungen aus dem Schlichtungsverfahren nicht nach, sollte von Amts wegen das Strafverfahren eröffnet werden.[77]

Diskutiert wird in Wissenschaft und bei Praktikern weiterhin die Frage, ob im Falle einer Kindesmißhandlung oder eines sexuellen Mißbrauchs eines Kindes – insbesondere durch nahe Verwandte – überhaupt Strafanzeige erstattet werden soll, wenn sichergestellt ist, daß der Täter den sexuellen Mißbrauch oder die Mißhandlungen anderer Art nicht fortsetzen kann.

Im übrigen können die Voraussetzungen für einen besseren Schutz des Opfers nach Bekanntwerden körperlicher, seelischer oder sexueller Mißhandlungen auch im Rahmen vormundschaftsgerichtlicher Maßnahmen oder durch Maßnahmen des Jugendamtes geschaffen werden.[78]

Diese Überlegungen und Alternativen sollen in ihren praktischen Auswirkungen nicht etwa den Beschuldigten schützen, sondern allein dem Kind Nutzen bringen, wenn es durch den Verzicht auf eine Strafanzeige nicht ein weiteres Mal durch wiederholte und sich möglicherweise über Monate erstreckende Vernehmungen in die Rolle des Opfers gedrängt wird.

Weniger konsequente Lösungen tragen nur unzureichend zu einer Entlastung des Kindes bei, wenn beispielsweise nur an eine Konzentration der Vernehmungen des betroffenen Kindes bei der Staatsanwaltschaft gedacht wird und somit nur wiederholte Vernehmungen des Kindes bei verschiedenen Personengruppen, wie der Polizei, der Staatsanwaltschaft, dem Ermittlungsrichter, dem Gutachter und dem Richter in der Hauptverhandlung, überflüssig würden.

Weitere Reformgedanken beziehen sich auf einen anzustrebenden beschleunigten Verfahrensablauf und auf den Beschuldigten, dem unter Wahrung rechtsstaatlicher Grundsätze gegebenenfalls ein Geständnis erleichtert werden soll. Als Folge eines Geständnisses könne der Beschuldigte dann in den Genuß von Strafmilderungen kommen. Im übrigen wäre mit diesem Vorgehen mehr als heute sichergestellt, daß das Kind in der Hauptverhandlung nicht mehr als Zeuge aussagen muß.[79]

Um Mißverständnissen vorzubeugen, sei nochmals hervorgehoben, daß die Strafvorschriften gegen Kindesmißhandlung und sexuellen Mißbrauch von Kindern bestehen bleiben sollten.

In vielen Fällen wird nicht zuletzt aus rechtsstaatlichen Gründen und aus Gründen, die in der Person des Täters liegen, auch in Zukunft ein Strafverfahren erforderlich sein. Dennoch sollte von der über das Wohlergehen der Kinder wachenden Verantwortungsgemeinschaft und den unmittelbaren Verantwortungsträgern immer auch bedacht werden, welche Belastungen durch das Strafverfahren auf das Kind und bei Delikten im verwandtschaftlichen Nahbereich des Kindes auch auf die Familie zukommen.

Maßnahmen zur Rehabilitation und Vorbeugung: Vorschläge zur alternativen Handhabung

Sobald ein sexueller Mißbrauch oder Mißhandlungen anderer Art etwa in Kindergarten, Hort, Schule, Nachbarschaft oder auch durch Familienmitglieder innerhalb der Familie bekannt werden, sollten unverzüglich umfassende Maßnahmen zum Schutz des Kindes ergriffen werden und möglichst bald beraterische oder therapeutische Interventionen zugunsten des Kindes und, sofern die kindeswohlschädigenden Handlungen in der Familie stattgefunden haben, für die Familie in die Wege geleitet werden.

Die wichtigsten Maßnahmen zum Kinderschutz im Sinne sekundärer Prävention müssen jedoch unmittelbar nach Bekanntwerden ein Ende des sexuellen Mißbrauchs oder der anderweitigen Mißhandlungen herbeiführen. Darüber hinaus ist es notwendig, dem mißhandelten oder sexuell mißbrauchten Kind Hilfen anzubieten, die ihm keine Angst machen und vor allem nicht als Strafe empfunden werden. Nicht zuletzt aus diesen Gründen sollte von Einzelpersonen und Behörden immer sorgfältig geprüft werden, ob eine Strafanzeige mit den bekannten Folgen wiederholter Vernehmungen des Kindes oder ob eine Herausnahme des Kindes aus dem Elternhaus unbedingt erforderlich ist. Hilfen für das Kind sollten zum Beispiel immer Vorrang vor juristischer Aufklärung der Straftat und vor Strafverfolgung des Täters haben, selbst wenn, was niemand in Zweifel ziehen sollte, sexueller Mißbrauch und Mißhandlungen anderer Art nach §§ 176, 223 b StGB als verwerfliches Unrecht an Kindern anzusehen sind und Handlungen dieser Art auch in Zukunft gesellschaftlich geächtet bleiben.[80] Sollte eine Trennung des Kindes von den Eltern oder einem Elternteil notwendig sein, sollte zunächst versucht werden zu erreichen, daß derjenige die Wohnung verläßt, der das Kind gefährdet beziehungsweise geschädigt hat.

Je frühzeitiger eine therapeutische Bearbeitung der Ursachen und Folgen von sexuellem Mißbrauch und von Mißhandlungen möglich ist (Bereich der sogenannten tertiären Prävention), desto leichter wird für das Kind und auch für die Familie eine Bewältigung der diesen Mißhandlungen zugrundeliegenden Krisen und Konflikte sein.

Das Generalziel aller Kinder- und Jugendlichenschutzmaßnahmen muß jedoch das der primären Prävention sein. Primärer Kinder- und Jugendschutz bedeutet hiernach Arbeit mit Erwachsenen – Eltern, Erziehern, Lehrern, Sozialarbeitern, Psychologen, Medizinern, Therapeuten und anderen Multiplikatoren.[81]

Wenn effektiver Kinderschutz wirklich ernst gemeint ist, sollten auch vermehrt Aufklärungsprogramme für Kinder, Eltern, Professionelle und die gesamte Bevölkerung in Medien, Kindergarten, Schule und am Arbeitsplatz eingesetzt werden. Des weiteren dienen Fortbildungsveranstaltungen, Seminare, Fachtagungen, Jugendschutzforen und wissenschaftliche Publikationen ebenfalls der Prävention. Ziel dieser Maßnahmen sollte es sein, Eltern, Erzieher, Lehrer, Sozialarbeiter, Polizisten, Staatsanwälte und Richter in ihrem Umgang mit Kindern und Jugendlichen zu sensibilisieren und ihnen die notwendige Fachkompentenz zu vermitteln, Gefährdungen von Minderjährigen frühzeitig zu erkennen und angemessen zu reagieren.

Sachgerechte Aufklärung muß schließlich die Erkenntnis mit berücksichtigen, daß sexueller Mißbrauch und Mißhandlungen anderer Art nicht Taten einiger „Verrückter" sind, sondern Taten, die, über alle gesellschaftlichen Schichten verteilt, kulturelle und gesellschaftliche Massenphänomene darstellen, die in jeder Familie oder in jeder anderen nur denkbaren Beziehungskonstellation auftreten können. Im übrigen verhindern Aufklärung und Wissen die bei vielen Menschen gerade durch Nichtwissen weitverbreitete Tendenz, unangenehme, peinliche und tabuisierte Handlungsweisen zu bagatellisieren und zu verleugnen.

Kinder- und Jugendschutz als „Anwalt" der Kinder und Jugendlichen hat auch die Aufgabe, für Minderjährige strukturelle Veränderungen in der Umwelt, wie eine Verbesserung der Freizeitangebote und Ausweitung der außerfamiliären Betreuungsmöglichkeiten in Kindertagesstätten oder Ähnlichem, einzufordern.[82] Ebenso gehören hierzu auch Verbesserungen von kindorientierten Arbeitszeiten der Erwachsenen oder Gesetzesänderungen, wie das Züchtigungsverbot.

Das Kind als Täter

„13jähriger Amokfahrer verletzte drei Polizisten", „Geld und eine Monatskarte raubten zwei 12 und 13 Jahre alte Kinder ihren Schulkameraden", „Zwei 13jährige brachen in Computerladen ein" sind Meldungen aus der Berliner Tagespresse Anfang 1992.

Am 11.2.1992 ließ der Berliner „Tagesspiegel" unter Berufung auf neueste Daten der Kriminalstatistik 1991 verlautbaren, daß in Berlin mehr als 5 % aller Tatverdächtigen Kinder unter 14 Jahren waren. Vor allem Diebstahl, Sachbeschädigung und Roheitsdelikte wie Körperverletzung gingen auf das Konto der 7500 in Berlin ermittelten tatverdächtigen Kinder.[83]

Daten zur Delinquenz bei Kindern

Ausmaß und Umfang der Kinderdelinquenz[84] oder Kinderkriminalität[85] werden aus der Polizeilichen Kriminalstatistik und im Rahmen der Dunkelfeldforschung ersichtlich. Die Dunkelfeldforschung, deren wichtigster methodischer Grundpfeiler die Befragung ist, brachte zutage, daß delinquentes Verhalten in der Kindheit weit verbreitet und, so gesehen, auch normal ist.[86] Kinder im Alter unter acht Jahren werden durch delinquente Handlungen nach der Kriminalstatistik allerdings nur selten auffällig.[87]

Es zeigt sich jedoch, daß auch die Kinderkriminalität in der Zeit von 1955 bis 1978 mit mehr als einer Verdoppelung von 3,3 % auf 7,8 % aller Tatverdächtigen eine überproportionale Zunahme erfahren hat,[88] während sich seit Beginn der achtziger Jahre bis 1988 ein kontinuierlicher Rückgang von 5,1 % auf 3,9 % ergeben hat und erst 1989 wieder ein leichter Anstieg auf 4,1 % erfolgt ist.[89]

Nach der Polizeilichen Kriminalstatistik werden im statistischen Durchschnitt der Nachkriegszeit jährlich 3 % bis 7 % aller polizeilich registrierten strafbaren Handlungen von Kindern begangen; das sind in absoluten Zahlen jährlich zwischen 35 000 und knapp 100 000 tatverdächtige Kinder im Alter von acht bis unter 14 Jahren.

1985 waren 58 811 (4,6 %), 1986 55 513 (4,2 %), 1987 54 790 (4,2 %) und 1988 51 817 (3,9 %) aller Tatverdächtigen Kinder, wobei der Rückgang zum Teil auf den gesunkenen Bevölkerungsanteil von Kindern zurückzuführen ist.[90]

1986 wurden polizeilich erfaßte Tatverdächtige im Kindesalter wie folgt registriert:[91]

	absolut	%
Kinder insgesamt:	55 513	100,0
unter 6 Jahren:	1020	1,8
6 bis unter 8 Jahren:	3 151	5,7
8 bis unter 10 Jahren:	7 826	14,1
10 bis unter 12 Jahren:	14 599	26,3
12 bis unter 14 Jahren:	28 917	52,1

Zu dieser Tabelle ist anzumerken, daß nach der neueren statistischen sogenannten Echttäterzählung in der amtlichen Statistik auch das im Jahresverlauf mehrfach aufgefallene Kind nur einmal registriert wird. So lag nach der alten Zählart beispielsweise 1982 die Zahl kindlicher Tatverdächtiger noch bei 81 954.[92]

1985 wurde eine durchschnittliche Kriminalitätsbelastungszahl von 2284,4 aller Tatverdächtiger auf 100 000 Einwohner ermittelt. Mit der geringsten Quote – 583,9 – waren die über sechzigjährigen Tatverdächtigen vertreten, Kinder zwischen acht und 14 Jahren mit 1435,4, Jugendliche zwischen 16 bis 18 Jahren mit 4245,8 und Heranwachsende zwischen 18 und 21 Jahren mit 4733,2.[93]

Gegen die Einbeziehung von Kindern in die Kriminalstatistik werden von kriminologischer Seite auch Bedenken angemeldet. Die Strafmündigkeit trete erst mit 14 Jahren ein. Zudem ließen entwicklungspsychologische, pädagogische und psychologische Erkenntnisse darauf schließen, daß gewichtige Unterschiede zwischen der Kriminalität oder Delinquenz bei Kindern, Jugendlichen, Heranwachsenden und Erwachsenen bestünden.[94] Das Phänomen „Kinderkriminalität" sei in bezug auf Kriminalität anderer Altersgruppen grundsätzlich eigenständiger Natur.[95]

Die Hauptaltersgruppe delinquenter und 1986 von der Kriminalstatistik erfaßter Kinder liegt bei zehn bis 14 Jahren mit knapp 43 500 ermittelten tatverdächtigen Kindern (78,4 %). Kinder unter zehn Jahren machen mit gut 11 000 immerhin 21,6 % aller tatverdächtigen Kinder aus, in bezug auf alle Tatverdächtigen allerdings nur 1 %.

Die häufigsten Delikte sind Eigentumsdelikte, und hier wieder Diebstahlsdelikte, die sich vor allem in Ladendiebstählen und bei Fahrraddiebstählen zeigen. Die größten Anteile innerhalb einzelner Deliktsgruppen finden sich mit 19 % aller Kinderdelikte bei Brandstiftungen, mit 8 % bei Sachbeschädigungen und mit 7 % bei Erpressungen.[96]

Überwiegend begehen Jungen strafbare Handlungen (76 % im Jahr 1987). Jedoch ist der Anteil der Mädchen von 11 % im Jahre 1955 auf 24 % im Jahre 1987 gestiegen.[97] Nach anderen Daten und Untersuchungen begehen Mädchen mit etwa 10 % noch seltener und auch weniger schwere strafbare Handlungen als Jungen.[98] Die im sehr geringen Ausmaß an der Kinderdelinquenz beteiligten Mädchen unter 14 Jahren begehen fast ausschließlich Diebstähle.[99]

Beachtenswert ist, daß drei Viertel der tatverdächtigen Kinder vor Erreichen der Strafmündigkeit mit 14 Jahren nur einmal und davon die Hälfte nur wegen einer einzigen Straftat polizeilich registriert werden. Nur wenige Kinder begehen somit eine größere Anzahl von Delikten. Nach diesen Erkenntnissen ist nur eine kleine Gruppe von kindlichen Serientätern für einen großen Teil aller Kinderdelikte verantwortlich.[100] Kinder, die mehrfach straffällig werden, kommen zu einem höheren Prozentsatz aus der Unterschicht; gleichzeitig lassen sich in dieser Gruppe ungünstige Sozialisationsbedingungen und ungünstige Familienstrukturen nachweisen.[101]

Kinderdelikte und kindliche Entwicklung

Kriminologisch bedeutsam ist, daß ein Großteil der Kinderdelinquenz eher normalem kindlichen Verhalten entspricht, wobei gelegentlich die strafrechtlichen Grenzen bei Sport, Spiel und Abenteuer überschritten werden.[102]

Typische Kinderdelikte sind: Hinterziehen von Fahr- und Eintrittsgeld (sogenanntes Schwarzfahren), unbefugtes Benutzen und Stehlen von Fahrrädern, Beschädigung von Kraftfahrzeugen, Brandstiftung durch unvorsichtiges Hantieren mit Feuer, erpresserische Drohungen. Nur selten begehen Kinder schwere Straftaten, wie zum Beispiel Tötungsdelikte, die dann regelmäßig mit körperlichen, seelischen Vernachlässigungen, mit Mißhandlungen und insgesamt mit erzieherisch mangelhaften Betreuungssituationen im Zusammenhang stehen.[103]

Da es sich bei Kinderkriminalität um ein in weiten Bereichen normales kindliches Verhalten handelt, das zum Prozeß des Erwachsenwerdens und des Hineinwachsens in die Gesellschaft gehört, ist eine prognostische Aussage über künftiges delinquentes Handeln nur in einem beschränkten Ausmaß möglich.

Auch bei älteren Kindern, die über einen längeren Zeitraum wiederholt schwerere Delikte begehen, können die kriminologischen Erkenntnisse zur Jugendkriminalität[104] vor allem in bezug auf Ursachen und Tathandlungen nur begrenzt angewendet werden, obwohl häufige Delinquenz im Kindesalter den Schluß auf spätere Kriminalität im Jugendalter zuläßt;[105] denn in ihren Wesensmerkmalen unterscheiden sich die Ursachen der Kinderdelinquenz von der Jugenddelinquenz und von der Erwachsenenkriminalität.[106]

Nach neueren kriminologischen Erkenntnissen ist grundsätzlich eine Prognose bezüglich späteren delinquenten Verhaltens im Jugend- oder im Erwachsenenalter nur schwer beziehungsweise gar nicht möglich.[107] Wenn ein Kind jedoch mehrmals Delikte begeht, die sich darüber hinaus über einen längeren Zeitraum verteilen und zu den schwereren Deliktsgruppen gehören (schwerer Diebstahl, Raub und so weiter), wird die Wahrscheinlichkeit größer, daß es als Erwachsener wieder straffällig wird.[108]

Eine allgemein anerkannte Theorie über delinquentes Verhalten von Kindern ist zur Zeit nicht verfügbar. Festgehalten werden kann, daß sehr viele Kinder Normverstöße begehen. Die meisten Normverstöße gegen Strafrechtsnormen, Delikte also, entstehen insbesondere bei jüngeren Kindern unter acht Jahren aus spielerisch-delinquenten Handlungen. Sie sind damit häufig Begleiterscheinungen eines sozialen Lernprozesses und ein Charakteristikum der Kindheit selbst. Die Gründe für den Anstieg von Kinderdelinquenz liegen wahrscheinlich in Veränderungen der Wertorientierung, der Familie und Erziehung, aber auch in der Toleranz sozialer Auffälligkeit, der Anzeigehäufigkeit und Selektion.[109]

Delikte bei Kindern sind in der Regel nicht Ausdruck einer wie auch immer gearteten „kriminellen Energie". Allenfalls handelt es sich um seelisch und/oder sozial auffällige Kinder, die als verwahrlost gelten, beziehungsweise um auffällige Verhaltensweisen, deren Ursachen eher im Kontext der Entwicklung und Sozialisation zu suchen sind.[110]

Bei den sehr seltenen, durch Kinder begangenen schweren Delikten sind die Opfer meist Familienmitglieder oder Freunde. Hier können die Ursachen fast immer in zwischenmenschlichen Spannungen und Versagungen liegen, die die Kinder über einen längeren Zeitraum ertragen mußten. Kinderdelikte dieser Art stehen somit regelmäßig auch mit Entbehrungen von elterlicher Liebe und Zuneigung im Zusammenhang.[111]

In bezug auf die Tätigkeit der Strafverfolgungsbehörden kann zusammenfassend festgehalten werden, daß bei Tätern, die noch Kinder sind, Ermittlungen, Registrierungen, Speicherungen und Weitergabe von Informationen unzulässig sind, es sei denn, diese Maßnahmen dienen ausschließlich der Identifizierung eines sich abzeichnenden und sich erheblich zuspitzenden schädigenden Verhaltens. Aufgenommene Anzeigen gegen Kinder dürfen von der Polizei nicht bearbeitet werden; sie müssen unverzüglich an die Staatsanwaltschaft weitergeleitet werden. Sind weitere Gefährdungen des Kindes erkennbar, sind Eltern und Jugendamt zu benachrichtigen. Die Staatsanwaltschaft ist nach Einstellung der Ermittlungen zu keiner weiteren Verwertung der Informationen befugt. Ebensowenig dürfen im Falle späterer Auffälligkeiten des Kindes im Erwachsenenalter polizeiliche oder staatsanwaltschaftliche Unterlagen aus der Kindheit des Täters benutzt oder weitergeleitet werden.[112]

Präventive Maßnahmen

Präventive Gesichtspunkte zur Bekämpfung von Straftaten umfassen nach vorherrschender kriminologischer Auffassung alle Maßnahmen, mit denen Ausmaß und Schwere der Delikte vermindert werden, sei es durch Einschränkung der deliktsfördernden Gelegenheiten, sei es durch Einwirken auf potentielle Rechtsbrecher und deren Umfeld und die Allgemeinheit.[113]

Wenn wirksame primärpräventive Maßnahmen ergriffen werden, müßten beispielsweise mittel- und langfristig grundlegende Änderungen der Familien-, Arbeitsmarkt-, Wohnungs- und Sozialpolitik erfolgen, damit für Kinder bessere Voraussetzungen und Bedingungen für ihre Erziehung im Elternhaus und außerhalb des Elternhauses (Kindergarten, Hort, Schule, bessere kindgerechte Freizeitmöglichkeiten) geschaffen werden.

Eine effektive sekundäre Prävention würde unter anderem die Früherkennung kriminogener Bedingungen und deren frühzeitige Beeinflussung umfassen, während sich die tertiäre Prävention zum Beispiel auf die Rückfallbekämpfung und auf geeignete und frühzeitige beraterische und therapeutische Maßnahmen mit den betroffenen Familien konzentrieren müßte.

Anmerkungen

Das Kind vor dem Familiengericht

1 Statistisches Bundesamt (Hrsg.), „Statistisches Jahrbuch 1991 für das vereinte Deutschland", Stuttgart 1991, S. 88. Im statistischen Jahrbuch werden im einzelnen für 1989 folgende Zahlen angeführt: In der damaligen DDR wurden 50 630 Ehen geschieden, davon 34 637 mit Kindern. Insgesamt waren 1989 in der DDR etwa 50 000 Kinder von der Scheidung der Eltern betroffen, bei insgesamt 132 008 ehelich geborenen Kindern. In der damaligen BRD wurden 126 628 Ehen geschieden, davon 65 215 mit Kindern. Insgesamt waren in der BRD etwa 90 000 Kinder von der Scheidung der Eltern betroffen, bei insgesamt 611 869 ehelich geborenen Kindern.

2 Neuesten Pressemeldungen zufolge, die sich auf Mitteilungen des Statistischen Bundesamtes stützen, wurden 1990 in den alten Bundesländern im Vergleich zum Vorjahr 3 % weniger Ehen geschieden. Die Zahl der Scheidungen sank danach von knapp 127 000 auf 123 000. Nach Rückgängen von 0,9 % 1988 und 1,6 % 1989 hält diese abnehmende Tendenz seit drei Jahren an. Von der Scheidung ihrer Eltern betroffen waren 1990 87 000 Kinder und damit knapp 2000 weniger als 1989. Für das Gebiet der ehemaligen DDR liegen derzeit noch keine Ergebnisse über die Ehescheidungen im Jahr 1990 vor: Der Tagesspiegel, „Zahl der Scheidungen erneut zurückgegangen", vom 15. 11. 1991.

3 743 877 lebend geborenen ehelichen Kinder stehen im Jahr 1989 etwa 140 000 Scheidungskinder gegenüber; somit erlebt derzeit nahezu jeder fünfte Minderjährige die Scheidung seiner Eltern.

4 Magnus, U., „Sorgerecht und Scheidung", in: Recht der Jugend und des Bildungswesens 2 (1988), S. 158–169.

5 Vgl. für viele: Fthenakis, W. E. (Hrsg.), „Nichtsorgeberechtigte Väter und Mütter und die Beziehungen zu ihren Kindern", Bamberg 1991, S. 15 und S. 24. Oberndorfer, R., „Die subjektive Sicht der Betroffenen im Scheidungsgeschehen", in: Buskotte, A. (Hrsg.), Ehescheidung: Folgen für Kinder: Ein Handbuch für Berater und Begleiter, Hamm 1991, S. 9–28.

6 Fthenakis, W. E., „Psychologische Beiträge zur Bestimmung von Kindeswohl und elterlicher Verantwortung", in: Lampe, E.-J., Persönlichkeit, Familie, Eigentum: Grundrechte aus der Sicht der Sozial- und Verhaltenswissenschaften, Opladen 1987, S. 182–224.

7 Schneewind, K. A. „Familienentwicklung", in: Oerter, R., und Montada, L. (Hrsg.), Entwicklungspsychologie, München 1987, S. 971–1014.

8 Schmidt-Denter, U., Beelmann, W., und Trappen, I., „Empirische Forschungsergebnisse als Grundlage für die Beratung von Scheidungsfamilien: Das Kölner Längsschnittprojekt", in: Zeitschrift für Familienforschung 2 (1991), S. 40–51.

9 Ähnlich in der Argumentation: Schneewind, K. A., „Familienpsychologie", Stuttgart, Berlin, Köln 1991, S. 156.

10 Ley, K., „>Ein Leib und ein Dach< – Fortsetzungsfamilien zwischen Mythos und Realität, Vergangenheit und Gegenwart", in: Familiendynamik 4 (1991), S. 334–350.

11 Statistisches Bundesamt (Hrsg.) „Statistisches Jahrbuch 1990 für die Bundesrepublik Deutschland", Stuttgart 1990: 1988 betrug die Gesamtzahl der nichtehelichen Lebensgemeinschaften in den alten Bundesländern 822 000, davon 97 000 mit Kindern.

12 Statistisches Bundesamt (Hrsg.), „Statistisches Jahrbuch 1989 für die Bundesrepublik Deutschland", Stuttgart 1989: 1987 lebten 1 274 000 minderjährige Kinder bei 953 000 alleinerziehenden Eltern, von denen 821 000 Mütter 1 100 000 Kinder betreuten und 132 000 Väter 174 000 Kinder. Zum Vergleich: 1988 existierten in den alten Bundesländern 6 910 000 Familien mit minderjährigen Kindern.

13 Anfang der achtziger Jahre soll nach Schätzungen eine Million Kinder in 660 000 durch Ehe verbundenen Stieffamilien gelebt haben. Etwa 10 % aller Familien dürften in den alten Bundesländern Stieffamilien sein (verheiratet oder nicht verheiratet zusammenlebend). Siehe hierzu auch: Friedl, I., und Maier-Aichen, R., „Leben in Stieffamilien: Familiendynamik und Alltagsbewältigung in neuen Familienkonstellationen", Weinheim, München 1991, S. 29.

14 Schneewind, K. A., „Familienpsychologie", Stuttgart, Berlin, Köln 1991, S. 99 f.

15 Nave-Herz, R., und Markefka, M., „Gegenstandsbereich und historische Entwicklung der Familienforschung", in: Nave-Herz, R., und Markefka, M. (Hrsg.), „Handbuch der Familien- und Jugendforschung", Bd. 1, Neuwied, Frankfurt/M. 1989, S. 2–7.

16 Nave-Herz, R., und Markefka, M., a. a. O., S. 3 ff.

17 Balloff, R., „Wo bleibt das Kind nach der Scheidung?", in: Psychologie Heute 6 (1988), S. 44–51.

18 Das Urteil ist u. a. abgedruckt in: Neue Juristische Wochenschrift 3 (1983), S. 101–103.

19 Vgl. für viele: Wallerstein, J., und Blakeslee, S., „Gewinner und Verlierer", München 1989. Cherlin, A. J., Furstenberg, Jr., F. F., Chase-Lansdale, P. L., Kiernan, K. E., Robins, P. K., Morrison, D. R., und Teitler, J. O., „Longitudinal studies of effects of divorce on children in Great Britain and the United States", in: Science 6, Vol. 252 (1991), S. 1386–1389. Furstenberg, Jr., F. F., und Cherlin, A. J., „Divided fami-

lies: What happens to children when parents part", Cambrigde (Massachusetts), London 1991.

20 Siehe Fußnote 18.
21 Niesel, R., „Was kann Mediation für Scheidungsfamilien leisten?", in: Zeitschrift für Familienforschung 2 (1991), S. 84–102.
22 Diez, H., und Krabbe, H., „Was ist Mediation? – Praktische Gebrauchsanleitung für ein außergerichtliches Vermittlungsverfahren", in: Krabbe, H. (Hrsg.), Scheidung ohne Richter: Neue Lösungen für Trennungskonflikte, Reinbek bei Hamburg 1991, S. 109–131.
23 Niesel, R., a. a. O.
24 Proksch, R., „Geschichte der Mediation", in: Krabbe, H. (Hrsg.), Scheidung ohne Richter: Neue Lösungen für Trennungskonflikte, Reinbek bei Hamburg 1991, S. 170–189.
25 Nuber, U., „Scheidung mit Vernunft", in: Psychologie Heute 11 (1991), S. 40–45.
26 Levend, H., „Gemeinsame Sorge – ständige Sorge?" In: Psychologie Heute 12 (1991), S. 9–10.
27 Werner-Schneider, C., „Wer zahlt den Preis für den Gang zum Mediator? Kritische Anmerkungen zum ‚Mediation'-Modell", in: Streit 1 (1991), S. 16–18.
28 Vgl. Proksch, R., „Scheidungsfolgenvermittlung (Divorce Mediation) – ein Instrument integrierter familiengerichtlicher Hilfe", in: Zeitschrift für das gesamte Familienrecht 9 (1989), S. 916–924.
Ein mit anderen Worten umschriebener Ablauf eines Mediationskonzeptes kann wie folgt umrissen werden:
a) Einführung und Orientierung,
b) Herausarbeiten der Fakten und Streitfragen,
c) Definition der Streitfragen,
d) Herausarbeiten und Verhandeln von Alternativen,
e) Herstellen von Kompromissen,
f) Absicherung der Kompromisse durch ein außergerichtliches Übereinkommen unter Einbeziehung der Parteianwälte,
g) Überprüfung der Ergebnisse und Fortführung der Vermittlung,
h) Mitteilen der Ergebnisse an das Gericht.
29 Schneewind, K. A., „Familienpsychologie", Stuttgart, Berlin, Köln 1991, S. 307 f.
30 In der ehemaligen DDR ist das KJHG am 3. 10. 1990 in Kraft getreten.
31 Das KJHG ist nach Maßgabe des Einigungsvertrages beider deutscher Staaten in den neuen Bundesländern bereits zum Zeitpunkt der Wiedervereinigung am 3. 10. 1990 in Kraft getreten. Für Ost- und Westdeutschland gilt eine Vielzahl Übergangsvorschriften bis 31. 12. 1994, die darüber hinaus, wie im Einigungsvertrag beider deutscher Staaten festgelegt, voneinander abweichen. Grundsätzlich sind z. B. alle Vorschriften, die sich mit einer fachlich fundierten und beratungsintensiven Aufgabenstellung der Jugendämter befassen, in den Übergangszeiten

statt als Soll-Vorschriften als Kann-Vorschriften gefaßt. Konkret bedeutet das, daß das Jugendamt im Rahmen der Kann-Vorschriften einen Ermessensspielraum in bezug auf das Erbringen einer Leistung hat. Unzulässig ist es jedoch, wenn das Jugendamt ohne Begründung eine im Gesetz durch Kann-Vorschriften vorgesehene Leistung verweigert. Im Rahmen des Ermessensspielraums ist das Jugendamt verpflichtet, ermessensfehlerfrei zu entscheiden.

Einzelne Beispiele: In der Vorschrift des § 17 KJHG sind alle Sollvorgaben bis 31.12.1994 als Kannvorgaben vorgesehen: Müttern und Vätern *kann* im Rahmen der Jugendhilfe Beratung in Fragen der Partnerschaft angeboten werden...; im Fall einer Trennung und Scheidung *können* Eltern bei der Entwicklung eines einvernehmlichen Konzepts für die Wahrnehmung der elterlichen Sorge unterstützt werden...

Nach dem Einigungsvertrag (Anlage I, Kapitel X) gilt das KJHG im Gebiet der früheren DDR in bezug auf das familiengerichtliche Verfahren und zu Fragen der Beratung von Familien und der Betreuung der Kinder, neben anderen Überleitungsvorschriften, die hier nicht erwähnt zu werden brauchen, mit folgenden Maßgaben: Über die in Art. 10 Abs. 1 KJHG enthaltenen Übergangsfassungen hinaus werden die Muß- bzw. Soll-Formulierungen in §§ 16 Abs. 1 Satz 1, 18 Abs. 1, 18 Abs. 2 1. Halbsatz, 18 Abs. 3, 18 Abs. 4, 19 Satz 1, 21 Satz 1, 23 Abs. 3, 23 Abs. 4, 25 und 27 Abs. 3 Satz 2 KJHG in Kann-Formulierungen umformuliert. Darüber hinaus ist § 27 Abs. 2 KJHG mit folgender Maßgabe anzuwenden: „Wenn und soweit die in §§ 28 bis 33 und 35 genannten Hilfearten nicht bedarfsgerecht zur Verfügung stehen, sollen sie vorrangig Kindern und Jugendlichen geleistet werden, denen sonst Hilfe zu Erziehung nach § 34 gewährt werden müßte."

32 Cherlin, A. J., Furstenberg, Jr., F. F., et al., a. a. O.

33 Goldstein, S., und Solnit, A. J., „Wenn Eltern sich trennen. Was wird aus den Kindern?", Stuttgart 1989, S. 28 ff. Siehe im folgenden auch: Fthenakis, W. E., Niesel, R., und Kunze, H.-R., „Ehescheidung: Konsequenzen für Eltern und Kinder", München, Wien, Baltimore 1982, S. 143–157; Figdor, H., „Kinder aus geschiedenen Ehen: Zwischen Trauma und Hoffnung", Mainz 1991.

34 Figdor, H., a. a. O., S. 36.

35 Petri, H., „Verlassen und verlassen werden: Angst, Wut, Trauer und Neubeginn bei gescheiterten Beziehungen", Zürich 1991, S. 84 ff.

36 Balloff, R., und Walter, E., „Reaktionen der Kinder auf die Scheidung der Eltern bei alleiniger oder gemeinsamer elterlicher Sorge", in: Psychologie in Erziehung und Unterricht 2 (1991), S. 81–95.

37 Balloff, R., und Walter, E., ebd.

38 Petri, H., „Scheidungskinder im gesellschaftlichen Umbruch – Über Haß und Versöhnung nach der Trennung", in: Familiendynamik 4 (1991), S. 351–362. Petri, H.: „Verlassen und verlassen werden: Angst, Wut, Trauer und Neubeginn bei gescheiterten Beziehungen", Zürich 1991, S. 159.

39 Vgl. die umfassende Darstellung und Analyse bei: Limbach, J., und Rottleuthner-Lutter, M.: „Ehestabilität im Spannungsfeld von Schuld- und Zerrüttungsprinzip", in: Kritische Vierteljahresschrift für Gesetz- gebung und Rechtswissenschaft 4 (1988), S. 266–289. Schach, H.-J., „Er- zieherische Hilfen und Aufwand für die Jugendhilfe von 1970 bis 1989: Ist ein Umdenken in der Jugendhilfe notwendig?" In: Der Amtsvor- mund 10 (1991), S. 786–790.

40 Willi, J.: „Was hält Partner zusammen?", Reinbek bei Hamburg 1991, S. 144.

41 Wallerstein, J., und Blakeslee, S., a. a. O., S. 355.
Cherlin, A. J., Furstenberg, Jr., F. F., et al., a. a. O. Furstenberg, Jr., F. F., und Cherlin, A. J., a. a. O.

42 § 1666 BGB [Gefährdung des Kindeswohls]
(1) Wird das körperliche, geistige oder seelische Wohl des Kindes durch mißbräuchliche Ausübung der elterlichen Sorge, durch Vernachlässi- gung des Kindes, durch unverschuldetes Versagen der Eltern oder durch das Verhalten eines Dritten gefährdet, so hat das Vormundschafts- gericht, wenn die Eltern nicht gewillt oder in der Lage sind, die Gefahr abzuwenden, die zur Abwendung der Gefahr erforderlichen Maßnah- men zu treffen. Das Gericht kann auch Maßnahmen mit Wirkung gegen einen Dritten treffen.
(2) Das Gericht kann Erklärungen der Eltern oder eines Elternteils er- setzen.
(3) Das Gericht kann einem Elternteil auch die Vermögenssorge entzie- hen, wenn er das Recht des Kindes auf Gewährung des Unterhalts ver- letzt hat und für die Zukunft eine Gefährdung des Unterhalts zu besor- gen ist.
§ 1666 a BGB [Trennung des Kindes von der elterlichen Familie; Entzie- hung der Personensorge insgesamt]
(1) Maßnahmen, mit denen eine Trennung des Kindes von der elterli- chen Familie verbunden ist, sind nur zulässig, wenn der Gefahr nicht auf andere Weise, auch nicht durch öffentliche Hilfen, begegnet werden kann.
(2) Die gesamte Personensorge darf nur entzogen werden, wenn andere Maßnahmen erfolglos geblieben sind oder wenn anzunehmen ist, daß sie zur Abwendung der Gefahr nicht ausreichen.

43 Müller-Alten, L., „Familiengerichtshilfe und Datenschutz", in: Zen- tralblatt für Jugendrecht 9 (1991), S. 454–459.

44 Coester, M., „Die Bedeutung des Kinder- und Jugendhilfegesetzes (KJHG) für das Familienrecht", in: Zeitschrift für das gesamte Fami- lienrecht 3 (1991), S. 253–262.

45 Coester, M., ebd.

46 Jopt, U.-J., „Nacheheliche Elternschaft und Kindeswohl – Plädoyer für das gemeinsame Sorgerecht als anzustrebender Regelfall", in: Zeit- schrift für das gesamte Familienrecht 9 (1987), S. 875–885.

47 Furstenberg, Jr., F. F., und Cherlin, A., a. a. O.

48 Coester, M., „Kindeswohl als Rechtsbegriff", in: Deutscher Familien-
   gerichtstag e.V. Brühl (Hrsg.), Brühler Schriften zum Familienrecht,
   Bd. 4., Bielefeld 1986, S. 35–51.

49 Coester, M., „Das Kindeswohl als Rechtsbegriff", Frankfurt/M. 1983,
   S. 162.

50 Hinz, M., „Elternverantwortung und Kindeswohl – Neue Chancen zu
   ihrer Verwirklichung für die Rechtsprechung? Zur Diskussion um die
   gemeinsame elterliche Sorge nach der Scheidung", in: Zentralblatt für
   Jugendrecht 12 (1984), S. 529–537.

51 Coester, M., „Elterliche Sorge im deutschen Recht, insbesondere die
   deutsche Praxis bei türkischen Familien", in: Der Amtsvormund 10
   (1991), S. 847–853.

52 Jopt, U.-J., a. a. O., S. 876.

53 Reich, G., „Kinder in Scheidungskonflikten", in: Krabbe, H. (Hrsg.),
   Scheidung ohne Richter: Neue Lösungen für Trennungskonflikte,
   Reinbek bei Hamburg 1991, S. 59–85.

54 Napp-Peters, A., „Ein-Elternteil-Familien soziale Randgruppe oder
   neues familiales Selbstverständnis?" Weinheim, München 1987, S. 90.
   Balloff, R., und Walter, E., „Reaktionen der Kinder auf die Scheidung
   der Eltern bei alleiniger oder gemeinsamer elterlicher Sorge", in: Psychologie in Erziehung und Unterricht 2 (1991), S. 81–95.

55 Furstenberg, F., „Die Entstehung des Verhaltensmusters >sukzessiver
   Ehen<", in: Lüscher, K., Schultheis, F., und Wehrspaun, M. (Hrsg.), Die
   >postmoderne< Familie: Familiale Strategien und Familienpolitik in einer Übergangszeit, Konstanz 1988, S. 73–83.

56 Petri, H.: „Erziehungsgewalt. Zum Verhältnis von persönlicher und gesellschaftlicher Gewaltausübung in der Erziehung", Frankfurt/M.
   1989, S. 73.

57 Willi, J., a. a. O., S. 22: „Oft sind durch die erhöhten Ansprüche Beziehungen von vornherein zum Scheitern bestimmt. Die Hoffnung, in der
   Liebe nie mehr einsam zu sein, hat sich noch verstärkt in einer Zeit, in
   der soziale Beziehungen flüchtiger geworden sind, Menschen häufiger
   Wohnsitz und Arbeitsstelle wechseln und das Sichorientieren in einer
   sich rasch verändernden Gesellschaft immer schwieriger wird."

58 Koechel, R., und Heider, C.: „Scheidungsforschung an der Gesamt-
   hochschule Kassel", in: Fragmente 22 (1986), S. 7–28.

59 Roussel, L.: „Ehen und Ehescheidungen. Beitrag zur systemischen Analyse von Ehemodellen", in: Familiendynamik 5 (1980),
   S. 186–203.

60 Schleiffer, R.: „Elternverluste. Eine explorative Datenanalyse zur Klinik
   und Familiendynamik", Berlin, Heidelberg, New York, London, Paris,
   Tokio 1988, S. 19.

61 Koechel, R., und Heider, C., a. a. O., S. 22.

62 Duss-von Werdt, J.: „Überlegungen zur gemeinsamen Typologie von

Ehe, Scheidung und Elternschaft", in: Zentralblatt für Jugendrecht 1 (1984), S. 17–22.

63 Bopp, J., „Die Mamis und die Mappis", in: Kursbuch 76 (1984), S. 53–74.

64 Duss-von Werdt, J., a. a. O., S. 20.

65 Willi, J., a. a. O., S. 134.

66 Reich, G., a. a. O.

67 Übereinkommen über die Rechte des Kindes (vom 20. November 1989 – Auszug aus der Bundesratsdrucksache 769/90), in: Recht der Jugend und des Bildungswesens 1 (1991), S. 87–99.

68 Steindorff, C., „Die UN-Kinderrechtskonvention als Legitimationsgrundlage für Elternrecht?," in: Familie und Recht 4 (1991), S. 214–218.

69 Steindorff, C., a.a.O., S. 215.

70 Artikel 18 [UN-Konvention über die Rechte der Kinder]
(1) Die Vertragsstaaten bemühen sich nach besten Kräften, die Anerkennung des Grundsatzes sicherzustellen, daß beide Elternteile gemeinsam für die Erziehung und Entwicklung des Kindes verantwortlich sind. Für die Erziehung und Entwicklung des Kindes sind in erster Linie die Eltern oder gegebenenfalls der Vormund verantwortlich. Dabei ist das Wohl des Kindes ihr Grundanliegen.
(2) Zur Gewährleistung und Förderung der in diesem Übereinkommen festgelegten Rechte unterstützen die Vertragsstaaten die Eltern und den Vormund in angemessener Weise bei der Erfüllung ihrer Aufgabe, das Kind zu erziehen, und sorgen für den Ausbau von Institutionen, Einrichtungen und Diensten für die Betreuung von Kindern.
(3) Die Vertragsstaaten treffen alle geeignete Maßnahmen, um sicherzustellen, daß Kinder berufstätiger Eltern das Recht haben, die für sie in Betracht kommenden Kinderbetreuungsdienste und -einrichtungen zu nutzen.

71 Stöcker, H. A., „Auslegung der Kinderkonvention", in: Recht der Jugend und des Bildungswesens 1 (1991), S. 75–87.

72 Stöcker, H. A., a.a.O., S. 80. Vgl. aber die Ansicht von Coester, der meint, daß sich aus der Präambel sowie Art. 9 Abs. 3 und 18 UN-Kinderrechtskonvention eine Tendenz zugunsten gemeinsamer elterlicher Verantwortung auch nach der Scheidung ergebe. Im übrigen habe der Staat nunmehr die Pflicht, den Eltern durch geeignete Maßnahmen die Wahrnehmung dieser Verantwortung zu ermöglichen. Coester, M., „Neue Aspekte zur gemeinsamen elterlichen Verantwortung nach Trennung und Scheidung", a.a.O., S. 71.

73 § 1671 BGB [Elterliche Sorge nach Scheidung der Eltern]
(1) Wird die Ehe der Eltern geschieden, so bestimmt das Familiengericht, welchem Elternteil die elterliche Sorge für ein gemeinschaftliches Kind zustehen soll.
(2) Das Gericht trifft diejenige Regelung, die dem Wohle des Kindes am besten entspricht; hierbei sind die Bindungen des Kindes, insbesondere an seine Eltern und Geschwister, zu berücksichtigen.

(3) Von einem übereinstimmenden Vorschlag der Eltern soll das Gericht nur abweichen, wenn dies zum Wohle des Kindes erforderlich ist. Macht ein Kind, welches das vierzehnte Lebensjahr vollendet hat, einen abweichenden Vorschlag, so entscheidet das Gericht nach Absatz 2.

(4) Die elterliche Sorge ist einem Elternteil allein zu übertragen (am 3.11.1982 wurde dieser Satz vom Bundesverfassungsgericht für verfassungswidrig erklärt. Erfordern es die Vermögensinteressen des Kindes, so kann die Vermögenssorge ganz oder teilweise dem anderen Elternteil übertragen werden).

(5) Das Gericht kann die Personensorge und die Vermögenssorge einem Vormund oder Pfleger übertragen, wenn dies erforderlich ist, um eine Gefahr für das Wohl des Kindes abzuwenden. Es soll dem Kind für die Geltendmachung von Unterhaltsansprüchen einen Pfleger bestellen, wenn dies zum Wohle des Kindes erforderlich ist.

(6) Die vorstehenden Vorschriften gelten entsprechend, wenn die Ehe für nichtig erklärt worden ist.

§ 37 Ehegesetz [Folgen der Aufhebung]

(1) Die Folgen der Aufhebung einer Ehe bestimmen sich nach den Vorschriften über die Folgen der Scheidung.

74 Hinz, M., Münchner Kommentar zum Bürgerlichen Gesetzbuch, Bd. 5, Familienrecht, 2. Halbband, München 1987, § 1666, Rdnr. 23.

75 Coester, M., 1983, a. a. O., S. 138, mit weiteren Hinweisen.

76 Coester, M., ebd., S. 142. Siehe auch: Diederichsen, U., „Die Neuregelung des Rechts der elterlichen Sorge", in: Neue Juristische Wochenschrift 1/2 (1980), S. 1–11.

77 Coester, M., a. a. O., 1983, S. 143.

78 Hinz, M., a. a. O., 1987, § 1671, Rdnr. 28.

79 Das Förderprinzip wird allgemein daran gemessen, welcher Elternteil am besten zur Erziehung und Betreuung des Kindes geeignet erscheint und von wem die größtmögliche Unterstützung beim Aufbau der Persönlichkeit des Kindes zu erwarten ist bzw. bei welchem Elternteil das Kind in geistiger, seelischer, körperlicher und wirtschaftlicher Hinsicht besser gedeihen wird.

80 Das Kontinuitätsprinzip, nach dem die Bindungen des Kindes, insbesondere an seine Eltern und Geschwister, zu berücksichtigen sind. Inhaltlich sollten die Begriffe und Aspekte der Kontinuität und Stabilität unterschieden werden. Während die Kontinuität auf die Bewahrung und den Erhalt aktueller Bindungen und Erziehungsverhältnisse abstellt, zielt der Stabilitätsgedanke vor allem auf die Zeit nach der Sorgerechtsentscheidung im Sinne einer Aufrechterhaltung ungestörter und gleichmäßiger Erziehungsverhältnisse ab.

81 Im Sinne der Erziehungsfähigkeit ist der Elternteil zur Erziehung des Kindes besonders geeignet, von dem die meiste Unterstützung für den Aufbau der Persönlichkeit des Kindes erwartet werden kann.

82 Der Bundesgerichtshof entschied in einem Grundsatzurteil im Jahr 1984, daß das Kind – gleich welchen Alters – wegen seiner Betroffenheit im Sorgerechtsverfahren Grundrechtsträger ist und somit seinem geäußerten Willen bei der Sorgerechtsentscheidung hohe Bedeutung zukommt, soweit das Kind nach Alter und Reife zu einer natürlichen Willensbildung in der Lage ist. Dementsprechend gilt es nicht nur, den Willen des Kindes ab dem vierzehnten Lebensjahr (§ 1671 Abs. 3 S. 2 BGB) zu beachten, sondern generell muß auch der Wille jüngerer Kinder berücksichtigt werden. Bundesgerichtshof, in: Zeitschrift für das gesamte Familienrecht 2, (1985), S. 169–172.

83 § 49a FGG [Anhörung des Jugendamtes]

(1) Das Familiengericht hört das Jugendamt vor einer Entscheidung nach folgenden Vorschriften des Bürgerlichen Gesetzbuchs
1. Umgang mit dem Kind (§ 1634 Abs. 2 und 4).
2. Elterliche Sorge nach Scheidung und Getrenntleben der Eltern (§§ 1671 und 1672 BGB).
3. Ruhen der elterlichen Sorge (§ 1678 Abs. 2).
(2) § 49 Abs. 3 und 4 gilt entsprechend.
In der Vorschrift des § 49 Abs. 3 und 4 FGG ist folgendes geregelt:
(3) Dem Jugendamt und dem Landesjugendamt sind alle Entscheidungen des Gerichts bekannt zu machen, zu denen sie nach dieser Vorschrift zu hören waren.
(4) Bei Gefahr in Verzug kann das Vormundschaftsgericht einstweilige Anordnungen schon vor Anhörung des Jugendamtes treffen.
In § 49 Abs. 4 FGG muß – wie dem Gesetz nach vorgesehen – bei entsprechender Anwendung des § 49 a FGG Abs. 2 FGG das Wort „Vormundschaftsgericht" durch das Wort „Familiengericht" ersetzt werden.

84 Münder, J., Greese, D., Jordan, E., Kreft, D., Lakies, T., Lauer, H., Proksch, R., und Schäfer, K., „Frankfurter Lehr- und Praxiskommentar zum Kinder- und Jugendhilfegesetz", Münster 1991, § 50 KJHG, Rz. 2.

85 Münder, J., Greese, D. et al., a. a. O., § 49a FGG, Rz. 1–3.

86 § 50 KJHG [Mitwirkung in Verfahren vor den Vormundschafts- und den Familiengerichten]

(1) Das Jugendamt unterstützt das Vormundschaftsgericht und das Familiengericht bei allen Maßnahmen, die die Sorge für die Person von Kindern und Jugendlichen betreffen. Es hat in Verfahren vor dem Vormundschafts- und dem Familiengericht mitzuwirken, die in den §§ 49 und 49 a des Gesetzes über die Angelegenheiten der Freiwilligen Gerichtsbarkeit genannt sind.

(2) Das Jugendamt unterrichtet insbesondere über angebotene und erbrachte Leistungen, bringt erzieherische und soziale Gesichtspunkte zur Entwicklung des Kindes oder des Jugendlichen ein und weist auf weitere Möglichkeiten der Hilfe hin.

(3) Hält das Jugendamt zur Abwendung einer Gefährdung des Wohls des Kindes oder des Jugendlichen das Tätigwerden des Gerichts für

erforderlich, so hat es das Gericht anzurufen. Absatz 2 gilt entsprechend.

87 Obwohl es die Tätigkeit der Jugendämter nicht berührt, sei der Vollständigkeit halber noch erwähnt, daß § 65 Abs. 3 KJHG ebenfalls eine Offenbarung zuläßt, wenn die nach § 203 Abs. 1 oder 3 StGB genannten Personen (z. B. Arzt, Angehörige eines anderen Heilberufs oder Rechtsanwalt) aufgrund gesetzlicher Bestimmungen hierzu befugt wären. Dies ist z. B. der Fall bei Anzeigepflichten nach § 138 StGB [Nichtanzeige geplanter Straftaten] nach dem Bundesseuchengesetz oder dem Gesetz zur Verhütung ansteckender Krankheiten.

88 Müller-Alten, L., „Familiengerichtshilfe und Datenschutz", in: Zentralblatt für Jugendrecht 9 (1991), S. 454–459. Unklar bleibt zu diesem wichtigen Problembereich die Ansicht des Oberlandesgerichts Frankfurt: „Beschluß d. OLG Frankfurt/M., 5. Senat für Familiensachen v. 28.10.1991 – 5 WF 182/91", in: Der Amtsvormund 12 (1991), S. 1075–1079.

89 Siehe Fußnote 84.

90 Vgl. Salzgeber, J., und Höfling, S., „Der diagnostische Prozeß bei der familienpsychologischen Begutachtung. Ein Beitrag zur Datenbasis und zur Intervention des psychologischen Sachverständigen im Rahmen des Begutachtungsprozesses", in: Zentralblatt für Jugendrecht 7/8 (1991), S. 388–394.

91 Anderer Ansicht: Lidle-Haas, K., „Das Kind im Sorgerechtsverfahren bei der Scheidung", Berlin 1989, S. 174.

92 § 12 FGG [Ermittlung von Amts wegen]
Das Gericht hat von Amts wegen die zur Feststellung der Tatsachen erforderlichen Ermittlungen zu veranstalten und die geeignet erscheinenden Beweise aufzunehmen.
Weiterhin finden die Vorschriften der Zivilprozeßordnung über den Beweis durch Augenschein, über den Zeugenbeweis, über den Beweis durch Sachverständige und über das Verfahren bei der Abnahme von Eiden entsprechende Anwendung (§ 15 Abs. 1 FGG). In § 64 k Abs. 3 FGG wird ebenso wie in § 15 Abs. 1 FGG ausdrücklich auf die einschlägigen Vorschriften der Zivilprozeßordnung verwiesen, die in §§ 402 ff. und 621 a Abs. 1 ZPO abschließend den Beweis durch Sachverständige und durch Rückverweisung die Anwendung der Vorschriften des Gesetzes über die Angelegenheiten der freiwilligen Gerichtsbarkeit (FGG) regeln. Ob das Gericht einen Sachverständigen ernennt, liegt in seinem pflichtgemäßen Ermessen. Vgl. Bundesverfassungsgericht, in: Neue Juristische Wochenschrift 5 (1981), S. 217–219.

93 Bundesgerichtshof, in: Zeitschrift für das gesamte Familienrecht 8/9 (1965), S. 433–435.

94 §§ 408, 383, 384 Zivilprozeßordnung (ZPO).

95 § 407 ZPO.

96 § 406 ZPO.

97 In den letzten Jahren hat sich immer mehr die Unsitte im Familiengerichtsverfahren ausgebreitet, daß von den Eltern oder Anwälten bereits
während oder nach dem Sachverständigenverfahren Parteigutachter beauftragt werden. Diese Gutachten haben meiner Kenntnis nach bisher
immer zum Ziel gehabt, das vom Gericht in Auftrag gegebene Gutachten zu diskreditieren. Im übrigen sind die Parteigutachten meiner
Kenntnis nach extrem teuer, da hier der „Gutachter" anders als im Fall
der vom Gericht in Auftrag gegebenen Gutachten frei liquidieren kann.
Dagegen hat sich der vom Gericht ernannte Gutachter bei der Abrech-
nung an den Kostenfestsetzungsbeschluß des Gerichts und an das Gesetz zur Entschädigung von Sachverständigen und Zeugen (ZSEG) zu
halten.

98 §§ 411, 410 ZPO.

99 Salzgeber, J., und Stadler, M., „Familienpsychologische Begutachtung.
Materialien für die forensische Praxis", München 1990, S. 15.

100 Vgl. § 383 Abs. 1 Nr. 6 ZPO.

101 Puls, J., „Beteiligung von Psychologen und Psychiatern als Sachverständige in familiengerichtlichen Verfahren", in: Zentralblatt für Jugendrecht 1 (1984), S. 8–13. Jessnitzer, K., „Der gerichtliche Sachverständige:
Ein Handbuch für die Praxis", München 1988.

102 Salzgeber, J., und Stadler, M., a. a. O., S. 7. Lidle-Haas, K., a. a. O.,
S. 175, mit weiteren Nachweisen. Lidle-Haas hebt aber auch den
Gesichtspunkt des „Helfers" oder des „Beraters" hervor; so auch:
Rösner, S., und Schade, B., „Der psychologische Sachverständige
als Berater im Sorgerechtsverfahren: Neue Standortbestimmung
zwischen Diagnostik und Beratung", in: Zentralblatt für Jugendrecht
10 (1989), S. 439–443. Siehe auch das Rechtspflege-Vereinfachungs-
gesetz vom 17. 12. 1990, das am 1. 4. 1991 in Kraft getreten ist: Im Gesetz ist unter anderem festgelegt, daß das Gericht die höchstpersön-
liche Tätigkeit des Sachverständigen zu leiten hat und über Art und
Umfang seiner Tätigkeit Weisungen erteilen kann. Diese Gesichtspunkte sprechen somit eher dafür, daß der Sachverständige Gehilfe des
Gerichts ist.

103 Vgl. auch: Sternbeck, E., und Däther, G., „Das familienpsychologische
Gutachten im Sorgerechtsverfahren", in: Zeitschrift für das gesamte
Familienrecht 1 (1986), S. 21–25.

104 Salgo, L., „Brauchen wir den Anwalt des Kindes? – Vorüberlegungen",
in: Zentralblatt für Jugendrecht 7 (1985), S. 259–270.

105 Vgl. auch: Suess, G. J., „Arbeit mit Scheidungsfamilien – Überlegungen
aus der Sicht der Bindungstheorie und kontextuellen Therapie", in: Praxis der Kinderpsychologie und Kinderpsychiatrie 39 (1990), S. 278–283.

106 Hagner, K. W., „Zur Rolle des Familiengutachters und seinem Verhältnis zum Familienrichter im streitigen Sorgerechtsverfahren – Elemente
einer systemischen Betrachtungs- und Vorgehensweise", in: Familiendynamik 4 (1984), S. 323–339.

107 Zum Problem unklar oder einseitig formulierter Fragestellungen: Salzgeber, J., und Stadler, M., „Familienpsychologische Begutachtung", München 1990, S. 50.

108 Hagner, K. W., a. a. O., S. 327. Sternbeck, E., und Däther, a. a. O., S. 21.

109 Proksch, R., a. a. O., S. 918.

110 Sternbeck, E., und Däther, G., a. a. O., S. 22.

111 Vgl. Wallerstein, J., und Blakeslee, a. a. O. Furstenberg, Jr., F. F., und Cherlin, A., a. a. O. Gaier, O. R., „Scheidungswaisen", in: Welt des Kindes 4 (1991), S. 12–15.

112 Salzgeber, J., und Stadler, M., „Familienpsychologische Begutachtung", München 1990, S. 15.

113 Rösner, S., und Schade, B., a. a. O., S. 440.

114 Fthenakis, W. E., „Interventionsansätze während und nach der Scheidung – Eine systemtheoretische Betrachtung", in: Archiv für Wissenschaft und Praxis der sozialen Arbeit 3 (1986), S. 174–201.

115 Rösner, S., und Schade, B., a. a. O., S. 440 f.

116 Salgo, L., a.a.O., mit weiteren Nachweisen.

117 Artikel 12 [UN-Konvention über die Rechte der Kinder]
(1) Die Vertragsstaaten sichern dem Kind, das befähigt ist, sich eine eigene Meinung zu bilden, das Recht zu, diese Meinung in allen das Kind berührenden Angelegenheiten frei zu äußern, und berücksichtigen die Meinung des Kindes angemessen und entsprechend seinem Alter und seiner Reife.
(2) Zu diesem Zweck wird dem Kind insbesondere Gelegenheit gegeben, in allen das Kind berührenden Gerichts- oder Verwaltungsverfahren entweder unmittelbar oder durch einen Vertreter oder eine geeignete Stelle im Einklang mit innerstaatlichen Verfahrensvorschriften gehört zu werden.

118 Bundesverfassungsgerichtsentscheidung 1986, Bd. 72, S. 122–135.

119 Steindorff, C., „Die Kinderanwaltsbewegung in Frankreich", in: Zeitschrift für das gesamte Familienrecht 10 (1991), S. 1148–1151.

120 Steindorff, C., a.a.O., S. 1149.

121 Wendl-Kempmann, G., und Wendl, P., „Partnerkrisen und Scheidung: Ursachen, Auswirkungen und Verarbeitung aus psychoanalytischer und richterlicher Sicht", München 1986, S. 229.

122 Goldstein, S., und Solnit, A. J., „Wenn Eltern sich trennen: Was wird aus den Kindern?", Stuttgart 1989, S. 80.

123 Gesetz über die Angelegenheiten der freiwilligen Gerichtsbarkeit (FGG)
§ 50 b [Persönliche Anhörung des Kindes oder Mündels in Sorgerechtsverfahren]
(1) Das Gericht hört in einem Verfahren, das die Personen- oder Vermögenssorge betrifft, das Kind persönlich an, wenn die Neigungen, Bindungen oder der Wille des Kindes für die Entscheidung von Bedeutung sind oder wenn es zur Feststellung des Sachverhalts angezeigt erscheint,

daß sich das Gericht von dem Kind einen unmittelbaren Eindruck verschafft.

(2) Hat das Kind das vierzehnte Lebensjahr vollendet und ist es nicht geschäftsunfähig, so hört das Gericht in einem Verfahren, das die Personensorge betrifft, das Kind stets persönlich an. In vermögensrechtlichen Angelegenheiten soll das Kind persönlich angehört werden, wenn dies nach Art der Angelegenheit angezeigt erscheint. Bei der Anhörung soll das Kind, soweit nicht Nachteile für seine Entwicklung oder Erziehung zu befürchten sind, über den Gegenstand und möglichen Ausgang des Verfahrens in geeigneter Weise unterrichtet werden; ihm ist Gelegenheit zur Äußerung zu geben.

(3) In den Fällen des Absatzes 1 und des Absatzes 2 Satz 1 darf das Gericht von der Anhörung nur aus schwerwiegenden Gründen absehen. Unterbleibt die Anhörung allein wegen Gefahr im Verzuge, so ist sie unverzüglich nachzuholen.

(4) Die Absätze 1 bis 3 gelten für Mündel entsprechend.

124 Bundesverfassungsgericht, Beschluß vom 7. 5. 1991 – 1 BvL 32/88, abgedruckt unter anderem in: Monatsschrift für Deutsches Recht 7 (1991), S. 639–641.

125 Lempp, R., v. Braunbehrens, V., Eichner, E., und Röcker, D., „Die Anhörung des Kindes gemäß § 50b FGG", Köln 1987, S. 101.

126 Lempp, R., v. Braunbehrens, V., Eichner, E., und Röcker, D., a. a. O., S. 102–104.

127 Arntzen, F., „Elterliche Sorge und persönlicher Umgang mit Kindern aus gerichtspsychologischer Sicht", München 1980, S. 51.

128 Spätestens seit der Entscheidung des Bundesverfassungsgerichts vom 7. 5. 1991, Eltern nichtehelicher Lebensgemeinschaften unter bestimmten Voraussetzungen die gemeinsame elterliche Sorge zuzugestehen, haben nunmehr die Bestrebungen des Bundesjustizministers das Nichtehelichenrecht umfassend zu reformieren und nichteheliche Kinder ehelichen so weit wie möglich gleichzustellen, endlich den erforderlichen Auftrieb bekommen. Diskutiert und geplant wird beispielsweise im Bundesjustizministerium nunmehr eine Gesamtreform, bei der das für nichteheliche Kinder geltende Abstammungs-, Sorge-, Unterhalts-, Adoptions- und Erbschaftsrecht sowie das dazugehörende Verfahrensrecht überarbeitet und vorhandene Diskriminierungen gegenüber ehelichen Kindern beseitigt werden sollen. Die Reform soll darüber hinaus auch dazu führen, daß Eltern aus nichtehelichen Gemeinschaften nach einer Trennung das gemeinsame Sorgerecht behalten können. Schließlich soll das Rechtsinstitut der „gesetzlichen Amtspflegschaft" (§ 1706 BGB), das automatisch bei der Geburt des nichtehelichen Kindes eintritt und das Sorgerecht der Mutter einschränkt – und das übrigens in den neuen Bundesländern gemäß altem DDR-Recht nicht existiert –, einer gesamtdeutschen Lösung zugeführt werden.

129 Goldstein, S., und Solnit, A. J., a. a. O., S. 112–119.

130 Figdor, H., a. a. O., S. 149.

131 Figdor, H., a. a. O., S. 150.

132 Arntzen, F., a. a. O., S. 25.

133 Klußmann, R. W. „Das Kind im Rechtsstreit der Erwachsenen", München, Basel 1981, S. 185.

134 Lakies, T., „Mehr Rechte für ledige Väter? – Betrachtungen zu Kinderleben und Vaterrechten anläßlich eines Gesetzentwurfes", in: Zentralblatt für Jugendrecht 4 (1989), S. 162–169.

135 Lempp, R., „Zur Umgangsbefugnis des nichtehelichen Vaters", in: Zeitschrift für das gesamte Familienrecht 1 (1989), S. 16–17.

136 Ell, E., „Väter – Väter – Väter", in: Zentralblatt für Jugendrecht 10 (1988), S. 436–442.

137 Lakies, T., „Umgang zwischen Vater und nichtehelichem Kind", in: Zeitschrift für Rechtspolitik 6 (1990), S. 229–234.

138 Dickmeis, G., „Zur Rechtsstellung Alleinerziehender und ihrer Kinder", in: Jugendwohl 11 (1988), S. 503–514.

139 Baer, I., „Erweiterung des Besuchsrechts des nichtehelichen Vaters? Überlegungen zu einem Entwurf des Bundesministers der Justiz", in: Der Amtsvormund 10 (1988), S. 861–866.

140 Fthenakis, W. E., „Väter. Zur Vater-Kind-Beziehung in verschiedenen Familienstrukturen", Bd. 2, München 1988, S. 82.

141 Fthenakis, W. E., und Oberndorfer, R., „Darauf kommt es auch an", in: Fthenakis, W. E. (Hrsg.), Nichtsorgeberechtigte Väter und Mütter und die Beziehungen zu ihren Kindern, Bamberg 1991, S. 15.

142 Anderer Ansicht ist Arntzen, der meint, daß auch in Konfliktsituationen Besuche der Kinder beim Nichtsorgeberechtigten aufrechterhalten werden sollen, wenn noch eine emotionale Bindung der Kinder an den abwesenden Elternteil besteht. Im übrigen *stumpfe* (Hervorhebung vom Verf.) ein Kind gegenüber den negativen Begleitumständen ab: Arntzen, F., a. a. O., S. 35 ff.

143 Fthenakis, W. E., und Oberndorfer, R., a. a. O.

144 Lempp, R., „Zur Umgangsbefugnis des nichtehelichen Vaters", in: Zeitschrift für das gesamte Familienrecht 1 (1989), S. 16–17.

145 Lempp, R., „Die Ehescheidung und das Kind. Ein Ratgeber für Eltern", Stuttgart 1989, S. 45.

146 OLG München, Beschluß v. 18. 6. 1991 – 26 KF 1464/89, in: Familie und Recht 5 (1991), S. 297.

147 Coester, M., 1991, a. a. O., S. 74.

148 Coester, M., 1991, a. a. O., S. 73.

149 Luthin, H., „Buchbesprechungen", in: Zeitschrift für das gesamte Familienrecht 12 (1990), S. 1324.

150 Coester, M., „Gemeinsames Sorgerecht nach Scheidung? Verfassungsrechtliche Überlegungen und internationale Erfahrungen", in: Europäische Grundrechte 9 (1982), S. 256–264.

1 §§ 1666, 1666 a BGB.

2 Oberloskamp, H. (Hrsg.), „Vormundschaft, Pflegschaft und Vermögenssorge bei Minderjährigen", München 1990, Vorwort.

3 Statistisches Bundesamt (Hrsg.), „Statistisches Jahrbuch 1991 für das vereinte Deutschland", Stuttgart 1991, S. 475.

4 § 1 Abs. 1 u. Abs. 2 KJHG.

5 Schellhorn, W., „Jugendhilferecht", Neuwied 1990, S. 10.

6 § 8 KJHG.

7 Möller, W., und Nix, C. (Hrsg.), „Kurzkommentar zum Kinder- und Jugendhilfegesetz", Weinheim, Basel 1991, § 8 KJHG, Rdnr. 1.

8 Vgl. §§ 27–58 KJHG.

9 § 1741 Abs. 1 BGB.

10 Wiemann, I., „Pflege- und Adoptivkinder. Familienbeispiele, Informationen, Konfliktlösungen", Reinbek bei Hamburg, S. 197.

11 §§ 1747 Abs. 3 S. 2, 1758 BGB.

12 § 61 Abs. 2 PStG – Personenstandsgesetz.

13 Textor, M. R., „Die unbekannten Eltern. Adoptierte auf der Suche nach ihren Wurzeln", in: Zentralblatt für Jugendrecht 1 (1990), S. 10–14, 11. Siehe hierzu auch den ausführlichen Aufsatz von: Oberloskamp, H., „Recht auf Kenntnis der eigenen Abstammung. Familienrechtliche Zuordnung von Kindern und Problemfelder in der Praxis", in: Familie und Recht 5 (1991), S. 263–269. Oberloskamp hebt zu Recht im Rahmen ihrer Abhandlung immer wieder den Subjektstatus des Kindes hervor.

14 Wiemann, I., ebd.

15 Textor, M. R., a.a.O.

16 Textor, M. R., „Vergessene Mütter, die nicht vergessen können. Leibliche Eltern von Adoptivkindern", in: Neue Praxis 4 (1989), S. 323–336. Ders., „Offene Adoptionsformen", in: Nachrichtendienst für öffentliche und private Fürsorge 4 (1991), S. 107–111.

17 Textor, M. R., a.a.O., 1991, S. 110.

18 Statistisches Bundesamt (Hrsg.), a.a.O.

19 Statistisches Bundesamt (Hrsg.), a.a.O. Vgl. auch: Fieseler, G., und Herborth, R., „Recht der Familie und Jugendhilfe", Heidelberg 1989, S. 150.

20 Statistisches Bundesamt (Hrsg.), a.a.O.

21 § 5 Adoptionsvermittlungsgesetz – AdVermiG.

22 § 3 AdVermiG.

23 § 5 Abs. 2 Nr. 1, Nr. 2 AdVermiG.

24 § 5 Abs. 3 AdVermiG.

25 §§ 14, 14 a, 5 Abs. 4 AdVermiG.

26 § 13 c AdVermiG.

27 Textor, M. R., „Auslandsadoptionen. Forschungsstand und Folgerun-

gen", in: Praxis der Kinderpsychologie und Kinderpsychiatrie 2 (1991), S. 42–49. Textor stellt anhand der von ihm ausgewerteten Studien fest, daß die Entwicklung ausländischer Adoptivkinder nicht schlechter verläuft als die Entwicklung einheimischer Kinder und leiblicher Kinder. Er gibt auch in Anbetracht der lebhaften und kontroversen Diskussion um Nutzen oder Schädlichkeit von Auslandsadoptionen zu Recht zu bedenken, daß aufgrund der weiter anhaltenden Not und Armut in vielen Entwicklungsländern Auslandsadoptionen durchaus sinnvoll sind. Im übrigen habe auch die UNO in einer Deklaration Auslandsadoptionen als eine Ersatzlösung akzeptiert (S. 47).

In Anbetracht des Massenkinderelends in vielen Dritte-Welt-Ländern mit einer jährlichen, weltweiten Todesrate von 15 Millionen Kindern, die vor allem auf Unterernährung und fehlende medizinische Versorgung zurückzuführen ist, sollte meines Erachtens auch von den Kritikern der Auslandsadoptionen immer bedacht werden, daß gerade für diese von Hungertod und Krankheit bedrohten Kinder eine zwischenstaatliche Adoption oft die einzige Überlebenschance bietet (siehe zu diesem Problembereich den instruktiven Artikel im: Stern, „Adoption. Woudassies zweite Geburt. Bei uns enden sie im Müll", 51 (12. Dezember 1991), S. 26–34.

28 Bach, R. P., „Zum gegenwärtigen Stand der Adoptionsgesetzgebung in Deutschland", in: Wacker, B. (Hrsg.), Die letzte Chance? Reinbek bei Hamburg 1991, S. 229–238/236.

29 Bach, R. P., a.a.O., S. 232.

30 Art. 20, 21 UN-Kinderrechtskonvention.

31 Art. 21 a UN-Kinderrechtskonvention.

32 § 1755 BGB.

33 §§ 1752, 1744 BGB.

34 §§ 1741, 1743 BGB.

35 §§ 1741 Abs. 1 Satz 2, 1754 Abs. 1 BGB.

36 §§ 1741 Abs. 2 Satz 3, 1743 Abs. 4 BGB.

37 §§ 1741 Abs. 3 iVm 1743 Abs. 2 BGB.

38 § 1743 BGB.

39 Bach, R. P., a.a.O.

40 § 1747 Abs. 1 BGB.

41 § 1747 Abs. 2 Satz 1 BGB.

42 § 1747 Abs. 3 BGB.

43 §§ 1600 a, 1741 Abs. 1, 1747, Abs. 2 Satz 2 BGB.

44 §§ 1747 Abs. 2 Satz 2 iVm 1723, 1726 Abs. 1 Satz 1 iVm 1741 Abs. 3 BGB.

45 Oberloskamp, H., und Adams, U., „Jugendhilferechtliche Fälle für Studium und Praxis", Heidelberg 1991, S. 34.

46 § 1756 Abs. 2 BGB.

47 § 1756 Abs. 2 BGB.

48 § 1755 Abs. 2 BGB.

49 § 1756 Abs. 1 BGB.

50 § 1755 BGB, vgl. auch Oberloskamp, H., und Adams, U., a.a.O., S. 35.

51 Oberloskamp, H., und Adams, U., a. a. O., S. 35 f.

52 §§ 1741 Abs. 2, Abs. 3, 1742, 1749 Abs. 1 Satz 1, 1746, 1747 Abs 1 BGB.

53 §§ 1742, 1755 Abs. 1 Satz 1 BGB.

54 §§ 1764 Abs. 3, 1747 BGB.

55 § 1741 Abs. 2 Satz 2, 1. Alternative BGB.

56 § 1741 Abs. 2 Satz 1 u. 3; Abs. 3 Satz 1 BGB.

57 § 1741 Abs. 2 Satz 1, Satz 3; Abs. 3 Satz 1 BGB.

58 § 1741 Abs. 2 Satz 2, 2. Alternative BGB.

59 § 1746 Abs. 1 BGB.

60 § 1746 Abs. 1 Satz 2 BGB.

61 § 1751 BGB.

62 Gemeint sind politisch motivierte Fälle von Adoptionen, wenn zum Beispiel Eltern mit Minderjährigen nach damaliger Rechtsauffassung des DDR-Staates die Transitwege mißbrauchten oder die Grenze der DDR zur Flucht verletzten. Siehe näher dazu: Raack, W., „Der Einigungsvertrag und die sog. Zwangsadoptionen in der ehemaligen DDR", in: Zentralblatt für Jugendrecht 9 (1991), S. 449–451.

63 § 1748 BGB.

64 § 1748 Abs. 2 BGB.

65 § 1748 Abs. 3 BGB.

66 § 1747 Abs. 4 BGB.

67 Bach, R. P., a.a.O., S. 232.

68 §§ 1752, 1760, 1763 BGB.

69 § 1761 BGB.

70 § 1763 BGB.

71 § 1663 Abs. 3 BGB.

72 Bach, R. P., ebd. Erfolgte Adoptionen: 1970 7165; 1975 9308; 1980 9298; 1981 9091; 1982 9145; 1986 7875: Fieseler, G., und Herborth, R., a.a.O., S. 148.

73 Oberloskamp, H., und Adams, U., a.a.O., S. 34 f.

74 § 7 AdVermiG.

75 § 9 AdVermiG.

76 §§ 1746, 1747, 1750, 1750 Abs. 2, 1750 Abs. 1 Satz 3 BGB.

77 § 8 AdVermiG iVm § 1744 BGB.

78 §§ 43 b Abs. 1 FGG, 1752 Abs. 2 Satz 1 BGB.

79 § 1752 BGB.

80 § 1750 Abs. 4 Satz 1 BGB.

81 § 1750 Abs. 1 Satz 1 BGB.

82 § 56 d FGG.

83 §§ 50 b, 50 b Abs. 1, 55 c FGG.

84 § 12 FGG.

85 § 56 e FGG.

86 § 56 e Satz 2, 3 FGG.

87 § 20 Abs. 2 FGG.

88 Geissler, Ch., „Motive für die Adoption oder Inpflegenahme eines Kindes", in: Gerber, U. (Hrsg.), Ja zum angenommenen Kind. Orientierungshilfen für Adoptiv- und Pflegeeltern, Stuttgart 1987, S. 24–30.

89 Büch, V., „Warum so wenige deutsche Säuglinge zur Adoption freigegeben werden", in: Wacker, B. (Hrsg.), Die letzte Chance? Adoptionen aus der 3. Welt, Reinbek bei Hamburg, S. 43–49.

90 Hoffmann-Riem, Ch., „Elternschaft ohne Verwandtschaft: Adoption, Stiefbeziehung und heterologe Insemination", in: Nave-Herz, R., und Markefka, M. (Hrsg.), Handbuch der Familien- und Jugendforschung. Bd. 1. Familienforschung. Neuwied, Frankfurt/M. 1989, S. 389–411/401.

91 Lempp, R., „Gerichtliche Kinder- und Jugendpsychiatrie. Ein Lehrbuch für Ärzte, Psychologen und Juristen", Bern, Stuttgart, Wien 1983, S. 167.

92 Sorosky, A., Baran, A., und Pannor, R., „Adoption. Zueinander kommen – miteinander leben. Eltern und Kinder erzählen", Reinbek bei Hamburg 1982, S. 42.

93 Textor, M., 1989, a.a.O., S. 323.

94 Napp-Peters, A., „Adoption. Das alleinstehende Kind und seine Familien. Geschichte, Rechtsprobleme und Vermittlungspraxis", Neuwied, Darmstadt 1978.

95 Siehe beispielsweise: Swientek, C., „Die abgebende Mutter im Adoptionsverfahren. Eine Untersuchung zu den sozioökonomischen Bedingungen der Adoptionsfreigabe, zum Vermittlungsprozeß und den psychosozialen Verarbeitungsstrategien", Bielefeld 1986.

96 Textor, M., 1989, a.a.O., S. 324.

97 Textor, M., 1989, a.a.O., S. 331 ff., mit weiteren Nachweisen.

98 Sorosky, A., Baran, A., und Pannor, R., a.a.O., S. 41.

99 Vgl. das Zahlenmaterial bei: Fieseler, G., und Herborth, R., S. 150: Von insgesamt 7875 im Jahre 1986 adoptierten Kindern waren unter einem Jahr 955 = 12,1 %, ein bis drei Jahre 2097 = 26,6 %.

100 Ebertz, B., „Adoption als Identitätsproblem. Zur Bewältigung der Trennung von biologischer Herkunft und sozialer Zugehörigkeit", Freiburg im Breisgau 1987, S. 27.

101 Ebertz, B., ebd.

102 Ebertz, B., a.a.O., S. 28.

103 Lempp, R., a.a.O., S. 164.

104 Vgl. §§ 1747 Abs. 3, 1744 BGB.

105 Siebert-Michalak, B., „Aspekte des Adoptionswesens in Großbritannien – Anregungen für die Praxis in der Bundesrepublik Deutschland", in: Zentralblatt für Jugendrecht 2 (1990), S. 45–52.

106 „Weiterhin überwiegt die Zahl der Adoptivbewerber", in: Zentralblatt für Jugendrecht 1 (1990), S. 14.

107 Textor, M., 1990, a.a.O., S. 12.

108 Wieder, H., „Sollen Betroffene über ihre Adoption aufgeklärt werden,

und wann?", in: Harms, E., und Strehlow, B. (Hrsg.), Das Traumkind in der Realität. Psychoanalytische Einblicke in die Probleme von adoptierten Kindern und ihren Familien, Göttingen, S. 34–47/37/40.

109 Wieder, H., a.a.O., S. 39.

110 Wieder, H., a.a.O., S. 40f.

111 §§ 16, 17 KJHG.

112 Simitis, S., Rosenkötter, L., Vogel, R., Boost-Muss, B., Frommann, M., Hopp, J., Koch, H., und Zenz, G., „Kindeswohl. Eine interdisziplinäre Untersuchung über seine Verwirklichung in der vormundschaftlichen Praxis", Frankfurt/M. 1979, S. 190.

113 Arndt, J., und Oberloskamp, H., „Gutachtliche Stellungnahmen in der Sozialen Arbeit", Heidelberg 1989, S. 132f.

114 § 13 AdVermiG.

115 Ramm, T., „Jugendrecht. Ein Lehrbuch", München 1990, S. 219.

116 Vgl. § 7 Abs. 2 AdVermiG.

117 Berghahn, S., „Unfreiwillige Kinderlosigkeit – Zwischen begrenzten Adoptionsmöglichkeiten und gefährlicher Reproduktionsmedizin", in: Lucke, D., und Berghahn, S. (Hrsg.), Rechtsratgeber Frauen, Reinbek bei Hamburg 1990, S. 380–400/386.

118 § 8 AdVermiG.

119 Ebertz, B., a.a.O., 23 ff.

120 § 1747 BGB.

121 §§ 43 b FGG, 1752 BGB.

122 v. Delden, G., „Elterliche Sorge, Adoption, Vormundschaft und Pflegschaft – Das Vormundschaftsgericht und seine Verfahren", München 1988, S. 1.

123 Vgl. §§ 3 Ziffer 2 a, 14 Nr. 3. f RPflG – Rechtspflegergesetz.

124 § 1752 BGB.

125 § 56 d FGG [Gutachterliche Äußerung einer Adoptionsvermittlungsstelle]
Wird ein Minderjähriger als Kind angenommen, so hat das Gericht eine gutachterliche Äußerung der Adoptionsvermittlungsstelle, die das Kind vermittelt hat, einzuholen, ob das Kind und die Familie des Annehmenden für die Annahme geeignet sind. Ist keine Adoptionsvermittlungsstelle tätig geworden, ist eine gutachterliche Äußerung des Jugendamtes oder einer Adoptionsvermittlungsstelle einzuholen. Die gutachterliche Äußerung ist kostenlos zu erstatten.

126 § 55 c FGG [Persönliche Anhörung des Kindes in Verfahren der Ehelicherklärung oder der Annahme als Kind]
In Verfahren, die die Ehelicherklärung eines nichtehelichen Kindes oder die Annahme eines Minderjährigem als Kind betreffen, gelten für die Anhörung eines minderjährigen Kindes die Vorschriften des § 50 b Abs. 1, 2 Satz 1, Abs. 3 entsprechend (vgl. den Wortlaut des § 50 b FGG im ersten Kapitel dieses Buches: Das Kind vor dem Familiengericht).

127 § 1757 BGB.

128 Berghahn, ebd.

129 v. Delden, G., a.a.O., S. 61.

130 Simitis, S., Rosenkötter, L., Vogel, R., Boost-Muss, B., Frommann, M., Hopp, J., Koch, H., und Zenz, G., a.a.O., S. 189.

131 Sorosky, A., Baran, A., und Pannor, R., a.a.O., S. 196 f.

132 Bei einer Blankoadoption stehen die Annehmenden zum Zeitpunkt der Freigabe zur Adoption noch nicht fest: Ramm, T., a.a.O., S. 213.

133 Binschus, W., „Adoption – keine Waffe gegen die Abtreibung?", in: Zentralblatt für Jugendrecht 9 (1991), S. 451–454.

134 Auf die Spezialfälle einer Unterbringung in einer Außenwohngruppe, einer Wohngemeinschaft, einem Internat, einem Lehrlingsheim (§ 34 Abs. 1, 1. Alternative KJHG) oder einer Unterbringung in einem vom Jugendamt angemieteten Zimmer, im Rahmen des sogenannte betreuten Wohnens (§ 34 Abs. 1, 2. Alternative KJHG) wird hier nicht eingegangen.

135 Schach, H. J., „Erzieherische Hilfen und Aufwand für die Jugendhilfen 1970 bis 1989. Ist ein Umdenken in der Jugendhilfe notwendig?", in: Der Amtsvormund 10 (1991), S. 785–790.

136 §§ 1666, 1666 a BGB.

137 §§ 42, 42 Abs. 3 KJHG.

138 §§ 42, 43 KJHG.

139 §§ 36, 37 iVm 27 Abs. 3 KJHG.

140 § 42 KJHG.

141 § 27 Abs. 1, Abs. 2, Abs. 3 KJHG.

142 § 50 Abs. 3 KJHG.

143 § 33 KJHG.

144 Statistisches Bundesamt (Hrsg.), a.a.O., S. 475.

145 Jordan, E., „>Vollzeitpflege< als Hilfe zur Erziehung – Stand, Anforderungen und fachliche Perspektiven", in: Zentralblatt für Jugendrecht 1 (1992), S. 18–24.
Geringfügig anderes und differenzierteres Zahlenmaterial wird für 1988 von der Arbeitsgemeinschaft für Erziehungshilfe vorgelegt; die Gesamtzahl der dauerhaft untergebrachten Minderjährigen betrug 76 622, davon 42,3 % in Heimen, 55,3 % in Familien, 0,8 % in selbständigen Wohngemeinschaften und 1,6 % in sonstiger Unterbringung: „AFET-Jugendhilfestatistik 1988", in: Mitglieder-Rundbrief der Arbeitsgemeinschaft für Erziehungshilfe (AFET e.V.) 4 (1990), S. 95–110/97.

146 Jordan, E., a.a.O., S. 19.

147 Jordan, E., ebd.

148 §§ 36, 37 KJHG.

149 Informationen. Meldungen, „Ende 1989 knapp 42 000 ‚Heimkinder' in den alten Bundesländern", in: Jugendhilfe 7 (1991), S. 335.

150 Schach, H.J., a.a.O.

151 Blandow, J., „Entwicklung der Heimerziehung in der früheren BRD:

Strukturelle und historische Besonderheiten – Reformprozesse – gegenwärtige Situation", in: Jugendhilfe 3 (1991), S. 114–120.

152 1986 waren bundesweit im Rahmen der geschlossenen Unterbringung von 400 zur Verfügung stehenden Plätzen in 25 Einrichtungen 360 Plätze belegt. Häufigster Grund für eine geschlossene Unterbringung war das sogenannte Entweichen.
Trauernich, G., „Eine erneute Positionsbestimmung zu einem alten Thema: Geschlossene Unterbringung von Kindern und Jugendlichen", in: Zentralblatt für Jugendrecht 11 (1991), S. 520–523. Wolffersdorff-Ehlert, Ch., Sprau-Kuhlen, V., und Kersten, J., „Geschlossene Unterbringung in Heimen (1)", in: Soziale Praxis 1 (1989), S. 11–24. Wolffersdorff-Ehlert, Ch., Sprau-Kuhlen, V., und Kersten, J., „Geschlossene Unterbringung in Heimen (II)", in: Soziale Praxis 2 (1989), S. 130–146. Vgl. auch die umfassende Monographie: Wolffersdorff, Ch., Sprau-Kuhlen, V., und Kersten, J., „Geschlossene Unterbringung in Heimen: Kapitulation der Jugendhilfe", Weinheim, München 1990.

153 Blandow, J., a.a.O., S. 117 f.

154 Podgornik, R., „Zurück zur Pädagogik im Heim oder: Der Ausstieg aus dem Tarifvertrag als sinnvolle Alternative für die Pädagogik im Heim", in: Unsere Jugend 1 (1992), S. 19–31.

155 Statistisches Bundesamt (Hrsg.), a.a.O., S. 475.

156 §§ 1666, 1666a oder 1671 Abs. 5 BGB.

157 Salgo, L., „Die Regelung der Familienpflege im Kinder- und Jugendhilfegesetz (KJHG)", in: Wiesner, R., und Zarbock, W.H. (Hrsg.), Das neue Kinder- und Jugendhilfegesetz (KJHG) und seine Umsetzung in die Praxis, Köln, Berlin, Bonn, München 1991, S. 115–150/138.

158 §§ 49, 49a, 50b FGG.

159 § 50 Abs. 2 KJHG.

160 § 1632 Abs. 4 BGB.

161 Schlüter, W., und Liedmeier, N., „Das Verbleiben eines Kindes in der Pflegefamilie nach § 1632 Abs. 4 BGB", in: Familie und Recht 3 (1990), S. 122–130.

162 Vgl. Art. 6 Abs. 2 Satz 1 GG.

163 Art. 6 Abs. 1 und 3 GG.

164 Wagner, K.R., „Jugendhilfe und Pflegefamilie aus verfassungsrechtlicher Sicht: 1. Teil", in: Familie und Recht 4 (1991), S. 208–213.

165 §§ 36 Abs. 2, 36 Abs. 1 Satz 3 KJHG.

166 § 36 Abs. 2 Satz 2, 2. Halbsatz KJHG.

167 Lakies, Th., und Münder, J., „Der Schutz des Pflegekindes: Eine Untersuchung der Rechtsprechung seit 1980", in: Recht der Jugend und des Bildungswesens 4 (1991), S. 428–443.

168 Schwenzer, I., „Vom Status zur Realbeziehung", Frankfurt/M., München 1987, S. 155.

169 Der Bundesminister für Jugend, Familie und Gesundheit (Hrsg.),

„Nichteheliche Lebensgemeinschaften in der Bundesrepublik Deutschland", Stuttgart, Berlin, Köln, Mainz 1985, S. 95.

170 Schwenzer, ebd.

171 Stich, J., „Spätere Heirat nicht ausgeschlossen... – Vom Leben ohne Trauschein", in: Deutsches Jugendinstitut (Hrsg.), Wie geht's der Familie, München 1988, S. 154–162/160.

172 Stich, J., a. a. O., S. 160.

173 Trost, J., „Nichteheliche Lebensgemeinschaften", in: Nave-Herz, R., und Markefka, M. (Hrsg.), Handbuch der Familien- und Jugendforschung. Band 1: Familienforschung, Neuwied, Frankfurt/M. 1989, S. 363–387/366.

174 Statistisches Bundesamt (Hrsg.), a.a.O., S. 71.

175 Oberloskamp, H., „Zum Stand der Diskussion um die gesetzliche Amtspflegschaft – historische und systematische Aspekte –", in: Zentralblatt für Jugendrecht 12 (1991), S. 586–592.

176 Niebler, E., „Die nichteheliche Lebensgemeinschaft aus der Sicht der Bundesrepublik Deutschland", in: Frank, R. (Hrsg.), Die eheähnliche Gemeinschaft in der Gesetzgebung und Rechtsprechung der Bundesrepublik Deutschland, Österreichs und der Schweiz. Beihefte zur Zeitschrift für Schweizerisches Recht, Heft 5, Basel 1987, S. 13–34/14.

177 Limbach, J., „Familienplanung und Familienarbeit in nichtehelichen Lebensgemeinschaften", in: Limbach, J., Schwenzer, I. (Hrsg.), Schriften des deutschen Juristinnenbundes, Bd. 3, Familie ohne Ehe, München 1988, S. 31–48/32.

178 Stich, J., a.a.O., S. 158.

179 Stich, J., ebd.

180 Ähnlich: Limbach, J., a. a. O., in: Limbach, J., und Schwenzer, I. (Hrsg.), a.a.O., S. 33.

181 Statistisches Bundesamt (Hrsg.), a.a.O., S. 75.

182 Limbach, J., a. a. O., in: Limbach, J., und Schwenzer, I. (Hrsg.), a.a.O., S. 35.

183 Stich, J., ebd. Meyer, S., und Schulze, E., „Absage an die Ehe – Frauen suchen neue Beziehungsformen. Empirische Ergebnisse über die Heiratsneigung nichtehelicher Lebensgemeinschaften", in: Limbach, J., und Schwenzer, I. (Hrsg.), a.a.O., S. 13.

184 Statistisches Bundesamt (Hrsg.), a.a.O., S. 71.

185 Bundesverfassungsgerichtsentscheidung, in: Band 48, S. 327–339.

186 Fleisch, H., „Die verfassungsrechtliche Stellung des leiblichen Vaters", Baden-Baden 1988, S. 20, mit Hinweis auf die Bundesverfassungsgerichtsentscheidung, in: Band 45, S. 104–123.

187 § 1705 BGB.

188 Bosch, F.W., „Zur Rechtsstellung der mit beiden Eltern zusammenlebenden nichtehelichen Kinder – Bemerkungen aus Anlaß des Beschlusses des Bundesverfassungsgerichts vom 7.5.1991 (FamRZ 1991, 913 ff.) – Denkbare Lösungen: Ehelicherklärung neuen Typs: Richterli-

che Zuteilung des Sorgerechts an beide Elternteile? ‚Annahme als Kind‘ durch beide Eltern? Weitere Reformen im Bereich des ‚Nichtehelichenrechts‘?", in: Zeitschrift für das gesamte Familienrecht 10 (1991), S. 1121–1131.

189 Bundesverfassungsgerichtsentscheidung vom 7.5.1991 – 1 BvL 32/88, in: Der Amtsvormund 6 (1991), S. 426–435.

190 § 1617 BGB.

191 §§ 1600a, 1600b, 1600n, 1600o BGB.

192 Vgl. §§ 1615a ff. BGB.

193 Vgl. §§ 1680 Abs. 2, 1681 BGB.

194 § 1747 Abs. 2 S. 2 BGB.

195 §§ 1723, 1726 Abs. 1 Satz 1, 1741 Abs. 3 S. 2, 1747 Abs. 2 S. 1 BGB.

196 § 1634 BGB.

197 § 1711 Abs. 1 BGB.

198 Bundesverfassungsgerichtsentscheidung, in: Band 56, S. 363 ff. Kammergerichtsentscheidung, in: Zeitschrift für das gesamte Familienrecht 1 (1982), S. 95 ff. Bahr-Jendges, J., „Gemeinsames Sorgerecht nach Trennung und Scheidung", in: Streit 1 (1987), S. 15–19/16.

199 Zu denken ist hierbei insbesondere an: Fthenakis, W. E., „Väter. Zur Vater-Kind-Beziehung in verschiedenen Familienstrukturen, Bd. 2, München 1988, S. 33–51. Schwenzer, I., 1988, a.a.O., in: Limbach, J., und Schwenzer, I. (Hrsg.), a.a.O., S. 49.

200 Fthenakis, W.E., a.a.O., S. 48–51.

201 Schwenzer, I., 1987, a.a.O., S. 267.

202 Oberloskamp, H., „Staatliche Rechtsfürsorge, Sorge- und Umgangsrecht beim nichtehelichen Kind. Eine vergleichende Betrachtung der Regelungen in der Bundesrepublik Deutschland, der DDR, Österreich und der Schweiz – zugleich eine Besprechung des Buches von Torsten Bartels: Die vollständigen und die unvollständigen Familien im Kindschaftsrecht", in: Zentralblatt für Jugendrecht 3 (1989), S. 118–123.

203 Lakies, T., 1989, a.a.O.

204 Fthenakis, W. E., a.a.O., S. 39.

205 Schwenzer, I., 1987, a.a.O., S. 257 f.

206 Siehe Begründung zum Entwurf eines Gesetzes zur Erweiterung des Umgangsrechts nichtehelicher Väter: „Erweiterung des Umgangsrechts nichtehelicher Väter", in: Der Amtsvormund 7 (1988), S. 553–562.

207 Benard, C., und Schlaffer, E., „Papas Alibi. Der abwesende Vater als Täter in der Entwicklung des Kindes", in: Psychologie Heute 2 (1992), S. 20–25. Vgl. auch mit ausführlichen Nachweisen den umfassenden und instruktiven Aufsatz aus der Sicht der Frauenforscherin von: Stein-Hilbers, M., „Männer und Kinder. Reale, ideologische und rechtliche Umstrukturierungen von Geschlechter- und Elternbeziehungen", in: Familie und Recht 4 (1991), S. 198–205.

208 Napp-Peters, A., „Ein-Elternteil-Familien. Soziale Randgruppe oder neues familiales Selbstverständnis?", Weinheim, München 1985, S. 88 f.

209 Blasius, D., „Scheidung im 19. Jahrhundert: Zu vergessenen Traditionen des heutigen Scheidungsrechts", in: Familiendynamik 9 (1984), S. 352–366.

210 „Informationen des Bundesministers der Justiz", in: Recht 2 (1988), S. 81–82. Der bisherige Wortlaut zum Vorschlag der Gesetzesänderung lautet: „Wenn ein persönlicher Umgang mit dem Vater dem Wohl des Kindes nicht widerspricht, kann das Vormundschaftsgericht dem Vater die Befugnis zum persönlichen Umgang einräumen."

211 Fthenakis, W.E., a.a.O., S. 44.

212 Fthenakis, W.E., a. a. O., S. 46.

213 Limbach, J., „Väter im Wandel des Rechts", in: Zeitschrift für Sozialisationsforschung und Erziehungssoziologie 8 (1988), S. 198–308.

214 Schwenzer, I., 1987, a. a. O., S. 262 f.

215 Wingen, M., „Nichteheliche Lebensgemeinschaften. Formen – Motive – Folgen", Osnabrück 1984, S. 84. Napp-Peters, A., a.a.O., S. 88.

216 Wingen, M., 1984, a. a. O., S. 86.

217 Der Bundesminister für Jugend, Familie und Gesundheit (Hrsg.), a.a.O., S. 79.

218 Der Bundesminister für Jugend, Familie und Gesundheit (Hrsg.), a.a.O., S. 125 f.

219 Stich, J., a. a. O., S. 160.

220 §§ 50 KJHG, 49 k FGG, 1711 Abs. 2 BGB.

221 „Informationen des Bundesministers der Justiz", in: Recht 4 (1991), S. 58.

222 Adlerstein, W., „Die Entwicklung des Nichtehelichenrechts im Westen und Osten", in: Recht der Jugend und des Bildungswesens 4 (1991), S. 384–395.

Das Kind und das Strafverfahren

1 Vgl. §§ 1 Abs. 2, 19 StGB – Strafgesetzbuch.

2 Vgl. §§ 136, 163 a StPO – Strafprozeßordnung.

3 § 52 Abs. 2 StPO [Zeugnisverweigerungsrecht aus persönlichen Gründen]
(2) Haben Minderjährige oder wegen Geisteskrankheit oder Geistesschwäche entmündigte Personen wegen mangelnder Verstandesreife oder wegen Verstandesschwäche von der Bedeutung des Zeugnisverweigerungsrechts keine genügende Vorstellung, so dürfen sie nur vernommen werden, wenn sie zur Aussage bereit sind und auch ihr gesetzlicher Vertreter zustimmt. Ist der gesetzliche Vertreter selbst Beschuldigter, so kann er über die Ausübung des Zeugnisverweigerungsrechts nicht entscheiden; das gleiche gilt für den nicht beschuldigten Elternteil, wenn die gesetzliche Vertretung beiden Eltern zusteht.

4 Eisenberg, U., „JGG: Jugendgerichtsgesetz mit Erläuterungen", München 1991, S. 16 [§ 1 Rdnr. 6].

5 Frehsee, D., „‚Strafverfolgung' von strafunmündigen Kindern", in: Zeitschrift für die gesamte Strafrechtswissenschaft 2 (1988), S. 290–328.

6 Eisenberg, U., a.a.O., S. 14 [§ 1 Rdnr. 4 aa].

7 § 170 d StGB [Verletzung der Fürsorge- oder Erziehungspflicht], § 174 StGB [Sexueller Mißbrauch von Schutzbefohlenen], § 176 StGB [Sexueller Mißbrauch von Kindern], § 180 StGB [Förderung sexueller Handlungen Minderjähriger], § 180 a Abs. 2 StGB [Förderung der Prostitution], § 184 StGB [Verbreitung pornographischer Schriften], § 221 StGB [Aussetzung], § 223 b StGB [Mißhandlung von Schutzbefohlenen], § 235 StGB [Kindesentziehung], § 236 StGB [Entführung mit Willen der Entführten].

8 § 176 StGB.

9 § 223 b StGB.

10 Hurrelmann, K., „Gewalt in der Familie", in: Jugendschutz 7/8 (1989), S. 10–18.

11 Levold, T., Wedekind, E., und Georgi, H., „Familienorientierte Behandlungsstrategien bei Inzest", in: System Familie 3, (1990), S. 74–87.

12 Die Dunkelziffer wird nach einzelnen Untersuchung auf 1:6 bis 1:20 geschätzt: Vgl. Eisenberg, U., „Kriminologie", Köln, Berlin, Bonn, München 1990, S. 669, § 45 Rdz. 31.

13 § 176 StGB [Sexueller Mißbrauch von Kindern]

(1) Wer sexuelle Handlungen an einer Person unter vierzehn Jahren (Kind) vornimmt oder an sich von dem Kind vornehmen läßt, wird mit Freiheitsstrafe von sechs Monaten bis zu zehn Jahren, in minder schweren Fällen mit Freiheitsstrafe bis zu fünf Jahren oder mit Geldstrafe bestraft.

(2) Ebenso wird bestraft, wer ein Kind dazu bestimmt, daß es sexuelle Handlungen an einem Dritten vornimmt oder von einem Dritten an sich vornehmen läßt.

(3) In besonders schweren Fällen ist die Strafe Freiheitsstrafe von einem Jahr bis zu zehn Jahren. Ein besonders schwerer Fall liegt in der Regel vor, wenn der Täter

1. mit dem Kind den Beischlaf vollzieht oder

2. das Kind bei der Tat körperlich schwer mißhandelt.

(4) Verursacht der Täter durch die Tat leichtfertig den Tod des Kindes, so ist die Strafe Freiheitsstrafe nicht unter fünf Jahren.

(5) Mit Freiheitsstrafe bis zu drei Jahren oder mit Geldstrafe wird bestraft, wer

1. sexuelle Handlungen vor einem Kind vornimmt,

2. ein Kind dazu bestimmt, daß es sexuelle Handlungen vor ihm oder einem Dritten vornimmt, oder

3. auf ein Kind durch Vorzeigen pornographischer Abbildungen oder Darstellungen, durch Abspielen von Tonträgern pornogra-

phischen Inhalts oder durch entsprechende Reden einwirkt, um sich, das Kind oder einen anderen hierdurch sexuell zu erregen.

(6) Der Versuch ist strafbar; dies gilt nicht für Taten nach Absatz 5 Nr. 3.

14 Heigl-Evers, A., und Kruse, J., „Frühkindliche gewalttätige und sexuelle Traumatisierung", in: Praxis der Kinderpsychologie und Kinderpsychiatrie 4 (1991), S. 122–128.

15 Statistisches Bundesamt (Hrsg.), „Statistisches Jahrbuch 1991 für das vereinte Deutschland", Wiesbaden 1991, S. 371ff.

16 Levold, T., Wedekind, E., und Georgi, H., a.a.O., S. 75.

17 Arbeitskreis Berliner psychologischer Sachverständiger in Familiensachen, „Umgangsrecht und sexueller Mißbrauch", in: Materialien des Berufsverbandes Deutscher Psychologen (im Druck).
Der Arbeitskreis Berliner psychologischer Sachverständiger in Familiensachen, ein fachlicher Zusammenschluß von Gerichtsgutachtern, hatte im Zeitraum von 1988 bis Juni 1991 bei insgesamt 403 Gutachten 59 Verdachtsfälle sexuellen Mißbrauchs zu bearbeiten. In insgesamt 11,7 % aller Fälle bestätigte sich der sexuelle Mißbrauch. Vom sexuellen Mißbrauch waren 87,5 % Mädchen und 12,5 % Jungen betroffen. 92,7 % der Täter waren Männer, 7,3 % Frauen.

18 Schneider, H. J., a.a.O., S. 687 f.

19 Vgl. das jüngst in der Beck'schen Reihe publizierte instruktive Buch von: Besten, B., „Sexueller Mißbrauch und wie man Kinder davor schützt", München 1991, S. 12 f.

20 Draijer, N., „Die Rolle von sexuellem Mißbrauch und körperlicher Mißhandlung in der Ätiologie psychischer Störungen bei Frauen", in: Martinius, J., und Frank, R. (Hrsg.), a.a.O., S. 128–142/132.

21 Braun-Scharm, H., „Die inzestoide Familie als Ort psychosexueller Fehlentwicklung", in: Martinius, J., und Frank, R. (Hrsg.), a.a.O., S. 123–127/124.

22 Schneider, H. J., a.a.O., S. 688.

23 Endogame Inzestfamilien zeichnen sich meist durch Unauffälligkeit aus. Physische Gewalt ist in diesen Familien selten, emotionale Grundbedürfnisse werden dagegen sexualisiert; die Väter gelten als vorbildlich; Beziehungen außerhalb der Familie werden nicht eingegangen.

24 Braun-Scharm, H., a.a.O., in: Martinius, J., und Frank, R. (Hrsg.), ebd.

25 „Zweijähriges Kind in der Badewanne schwer verbrüht. In der Charité gerettet / Freund der Mutter wieder entlassen", in: Der Tagesspiegel vom 13. 2. 1992, S. 9.

26 Schneider, H. J., „Kriminologie", Berlin, New York, 1987, S. 671. Petri, H., „Erziehungsgewalt: Zum Verhältnis von persönlicher und gesellschaftlicher Gewaltausübung in der Erziehung", Frankfurt/M. 1989, S. 16 f.: Petri geht von 240 000 körperlichen Mißhandlungen jährlich aus und unter Einbeziehung von Vernachlässigung und sexuellem Mißbrauch von etwa einer Million mißhandelter Kinder pro Jahr.

27 Ramm, T., „Jugendrecht. Ein Lehrbuch", München 1990, S. 382, § 55 VI.

28 Schneider, H. J., a.a.O., S. 668.

29 Petri, H., a.a.O., S. 17.

30 Engfer, A., „Entwicklung von Gewalt in sogenannten Normalfamilien", in: Martinius, J., und Frank, R. (Hrsg.), Vernachlässigung, Mißbrauch und Mißhandlung von Kindern. Erkennen, Bewußtmachen, Helfen, Bern, Stuttgart, Toronto 1990, S. 59–68.

31 Frick, U., Frank, R., und Schött, Ch., „Zur Diagnose >Kindesmißhandlung<: Ein Modell des ärztlichen Urteilsfindungsprozesses und Ansätze zu einer empirischen Überprüfung", in: Martinius, J., und Frank, R. (Hrsg.), a.a.O., S. 69–84, 72.

32 Stöhr, R.-M., „Mißhandelnde Eltern und ihre psychosoziale Situation", in: Martinius, J., und Frank, R. (Hrsg.), a.a.O., S. 31–38.

33 Kaiser, G., „Kriminologie. Eine Einführung in die Grundlagen", Heidelberg 1989, S. 292.

34 Kaiser, G., ebd.

35 Ramm, T., a.a.O., S. 383, § 55 VI.

36 Vgl. Ramm, T., ebd.

37 Vgl. Ramm, T., ebd.

38 Trube-Becker, E., „Gewalt gegen das Kind. Vernachlässigung, Mißhandlung, sexueller Mißbrauch und Tötung von Kindern", Heidelberg 1982, S. 18.

39 Ähnlich in seiner Argumentation auch: Schneider, H. J., a.a.O., S. 669.

40 Kunz, W., „Zum Züchtigungsrecht der Eltern", in: Zentralblatt für Jugendrecht 2 (1990), S. 52–55/54.

41 Kunz, W., a. a. O., S. 53.

42 „Übereinkommen über die Rechte des Kindes (vom 20. November 1989 – Auszug aus der Bundesratsdrucksache 769/90)", in: Recht der Jugend und des Bildungswesens 1 (1991), S. 87–99.

43 Kunz, W., a. a. O., S. 55: Kunz meint beispielsweise, daß die Annahme einer Mißhandlung eine „Gratwanderung" und „vom Einzelfall abhängig" sei.

44 „Angst vorm bösen Geist. Abgeordnete und Minister wollen das Züchtigungsrecht der Eltern abschaffen", in: Spiegel, Heft 49, 2. Dezember 1991, S. 50–55/52.

45 „Angst vorm bösen Geist. Abgeordnete und Minister wollen das Züchtigungsrecht der Eltern abschaffen", ebd.

46 Bauermann, M., „Sexualität, Gewalt und psychische Folgen", Wiesbaden 1983, S. 320:
 – 24,4 % der Täter waren Väter, Stiefväter, Freund der Mutter,
 – 11,4 % der Täter waren enge Freunde oder nahe Verwandte der Familie,
 – 34,1 % der Täter hatten regelmäßigen Kontakt zu den Kindern, ohne „Familienangehörige" zu sein, wie Lehrer oder Kaufmann

– 29,3 % der Täter haben das Kind regelmäßig gesehen oder gesprochen, wie zum Beispiel Nachbarn,

– 6,2 % der Täter waren für das Kind völlig fremd.

47 Vgl. Kaiser, G., a.a.O., S. 294.

48 §§ 217, 221, 223 b, 235 StGB.

49 Möller, K., „Gewaltbereitschaft bei Jugendlichen – Phänomene, Ursachen und Ansatzpunkte für Jugendarbeit", in: Kind, Jugend und Gesellschaft 4 (1991), S. 109–115/111.

50 Hurrelmann, K., „Wie kommt es zu Gewalt in der Schule und was können wir dagegen tun?", in: Kind, Jugend und Gesellschaft 4 (1991), S. 103–108.

51 § 239 b StGB

52 Farrington, D.P., „Psychologische Beiträge zur Erklärung, Verhütung und Behandlung von Kriminalität", in: Gruppendynamik 2 (1991), S. 141–160.

53 Buskotte, A., und Reiter, K., a.a.O., S. 24.

54 Vgl. auch die umfassende Einführung in kriminologische Erklärungsansätze bei: Kaiser, G., a.a.O.

55 Eisenberg, U., „Kriminologie, Jugendstrafrecht, Strafvollzug. Fälle und Lösungen zu Grundproblemen", Köln, Berlin, Bonn, München 1991, S. 2 f.

56 Schneider, H. J., a.a.O., S. 671.

57 Grant, J.P. (Hrsg.), „Zur Situation der Kinder in der Welt 1991", Köln 1991, S. 9. Nach dieser Bestandsaufnahme des Kinderhilfswerks der Vereinten Nationen (unicef) haben darüber hinaus 150 Millionen Kinder mit Gesundheitsschäden und Wachstumsstörungen zu kämpfen, und weitere 100 Millionen Kinder zwischen 6 und 11 Jahren gehen nicht zur Schule.

58 Buskotte, A., und Reiter, K., „Sexueller Mißbrauch in der Familie: Ein geschichtlicher Rückblick", in: Jugendschutz 1 (1989), S. 18–29.

59 Schneider, H. J., a.a.O., S. 694.

60 Heigl-Evers, A., und Kruse, J., a.a.O., S. 124.

61 Schneider, H. J., a.a.O., S. 669.

62 Heigl-Evers, A., und Kruse, J., ebd.

63 Heigl-Evers, A., und Kruse, J., a.a.O., S. 122.

64 Heigl-Evers, A., und Kruse, J., a.a.O., S. 123.

65 Draijer, N., a.a.O., in: Martinius, J., und Frank, R. (Hrsg.), a.a.O., S. 130.

66 Roemer, A., und Wetzels, P., „Zur Diagnostik sexuellen Mißbrauchs bei Kindern in der forensisch-psychologischen Praxis", in: Praxis der Forensischen Psychologie 1 (1991), S. 22–31.

67 Münder, J., Greese, D., Jordan, E., Kreft, D., Lakies, Th., Lauer, H., Proksch, R., und Schäfer, K., „Frankfurter Lehr- und Praxiskommentar zum Kinder- und Jugendhilfegesetz", Münster 1991, § 8 Rz. 1–5.

68 §§ 1666, 1666 a BGB.

69 §§ 42, 43 KJHG.

70 Schneider, H. J., a.a.O., S. 697.

71 Denger, B., „Kinder und Jugendliche als Zeugen im Strafverfahren we-
    gen sexuellen Mißbrauchs in der Familie und deren Umfeld", in: Zeit-
    schrift für Rechtspolitik 2 (1991), S. 48–51.

72 Kaiser, G., a.a.O.

73 Vgl. etwa Schneider, H. J., a.a.O., S. 696f., oder Denger, B., a. a. O.

74 Denger, B., a.a.O., S. 50.

75 § 52 Abs. 2 StPO: Vgl. Fußn. 1.

76 Müller-Dietz, H., „Straffälligkeit und Straffälligenhilfe in den 90er Jah-
    ren – Entwicklungstrends und Problembereiche", in: Archiv für Wis-
    senschaft und Praxis der sozialen Arbeit 2 (1991), S. 81–100/98.

77 Schneider, H. J., a.a.O., S. 697.

78 Denger, B., a.a.O., S. 51.

79 Denger, B., ebd.

80 Aus dem Protokoll der Konferenz der Jugendminister und -senatoren
    der Länder am 20./21. Juni 1991 in Mainz, „TO-Pkt. 6: Schutz von Kin-
    dern vor Vernachlässigung, Mißhandlung und sexueller Gewalt, in:
    Zentralblatt für Jugendrecht 1 (1992), S. 32–34.

81 Lerchenmüller-Hilse, H., „Jugendkriminalität und Jugendschutz", in:
    Kind, Jugend und Gesellschaft 1 (1991), S. 10–13/12.

82 Lerchenmüller-Hilse, H., a.a.O., S. 13.

83 „Mehr als fünf Prozent aller Tatverdächtigen waren Kinder: Kriminal-
    statistik 1991 / Höhere Gewaltbereitschaft bei Jugendlichen", in: Der
    Tagesspiegel vom 11. 2. 1992, S. 7.

84 Unter Kinderdelinquenz im *engeren Sinne* versteht man nach dem be-
    kannten Kriminologen Hans Joachim Schneider das Verhalten, Tun
    oder Unterlassen eines Kindes oder Jugendlichen im Alter zwischen
    8 und 18 Jahren, das als Kriminalität bezeichnet worden wäre, wenn es
    von einem Erwachsenen begangen wäre.
    Unter Delinquenz im *weiteren Sinne* werden im allgemeinen Erzie-
    hungsschwierigkeiten, Verwahrlosung und Vernachlässigung verstan-
    den. Wegen der Abhängigkeit von Kindern und Jugendlichen von Er-
    wachsenen sind Auffälligkeiten dieser Art, die sich häufig im
    Schulschwänzen oder Weglaufen vom Elternhaus ausdrücken für das
    Jugendalter einerseits typisch, andererseits aber auch Vorstufen der
    Delinquenz im engeren Sinne: Schneider, H. J., a.a.O., S. 606.

85 Normalerweise wird in der Kriminologie statt Kinderkriminalität der
    Terminus Kinderdelinquenz verwendet; offensichtlich scheut man sich,
    den Kriminalitätsbegriff bereits für Kinder anzuwenden.

86 Kaiser, G., a.a.O., 1989, S. 252.

87 Schneider, H. J., a.a.O., S. 603.

88 Lempp, R., „Kinder- und Jugendkriminalität aus jugendpsychiatrischer
    Sicht", in: Schneider, H. J. (Hrsg.), Kriminalität und abweichendes Ver-
    halten. Bd. 1. Weinheim, Basel 1984, S. 459–473/459.

89 Eisenberg, U., a.a.O., 1990, S. 759 f., § 48 Rdz. 5.

90 Hefner, W., „Die Polizeiliche Kriminalstatistik 1988", in: Jugendwohl 1 (1991), S. 15–24/19.
91 Frehsee, D., a.a.O., S. 291.
92 Frehsee, D., ebd.
93 Schneider, H. J., a.a.O., S. 608.
94 Eisenberg, U., a.a.O., S. 759, § 48 Rdz. 4.
95 Frehsee, D., a.a.O., S. 292.
96 Kaiser, G., „Kriminologie. Ein Lehrbuch", Heidelberg 1988, S. 425, Rdz. 16.
97 Kaiser, G., a.a.O., 1989, S. 253.
98 Remschmidt, H., Höhner, G., und Walter, R., „Kinderdelinquenz und Frühkriminalität", in: Göppinger, H., und Vossen, R. (Hrsg.), Kriminologische Gegenwartsfragen, Heft 16. Humangenetik und Kriminologie, Kinderdelinquenz und Frühkriminalität, Stuttgart 1984, S. 87–105.
99 Schneider, H. J., a.a.O., S. 613.
100 Schneider, H. J., ebd.
101 Remschmidt, H., Höhner, G., und Walter, R., a.a.O., S. 88.
102 Kaiser, G., a.a.O., 1989, S. 254.
103 Schneider, H. J., a.a.O., S. 615.
104 Die Delinquenz oder Kriminalität Jugendlicher und Heranwachsender ist, von der Struktur her gesehen, differenzierter als die Kinderdelinquenz. Vor allem männliche Jugendliche begehen neben Diebstahl, Einbruch, Sachbeschädigung auch Raubdelikte, Hehlerei, alle Arten von Körperverletzungen, Betrug, Urkundenfälschung und Widerstand gegen die Staatsgewalt. Wenn weibliche Jugendliche strafbare Handlungen begehen, konzentrieren sich diese meist auf Ladendiebstahl, Betrug, Sachbeschädigung und Rauschgiftdelikte. Bei männlichen Heranwachsenden kommen vermehrt Rauschgift- und Straßenverkehrsdelikte hinzu: Schneider, H. J., a.a.O., S. 615f.
105 Anderer Ansicht ist Schneider, der davon ausgeht, daß grundsätzlich nicht von einer Einstiegsfunktion der Kinderdelinquenz in Jugendstraffälligkeit oder Erwachsenenkriminalität ausgegangen werden kann: Schneider, H. J., ebd.
106 Schneider differenziert nur zwischen Kinder- und Jugenddelinquenz einerseits und Erwachsenenkriminalität andererseits: Schneider, H. J., a.a.O., S. 612.
107 Kaiser, G., a.a.O., 1988, S. 427, Rdz. 21.
108 Traulsen, M., „Bedeutung und Entwicklung der Kinderdelinquenz in der Bundesrepublik Deutschland", in: Göppinger, H., und Vossen, R. (Hrsg.), a.a.O., S. 107–119/113.
109 Kaiser, G., a.a.O., 1989, S. 294.
110 Remschmidt, H., Höhner, G., und Walter, R., a.a.O., S. 103.
111 Kaiser, G., ebd., 1989.
112 Frehsee, D., a.a.O., S. 321.
113 Kaiser, G., a.a.O., 1989, S. 125.